费孝通（1910—2005），江苏吴江人。20世纪中国享有国际声誉的卓越学者。中国社会学、人类学和民族学的重要奠基人之一。曾担任民盟中央主席、全国政协副主席、全国人大常委会副委员长等职。

1930年入燕京大学社会学系，获学士学位。1933年入清华大学社会学及人类学系，获硕士学位。1936年秋入英国伦敦经济学院攻读社会人类学，获哲学博士学位。1938年秋回国。曾先后在云南大学、西南联大、清华大学、中央民族学院、中国社会科学院、北京大学等从事教学与研究。

一生以书生自任，笔耕不辍，著作等身，代表作有《江村经济》《禄村农田》《乡土中国》《生育制度》《行行重行行》《中华民族的多元一体格局》等。

费孝通作品精选

行行重行行
1983~1996
（合编本）

下

费孝通 著

生活·讀書·新知三联书店

Copyright © 2021 by SDX Joint Publishing Company.
All Rights Reserved.

本作品版权由生活·读书·新知三联书店所有。
未经许可，不得翻印。

图书在版编目（CIP）数据

行行重行行：1983—1996／费孝通著. —北京：
生活·读书·新知三联书店，2021.1（2022.4 重印）
（费孝通作品精选）
ISBN 978-7-108-06969-6

Ⅰ.①行… Ⅱ.①费… Ⅲ.①乡镇-社会调查-中国-
文集-1983-1996　Ⅳ.① D668-53 ② C912.82-53

中国版本图书馆 CIP 数据核字（2020）第 189980 号

目 录

行行重行行：乡镇发展论述 _ 1

前 言 _ 3

再版代序　中国城乡发展的道路
　　　　　——我一生的研究课题 _ 7

小城镇　大问题（1983年）_ 25

小城镇　再探索（1984年）_ 70

小城镇　苏北初探（1984年）_ 92

小城镇　新开拓（1984年）_ 129

赤峰篇（1984年）_ 161

包头篇（1985年）_ 191

港行漫笔（1985年）_ 209

定西篇（1985年）_ 227

故里行（1985年）_ 246

甘南篇（1985年）_ 270

闽东行（1985年）_ 294

温州行（1986年）_ 307

淮阴行（1986年）_ 326

盐滩行（1986年）_ 336

海南行（1987年）_ 343

临夏行（1987年）_ 359

镇长们的苦恼（1987年）_ 372

海东行（1987年）_ 379

农业发展的新台阶（1987年）_ 387

话说呼伦贝尔森林（1988年）_ 401

阿拉善之行（1988年）_ 414

全国一盘棋——从沿海到边区的考察
（1988年）_ 426

南岭行（1989年）_ 435

四年思路回顾（1989年）_ 444

甘肃行（1989年）_ 485

长江三角洲之行（1990年）_ 503

重访云南三村（1990年）_ 519

包头行（1991年）_ 536

侨乡行（1991年）_ 545

吴江行（1991年）_ 554

凉山行（1991年）_ 572

武陵行（1991年）_ 587

重访民权（1992年）_ 607

珠江模式的再认识（1992年）_ 622

沂蒙行（1992年）_ 634

沧州行（1993年）_ 653

行行重行行续集 _ 665

前　言 _ 667

展视中国的乡镇企业（1993年）_ 670

近年来中国农村发展的几个阶段（1994年）_ 677

论中国小城镇的发展（1995年）_ 689

邯郸行（1993年）_ 698

淄博行（1993年）_ 707

焦作行（1994年）_ 715

信阳行（1994年）_ 727

家底实　创实业——再访温州（1995年）_ 739

豫中行（1995年）_ 759

再访震泽（1995年）_ 776

天津献策（1995年）_ 782

三访赤峰（1995年）_ 788

毕节行（1995年）_ 806

黑龙江行（1995年）_ 814

浦东讲话（1996年）_ 825

吴江的昨天、今天、明天（1996年）_ 830

重访徐州（1996年）_ 837

再话浦东（1996年）_ 848

再话天津（1996年）_ 858

附　录 _ 863

新德里讲话：对"美好社会"的思考
（1993年）_ 865

接受福冈亚洲文化奖的讲话（1993年）_ 871

马尼拉讲话：社会科学对中国农村发展的贡献
（1994年）_ 876

东方文明和21世纪和平：国际幼儿教育会议上
讲话（1996年）_ 884

从小书斋到世界新型图书馆：国际图书馆协会
第62届年会上发言（1996年）_ 892

出版后记 _ 900

长江三角洲之行

(1990年7月9日)

今年人大开会期间,我有机会接触到江苏、浙江两省的代表,受到他们的启发,并结合我这几年在长江三角洲的调查研究,对这地区进一步开发问题进行了一番思考,接着同民盟的同志们展开了讨论,形成了建立长江三角洲经济开发区的初步设想。这个设想写成了建议,提交中共中央参考。这是民盟向中共中央提出有关我国地区发展战略的第三个方案。

两年多以前,民盟提出的第一个方案是关于建立黄河上游多民族开发区的建议,中心内容是要把甘肃、青海两省和宁夏、内蒙古两个民族自治区沿黄河上游两岸的地区,利用该地丰富的水电和矿产资源,建成一个我国西部的能源和原材料基地,除供应日益增长的国家需要外,留下部分资源来发展地方和乡镇企业,以达到改变这些地区贫困落后的面貌。民盟为此在两省两区间牵线搭桥,取得共识。最后给出书面意见,很快得到中央的采纳,现在已经开始行动了。

民盟提出的第二个方案是关于建立黄河三角洲开发区的设想。这建议是今年3月份送中共中央的。不久山东省东营市来人找我们商量具体的开发方案。原来,中共中央已经把这个建议转到山东省委,东营受命着手具体规划,在胜利油田开发后期如何利用地面资源,发展后备企业,以保证这个地区一旦石油枯竭经济仍能继续繁荣。

关于建立长江三角洲开发区初步设想是民盟提出的第三个方案，其主要内容是如何利用这地区的有利条件，以上海为龙头，江浙为两翼，建立一个能带动长江流域腹地的经济开发区。这个开发区将通过长江和陇海铁路这两条大动脉把长江三角洲和西部原材料基地及三线所蕴藏的科技力量相沟通，加速发展外向型经济，进一步改革开放，形成一条横贯大陆的经济脊梁，迎接21世纪新时代的到来。

这份建议交出后，我原本打算去一趟江苏南通，为已由张智楚同志编就的《从沿海到边区的考察》补加一篇《南通行》。行程已定，临行前接到江泽民同志的通知，要我和民盟负责同志去见他。大家一起促膝谈心，讨论有关长江三角洲的开发问题。谈话结果，我们表示民盟愿为这个设想承担红娘的角色，发挥催化剂的作用，把这个设想带到地方上去进行意向性的探讨，以使各方能易于取得共识。于是我们改变了原定行程，4月初开始了包括南京、杭州、上海的长江三角洲之行。

一

开发长江三角洲的设想是在国际新形势的背景下提出的。当前我们可以说正处于世界旧格局开始瓦解而新格局尚未形成的转型关口。在这时刻，我们要有点紧迫感和预见性。只有清楚了世纪交替中的复杂形势，才能站稳脚跟，以新的姿态，迎接21世纪的来临。

从现在已经比较清楚的形势来看，在20世纪80年代，第二次世界大战结束时，以雅尔塔会议为先导所形成的"两霸格局"正在解体，而从东欧动荡中马耳他会议为开始的"四强格局"已露端倪。两霸指的是美苏，四强指的是美苏欧日。在这个交替中出现的是两降两升的趋向。四强格局能否持久很难说。新升的两强尚未定型。以欧洲共同体说，德意志统一后将起什么变化猜测很多。西边这一强可能一分为二。东边的日本在经济上已经强大了，但是成为一个大国条件尚未齐备，而且更重要的，东方还有潜力巨大的中国和印度。他们在今后世界格局中的地位谁也不敢轻视。四强格局过渡到群雄格局大有可能。

和我们直接有关的是在这个未定之局中所存在的机遇，利用这机遇可以恢复我国在历史上曾经长期占有过的地位，进入现代世界上的先进行列。

要达到这个目标，得看看现在的条件。从经济和科技水平来说，我们和当前的先进国家还有相当大的差距，我们是落后了。这点必须老老实实地承认，但是同时也必须看到我们已打下了向这目标奋进的基础。首先是我们国家在政治上获得独立自主的地位已经有40年了。近10年来的改革开放又把我们国家向现代化迈进的航道拨正了。在这段时间里，社会生产总值和工业总产值都已经比70年代翻了一番。发展固然是不平衡的，但是应当看到走在前面的沿海地区，如长江三角洲和珠江三角洲已有一部分实现了"翻两番"。那就是说如果我们坚持实行改革开放的方针，再有10年，绝大部分地区达到小康水平是完全能实现的。

再说过去10年之所以能取得这样大的进展，主要有赖于改革开放，改革开放有赖于国内外局势的稳定。总的看来，在今后的10年也不致有大的变化。有了稳定的局面，就能继续进行深化改革和扩大开放。

在今后10年中还有比过去10年更好的条件,那就是香港和澳门的回归祖国。《香港基本法》的制定说明一国两制的构想是现实可行的。海峡两岸统一的局势也正朝着有利的方向推进。最近台湾当局已有所松动,台资上陆也出现了新的势头。860亿美元的外汇储备对这个小小的岛屿来说,究竟是不容易消化的。台商在各地找出路,找来找去,还是回老家为上策。说到底,原是同根生,谁不愿意中华民族繁荣昌盛?!事实胜于表态,我在昆山访问时,市长就从饭桌上被拉出去接电话,一位台湾商人要在他们的开发区买25亩地,准备办工厂,急于要市长拍板。在杭州还听说黄龙饭店三四月以来天天客满,其中有90%是台胞,有时甚至连大厅都挤满了。假以时日,海峡两岸总是要统一的,说不定就是在这10年里。

中国像个大鼎,台、港、澳的归还就有了三只脚。鼎有三足就站得稳。这样,广大腹地就可以在鼎腔里翻番。作为鼎口的沿海地区进一步开放也就更具有利条件了。

现在我们可以看得清楚些了,国际环境和国内形势的变化确实给了我们难得的机遇,只要我们政策对头,事情办好,不仅可以早日争取祖国的统一,而且可以争取更多的外资,发展外向型经济,带动腹地的繁荣,增强国力,问鼎世界。良机莫失,事在人为。

二

这些年,我从沿海到边区对小城镇进行了一些考察,每年东西穿梭，获得一个较深的印象是：每当腹地的经济健康发展的时候，对外开放的要求就迫切了；而每当沿海地区顺利开放的时候，又会要求腹地进行更深层次的改革。如果广大腹地真是翻两番，仅靠香港一个转口商埠显然是不行的。最近，邓小平同志提出再建几个香港，开始还弄不大懂他讲这话是什么意思。现在清楚一点了。如果再来看看香港的发展和现状，就更明白我们为什么要再建几个香港。

香港，这个世界上最大的自由港，楼房林立，宛如混凝土大石林；车水马龙，国际往来频繁，真是财大气粗，派头十足。现在大陆60%的输出要靠它转口。大量利润几乎让它独占，离了它还不行。其实，香港能有今天，还不是吃了大陆的"封闭"饭一下子肥了起来的。20世纪30年代香港比上海差得多，没有多少人想去。我那时出国路过香港，它还不像个样子。城市破破烂烂，临海的几条街道到处是鱼腥味。人们穿着木屐来来往往，嘈杂之声闹得行人掩耳侧目。直到60年代初香港仍不如上海。但是在后来的10年至15年里却进入了大发展的阶段。主要是搞转口贸易、金融流通以及种种投机倒把的地产生意。再后才办起了一些小工厂。到了"文革"期间，大陆去了不少人，办了许多小企业，给香港带来很大好处。但是香港地盘小，劳力有限，毕竟不是办工厂的地方。近五六年来，在大陆开放的政策下，他们把工厂扩散到广东的珠江三角洲，搞"三来一补"取得了便宜的土地和劳动力，赚了不少利润。香港把它的工业扩散了，但是贸易、金融、信息和运输这些现代化的东西却牢牢把住在自己的手里，因此发了大财。

前几年提出发展两头在外的外向型经济，在一定地区和一段时间内是必要的，也是可行的。世界上一些国家和地区也有成功的经验。但是，中国作为一个拥有11亿人口、资源又丰富的国家，我以为这不是最佳的模式。在当今讲究实力的世界，作为一个大国，首先要有自己的原材料、能源基地，然后要有轻重工业和贸易、金融、运输等配套机制。时至今日，我们应当站得高一点，为做成一个大国迈步了。

我觉得现在事情比较好办一点，在产业结构的调整中，国家已经注意到原材料、能源、交通的发展。黄河上游多民族经济开发区已经进入实质性行动阶段，那块狭长地带将成为中国最大的原材料、能源供应地。这样，沿海地区的开发就有了坚实的后盾，发展外向型经济就多一层保障。中国的东部和西部要配合衔接，同步发展，两部都可以有一些地方先富起来，带动后进，全面繁荣。我把这种格局叫作"全国一盘棋"。

开发应该包含发展和开放双层意思。现在西部开发区已经初步兴建，那么东部选择一个港口，建立一个大陆的香港已成为势在必行的事情了。也就是说，中国这只鼎起码在香港归还前要有一个与之成掎角之势的进出口商埠。

三

当然，这个新的进出口商埠的选择可以是多方位的。但是，无论从历史上看，还是从未来21世纪看，我认为重建东方大港——上海是比较现实的，也可以说是最佳选择。其实，我不过是老话重提。孙中山先生早在1914年所著的《建国方略》中在设计建国宏图时，就提出过建设东方大港的设想。中山先生是很有眼光的，当时他已看中了长江三角洲这块宝地。

上海的优势有地理的因素，但主要是历史造成的。当年十里洋场的上海，堪称东亚第二，仅次于东京。20世纪30年代，上海就有168家银行，58家外国银行在上海设立了分行。有一条很气派的银行街，早就是亚洲的金融中心。那时，各种商品的进口量占全国的50%至80%，是中国最大的外贸中心。新中国成立后，上海由殖民地半殖民地性质的城市变成了社会主义的城市，工业发展很快，是全国最大的工业基地。近几年每年要给国家上缴200亿元的利润。上海做出的贡献是很大的。但是，解放后，中国被西方国家封锁了，后来自己又关上大门，上海的外贸地位没有恢复。沉重的负担使上海自身的城市建设都无力跟上去。这几十年来．上海确实是陈旧了。但是，它所处的地理位置和经济地位，并没基本改变。要在大陆上再建一个香港，实在非上海莫属。重开东方大港也是恢复上海青春面貌的有效措施。

我在江苏考察时，国务院宣告正式批准开发浦东区。到了上海，正遇上市人大会召开。于是会内会外，上上下下的热门话题自然就是开发浦东了。大家都挺高兴，也有几分激动，都觉得这是国家扩大开放的一个重要步骤，是推动上海发展的一股强劲力量，而且必然也会推动长江沿岸各城市的经济发展。

那么，我们所设想的开发长江三角洲与浦东开发区是什么样的关系呢？显然，两者原是一回事，不但没有矛盾，而且彼此衔接，相互补充。其实，从全局来看，问题的关键不完全在这种关系方面。而在于浦东开发后，上海究竟是建成深圳式的上海，还是香港式的上海？这是两个属于不同层次的概念。我以为，上海不能走深圳的路子。这是因为上海的地位本来就与深圳大不相同,再说现在腹地的经济状况与80年代初期也大不相同了。如果上海浦东仍像深圳那样吸引外资,以建设工厂为主,哪怕是包括兴建一些高技术的产业,它的扩散能力和辐射能力都将受到很大限制,并可能在市场、产业结构等方面与江浙,甚至沿江城市发生矛盾。即使上海能起到窗口的作用,也无法起到龙头的作用。上海应该更上一层楼,在更高层次上成为全国的贸易、金融、信息、运输、科技的中心。换言之,上海应在经济上成为江浙及沿江城市工农业商品的总调度室或总服务站。那么,上海就将是一个具有广大腹地的"香港"。

从世界各国来看,进出口商埠都具有优良的港口或便捷的交通。上海处于中国南北海岸线的中心。清代康熙年间就设立海关,鸦片战争后即辟为通商口岸。在长江三角洲地区,沿海岸线,上海居中,北有连云港、南通港,南有温州港、宁波港,沿长江西进,有张家港、镇江港、南京港。现在,沿海、沿江的这些港口却苦乐不均,忙闲不一。有的吞吐量不足,经常吃不饱,有的却常年压港,上海港的码头几乎周转不过来。如果将这些河海港口统一规划,分层开发,形成网络,分工协作,对外开放,组成以上海为龙头的港口群,上海就可以利用自己在贸易、金融、信息、科技等方面的优势,积极组织货源,合理安排流向,及时调度调节,各个港口的作用就可能得到充分发挥,得到更大发展。这个经济布局远胜于香港。

拥有上海的长江三角洲,原是农业发达的鱼米之乡,是盛产粮食和畜产品的宝地。而且又联得上中国中部和西部的广大腹地。就这方面来看,上海有条件通过内河航运和铁路公路运输,成为全国性的对外贸易中心。20世纪30年代,中国60%的茶叶和猪鬃就是从上海出口的。

说到这里，长江三角洲经济开发的内涵已经逐步明确起来。我还想强调一点，这个开发区内将存在分与统的双层结构。基层是多种所有制的企业，包括国营、集体、个体、独资、合资、合作等所有制，是多元化结构，上层可以是上海与江浙合作并和国家配合形成高层次的贸易、金融、运输、科技服务中心体系。只有强化这个地方和国家的服务体系，才能实现经济全结构的统一协调。不难看出，这种双层结构既体现了开发区社会主义商品经济的总格局，又坚持了公有制为主体的社会主义性质。

四

这次南行，我还有个打算，其实也与开发长江三角洲有关。我想到基层去看看那里的乡镇企业发展外向型经济达到什么水平，也想听听基层干部群众对开发长江三角洲的真实想法。这件事情主要是在对江苏由村到镇，由县到市的考察中完成的。从中我获得许多信息，长了不少见识，思路因此也拓展开了。

给我印象最深的有两个方面。一是，基层干部和群众也像江浙沪的领导一样，对扩大开放的要求十分迫切。他们都觉得我们原先在关于长江三角洲开发的设想中提到以"八五"作准备，纳入"九五"规划的建议未免太迟缓了，普遍希望提前实施，应纳入"八五"计划。二是江浙两省各级干部和有关人士对浦东的开发感到震惊，有喜有忧。如果中央只给浦东优惠条件，则会给江浙带来一些不利，如果浦东能与江浙同步开发，则能使中国这块心脏地区很快富裕起来。实际上上海与江浙在经济上的依存关系发展到今天，已经谁也离不开谁了。因此，普遍希望中央能把长江三角洲作为整体来考虑进行深化改革，并给予有利于扩大开放的政策。这种对改革开放的紧迫要求实在是商品经济发展过程中的必然趋势和内在需求。

这次我重点调查了苏州地区的情况，再次去昆山自费开发区和吴江的同里、松陵、盛泽等镇，第14次回访开弦弓村。苏州市长告诉我，苏州早已不是上海的后花园了，而是开放的前沿。从1985年中央将苏州列为沿海经济开放区后，工业总产值一直紧跟在沪、京、津三大城市之后，在全国大中城市中居第四位，尤其是外向型经济得到蓬勃发展，对外贸易平均每年递增41%。利用外资项目达447项，实际利用外资近两亿美元。对外经济合作已发展到承包工程、劳务输出、技术服务、创办海外企业等多个领域。1989年全市工业总产值达403亿元，人均国民生产总值3280元。如果按照联合国的指标，苏州实际已进入工业化的中期。因此，跻身国际市场，引进国外资金和先进技术，调整和重组苏州工业比以前更显得迫切了。

前几年，我就知道他们自己出资，兴办了几个自费开发区。我还为昆山自费开发区呼吁过。这次我再去昆山参观时，这里的高架管道已环绕开发区周围，广阔公路平坦畅通，厂房盖得适用漂亮，环境优美，很像个样子了。据称，从1985年以来，开发区累计完成工业产值15亿元，所获利税是投入基础设施费用的2.3倍。1989年完成的工业产值与全国14个沿海开发区相比，仅次于广州和上海闵行，居第三位。现在开发区内有美国、日本、南朝鲜和香港等国家和地区开办的10多家联营厂。这些厂还带动了全市36家乡镇村办的工厂，仅加工费一项一年就可收入5000多万元。听来，这里正在成为一块对外开放的"熟地"，开始发挥其对外吸引、对内辐射的作用了。

苏州城西的那块自费开发区，我没有来得及去看。据介绍那里的道路骨架已形成，水、电、气、通信也已修通，还建造了100多万平方米的各种建筑。苏州的同志说，我们与上海的联系要比与南京的联系密切。有的产品龙头在上海，龙尾在苏州，也有的产品龙头在苏州，龙尾却在上海。两家真是你中有我，我中有你，亲密得很。如果上海通过浦东开发，能够更上一层楼，成为东方大港，苏州则愿意成为对外开放的第三个层次——沿海经济开放小区的"试验田"。上边可以先利用这里已经耕耘的"熟地"，给予适当优惠条件而先得益，以便与浦东衔接起来。

后来，我对"熟地"这个概念更清楚了。江浙两省那些靠上海较近，工业基础较雄厚，外向型经济发展较快，交通又方便，科技文化水平较高的地区，都想跻身于国际市场，吸收更多的外资和更先进的技术。现在似乎已到了"万事俱备，只欠东风"的时刻了。

越深入到这些"熟地"的县村，这种感受就越深。这次在我家乡吴江县的几个镇和开弦弓村看了看，情况比我想的要好些。我原以为进入商品经济不久的农村，头一次遇到产业调整，会不会受到冲击而影响农民的收入。没有想到，这里的干部群众，经受了这次考验，对发展农村商品经济的指导思想更明确了。

正如吴江县委书记所说的，搞现代化不能割断历史，而要继承传统，利用优势。在调整前，我们的提法是吃饭靠农业,用钱靠副业,建设靠工业。调整政策下来后,我们的提法变为:稳定靠农业,致富靠副业,发展靠工业,技改靠外贸。

我了解到现在吴江全县已经做到农、工、副三业良性循环,协调发展。实行种植、养殖、加工、出口相结合,逐步形成五条龙:从栽桑养蚕到缫丝织绸、印染整理再到服装加工一条龙;养兔产毛到加工兔毛纱和兔毛衫一条龙;种植席草到加工凉席、榻榻米一条龙;养猪、养羊到加工皮革制品一条龙;蔬菜种植、加工一条龙。与此相对应,还成立了五个农工贸相结合的企业集团和创汇集团。外贸收入在全省已经维持了8年第一,去年外贸收购额达6.8亿元,其中乡镇企业3.7亿元。全县还办了25个合资企业,引进外资2400万美元。今年农民的收入不但没减少,反而有所增加。

吴江县县长听了我讲的开发长江三角洲的设想后,很风趣地说,吴江与上海官方没有多少来往,乡镇企业与上海民间倒是难舍难分。有的已经私定终身,就待拿到证件,明媒正娶。有的小企业还神气得很,上海的国营大厂欠了他们的债,有一家高达几千万元。当然,我们还是巴望着上海多办些"洋行",阔绰起来,和他们攀亲也沾光,将来搞个信息,周转资金也方便多了。

五

苏州的经济能达到今天的水平是不容易的,为搞外向型经济上上下下都吃了不少苦头。就说引进外资、开办合资企业吧,大多是听说有回家探亲的外商,抓住机会闯门拜访、说好话，然后再通过亲朋好友的亲朋好友牵线搭桥。这样搞法很像我幼年时见到走街串巷的"货郎担"，讲交情、撞运气，甚至还会上当、受骗、受气。

我们现在搞的是社会主义商品经济，应该有自己的信息总汇，各种信息、投资来源都应及时集中和扩散。这种机构过去上海称"洋行"或商行，它要既能捕捉瞬息万变的市场行情，又能综合比较做出正确判断与决策。当然，不是说现在一步就能跨上这个台阶，而是有一个过程的。江浙两省的同志提出，可以先从"货郎担"上升到"赶庙会"阶段，大家有个地方坐下来洽谈洽谈。每年春秋两季的广交会，就是两次这样的大庙会。这里的经理、厂长们一次不漏地往南边跑，既羡慕又不解。他们说，从经济实力、科技文化水平、地理交通条件来看，长江三角洲不比珠江三角洲差，有的地方还强，为什么不能办一个"上交会"呢？

近几年，商品经济发展很快，横向联合越来越多。一些有识之士，早在改革开放初期就组织起上海经济协作区，还成立了专门机构，做了大量极有用的工作。可是江浙与上海之间，始终捏不到一起，有时像亲家，有时又成了冤家。谁都不让谁，谁也不服谁。显然，仍是地方本位思想在作怪。要穷大家一齐穷，要富大家一齐富，那种"齐步走""一刀切"的平均主义只能彼此牵制、互相羁绊。结果，三家共同治理太湖的事没办好，"蚕茧大战""兔毛大战""珍珠大战"绵延不断。

这次考察又听到了一个新问题。苏、锡、常、通、杭、嘉、湖一带与上海在产业结构、产品结构方面越来越趋同了。丝绸、化纤纺织、化工、家用电器、电子仪器、机械加工等工业都出现了在同一水平上的重复引进或重复建设。这种趋同性，一方面说明长江三角洲的工业基础越来越强了，是件好事情。另一方面却表明市场越挤越小了，大家只好竞相减价，出现肥水外流的现象。

江浙沪的负责同志都看到这一点，并意识到照此下去有导致经济萎缩的危险。大家想到一起了，共同提出开"上交会"的要求。上海打算通过"上交会"引进高技术，在调整中使产业、产品结构更上一层楼，开辟新市场。江浙也希望能上一层楼，依靠上海新一轮的辐射和协调发展，巩固和扩大自己的市场。我想，这样一来，三家的关系就容易在利益均享、风险共担、平等互利的基础上理顺。开发长江三角洲也就有了共同的基础。

说实在的，江浙沪三家，各家都有自家的利益。我也听到了三家还同有一本难念的经。这就是中央与地方、条条与块块的关系问题。长江三角洲这块"风水宝地"，是我国上缴财政最多的地方，近几年按"包干"规定，二省一市每年上缴利润一共大约二百三四十亿。上缴的比例也不小，都在60%—70%左右。对于这一点，三家都很识大体，顾大局，通情达理。大家认为自己应该多为国家作贡献，并希望每年保证在不减少上缴财政的前提下，中央能给一些政策，如超额利润提成的办法，以便施肥培土，增强地方实力，为开发长江三角洲积累资金。否则，"吃饭财政"难以为继了。

这里不仅涉及财政体制的改革，还涉及金融体制的改革。比如资金引进，国内外银行的开办，股票、债券的发行交易等等。如果不进行金融改革，就难以吸收外资和聚集民间资金的投入，也无法适应国际金融市场的变化。与此相关的，还有外贸体制、大企业体制、交通运输及港口管理体制等等一系列的配套改革。这不仅需要中央最后提出方案，做出决策，又与国务院许多部门的改革有关。我想，长江三角洲作为一个整体，能从这一系列的改革中得到适当的重视和扶持，不仅自身能迅速强盛，成为国家财源的沃土，上缴更多的利税，而且具有强大的能量，可以"拉动"广大腹地的发展。因为广大腹地要适应开放的扩大，就需要相应地把改革深化一步。这样沿海和腹地都能活起来，整个国家就会更有生机，更有希望了。

具体说来，就是首先要在长江三角洲，建立起一个新的外贸格局，从"货郎担"式的零敲散打，上升为"赶集"式的上交会，然后更上一层楼，以浦东为基础，加上一个"坐商"式的服务层次。也就是在上海建一个"大陆上的香港"，包括江浙两省腹地的工农业在内的长江三角洲开发区。

我结束了苏浙沪三方的游说活动后，想到南通略作休息，动手写我的《南通行》。但是事与愿违，刚在南通的文峰宾馆住下，就接到电话，要我去兰州参加黄河上游多民族开发区的第一次协调会。这是一个令我兴奋的消息。两省两区的协作已经行动起来了。所以，立即整装待发。决定承印我那本《从沿海到边区的考察》的出版社发急了，不但《南通行》黄了，连我答应的序言也没有了着落。怎么办呢？幸亏陪同我们一齐旅行的张智楚同志，原是那本小册子的编辑，出了个主意，由她根据我这次长江三角洲之行一路上的谈话，整理出一个头绪，编个次序，让我依此写成文章，作为代序。我们这样约定之后才分手。其后我又忙于他事,直到去东北暑休,才抽出时间来还清这笔文债。略叙始末附于文后,并向张智楚同志致谢。

重访云南三村

（1990 年 8 月 16 日）

1938 至 1942 年，抗战初、中期，我和张之毅同志在云南滇池周围调查了三个农村。这三个农村当时分别属于三个县：禄丰、易门、玉溪，因此我们分别称它们为禄村、易村、玉村。在商务印书馆出版的土纸本，有我的《禄村农田》（1942）和张之毅的《易村手工业》（1943）。张之毅的《玉村商业和农业》只有油行本。1943 年我初访美国，在访问期间把这几篇论文编译成 *Earthbound China*（《土地缚束下的中国》，美国芝加哥大学出版社 1945 年版）一书。1987 年张之毅同志去世后，由我汇编成《云南三村》一书，因出版困难，至今还没有问世。

《云南三村》编成后，我常想去云南追踪调查。估计所需时间较长，不易安排。直到今年 5 月底 6 月初，硬抽出了 20 天去云南和三村打了个照面。这样匆促的走马看花，谈不上调查研究。到了昆明才知道禄丰县现隶楚雄彝族自治州，易村已划归禄丰，而且楚雄州的研究机关从 1983 年起已有钱成润、史岳灵、杜晋宏三位同志在禄村和易村进行了追踪调查，调查结果部分已在 1984 年《彝族文化》发表。他们听说我要重访三村，特地赶来做我的向导。本文中所引用有关 40 年代后的资料除这次访问所取得的之外都是由他们提供的。不敢掠美，深表感激。有了他们的帮助，使我对禄村和易村半个世纪里的变化有了一些概括的认识，对当前的发展情况易于体会。

至于玉村，由于张之毅同志业已去世，我又记不起该村原来的名称，只能在玉溪郊区按我记得的方向找了一个乡进行访问。玉溪农村变化太大，旧的面貌几乎全都改观了。在当地问了一些老乡，都已不记得我们50年前来调查的这回事了。

下面把我这次重访三村作一简单的报道。

一

50年前我们去云南三村调查的目的是想了解当时受现代工商业城市经济影响较浅的内地农村的社会经济结构，进而研究怎样提高内地农民的生活。

云南三村代表抗战前云南东部滇池周围坝子里三种不同模式的农村，给了我们比较研究的根据。

禄村给我们提供了一个农业之外，副业很少，根本没有手工业的自给自足的农村模式。它的特色是众多人口挤在狭小的坝子里，用着简单的技术，靠农业的生产维持生计。

内地这样的农村和沿海较发达地区的农村一样是人多地少。当时禄村有122户611人，人均占有耕地1.8亩。因为处在坝子中心，全部是保水田，可种水稻和蚕豆两熟，人均粮1538斤。如果分配均匀，全村人口可以解决温饱问题。但是禄村各户占有土地差别很大，无田和少田（6亩以下）户占66%，他们所有农田只占全部农田的1/4。这部分贫困户只有靠租田或卖工活命。依靠卖工维持生活的有250人，约占全村劳动力的60%。占有较多土地的男人自己不劳动，住在村子里指挥雇佣劳动，经营农事。我们称这种人为雇工自营的小土地所有者。

禄村这种情形和我1936年在江苏太湖附近调查的江村是不同的。江村靠近上海和苏州这样的大中城市，又有发达的传统手工业，在早年原是比较富裕的。但当时由于所产蚕丝丢失了国际市场，传统手工业一蹶不振，农民收入陡降，先是受高利贷的盘剥，最终出卖土地，成为佃户。这里放债和买田的人大多住在城镇上，所以对农村来说发生了土地权外流的现象。这里的土地所有者既不劳动，又不经营农事，根本不住在村里，所以我们称他们为"不在田地主"或"离地地主"。禄村和江村当时虽同属封建体制，但形式是不同的。

当我们把禄村和江村对比时，发生了一个问题：内地有没有手工业比较发达的农村，它们的情况又是怎样的？带着这个问题，我们从禄丰城骑马走了6天，在易门县境内的绿叶江畔找到了一个传统手工业比较发达的村子，我们叫它易村，张之毅同志住下进行了调查。这个村子在江边上，绿叶江两岸长满了茂密的竹林。用竹子做原料，这个村子就发展了两种手工业，一是编织篾器，一是制造土纸。

易村同样是人口密集的村子。全村有57户236人，212亩耕地，人均9分。一眼看去，易村比禄村更穷。几乎有2/3的人家耕种小块土地不足养家，需靠编篾器补贴。另外1/3的人家靠了土纸制造，生活较好，其中少数积累了资金，在附近彝族地区买地收租。

在易村我们看到了两种不同的手工业。一种是贫穷户利用多余劳动力编织篾器借以贴补生活的副业。这种副业并不需要投资，江边可以自植竹林作为原料，工具也较简单，一把劈削竹子的扁刀就足够了。门前空场就是工作场所。技术是祖上传下的,一般人通过实习,不难熟练。产品是农家的日用品,箩箩筐筐,类别也不多。因之这种副业性质的手工业比较普遍。

另一种手工业是制造土纸,实质是作坊工业。产品要经过一定的制作过程,先把竹子劈细,经过几番泡、晒之后碾成纸浆,然后用竹帘舀成湿纸,在灶壁上烘干。这套制造过程,除了舀纸和烘纸需要专门技术外,一般都无须特殊训练。但是需要一套泡井、烘灶等作坊设备。还要一笔资金:原料要购买,设备要建造,还要出工资请有技术的工人来劳动。据估计在当时建造一个纸坊的设备要1000多元,维持一个作坊全年开工的流动资金需5000多元,利润是8.8分。坊主一般按自己有多少资本造多少纸,闲下的作坊出租给别人去利用。易村一共有9个纸坊,没有一个是全年开工的。租坊造纸的户数每年不同,1939年有10户。这项手工业虽则规模不大,但已经属资本主义性质,只是在经营上还带着封建关系的尾巴,如亲戚关系、师徒关系等等。

引起我们注意的是,易村的作坊工业所集中的资本并不像江村一样引起土地权的集中,原因是全村一姓,户户都是宗亲,土地流动受到封建关系的约束。坊主挣得了钱自己消费不完,不能向村内买地,只有向附近彝族村子买地出租。对本村来说土地权没有向外流动,而是外村土地向内集中。结果却在村里出现了地主兼资本家的人物。

张之毅同志接着去跟踪农村发展的轨迹,更上一个层次,从易门来到玉溪。玉溪在当时已经是云南的一个工商业中心。它是滇缅交通大道上马帮运输的大站,而且在抗战时期发展了木机纺织的工业。他在玉溪市镇的附近找到一个受这类市镇影响较深的农村,用来与禄村、易村相比较。

玉村基本上还是以农业为主,家家户户种水稻。但已产生一部分菜农,种植蔬菜供应市镇。同时家家户户的妇女几乎都参与纺织,成为重要的家庭副业。木制织机是自备的,向玉溪的布商赊棉纱在家织布,然后用布换纱,差值就是她们的工资。在工农相辅这一点上和江村类似,但是经营方式各异。

在玉村还看到一种独特情况,就是有一些通过运输而起家致富的人家。当时内地的马帮中混杂着不少贩运鸦片的走私贩子。玉村处在马帮运输大站的附近,产生了一些从这种非法活动中暴发的人家。他们中大多发了财就从玉村搬到市镇上去住,把土地租给本村的人经营,本人脱离了土地也脱离了农村,是一种"离地地主",但为数不多。

以上简单地回顾了一下云南三村50年前的基本情况,为我们观察它们在这半个世纪里的变化准备一点背景资料。

二

上面所述有关云南三村抗战初、中期的一些情况是根据我们自己的调查摘录的。1942年调查结束后,我们并没有机会去追踪观察。下面要继续叙述的是根据上述钱、史、杜三位同志提供的他们在1983年调查的资料。由于他们的调查只限于现属楚雄州境内的禄村和易村,没有到过玉村,所以我们对于玉村在这期间的情形并没有可据的资料,只能留待以后补写。

从我们调查时到解放后实行土改这段时期,即1942—

1952年这10年里，禄村和易村已发生了很大的变化。先说禄村。由于抗战和内战期间的通货膨胀、苛捐杂税和政治上的腐败，农民的生活日益贫困。贫穷的农民开始把土地卖给城镇里的富户。到1950年全村耕地已有20%属于"外籍地主"（即不住在本村的地主）所有。禄村过去这种"雇工自营"的特点逐渐丧失，而走上了和江村一般土地外流的道路。据土改时县委工作组调查，地主（不包括外籍地主）占人口的11.5%，占土地的51%。贫农占人口的38%，只占土地的1.8%。村内贫富分化已十分严重。土改时清算的一家恶霸地主每年吸食鸦片折合64800斤大米。

跟着农民贫困到来的是农业萎缩，粮食产量在这10年里下降了30%。在这期间，耕地面积只增加18%，而人口却增加44.5%。吸鸦片的人也成倍增长，据估计解放时全村已有2/5的人吸毒。禄村衰败的景象是很显然的。

禄村是1951年解放的，经过清匪反霸，减租退押，1952年作为全县试点，进行土改，结束了封建土地所有制。土改中农民都分到了土地，人均1.8亩。农民的生产积极性空前提高，1953年粮食总产量比1949年增产83%。1954年实行合作化，1958年成立人民公社。由于人民公社制不够完善，吃大锅饭，搞大呼隆，大大挫伤了农民的积极性，生产大幅度下降。1958年粮食总产比1953年下降35%。其后经过多次反复，到1978年才恢复到1939年我们调查时的水平，但仍低于1953年的纪录，等到1980年实行了家庭承包生产责任制，农业徘徊不前的状况才扭转过来。1982年粮食产量才比1978年增长14%，人均占有粮食超过千斤。

禄村地处坝子中心，农业得天独厚。但是耕地有限，人口不断增长，70年代末全村已超过1000人，80年代后期达到了1200人。单靠农业禄村是富不起来的。抗战初期全村农业之外的收入不及农业收入的1/10。解放后由于公路建设，运盐的路线有了改变，处在原来运输线上的禄村，依靠运输的服务业，如马店等，已无法继续。"文革"时期原来赶小街做小买卖的人也被视作资本主义尾巴而停业。副业只剩下一些自给性的饲养，如养猪和鸡。

人多地少的农村怎样利用农业里的剩余劳动力来从事生产，一直是个严重的问题。禄村在70年代"文革"后期已经不得不以集体名义在劳动输出和兴建如小砖瓦窑等建材企业上谋出路。据1978年估计，非农的集体收入占总收入的23.4%，家庭副业占15.4%，比40年前略有增长。

80年代初公社制改革后，禄村的经济结构发生了较大的变化。1982年全村工副业收入占总收入的48.5%，比1978年增加了10%。1983年全村有130人参加了5个自愿组合的基建队。这对禄村来说是一件大事。当时全村一共有477个劳动力，而全村耕地只需要270个劳动力就足够经营了。多余的200多个劳动力中竟有130人进入了劳动输出的队伍。原因是清楚的：80年代初正是小城镇高速发展的开始，大搞基本建设扩大了对建筑材料和基建劳动的需求。这两项都不需大量投资和复杂的技术，因此缺乏资金积累的农村也有条件提供砖瓦和建筑工人。禄村靠近禄丰县城的金山镇，近水楼台，抓住了这个机会。

30年代我们已看到像禄村一样的封闭经济中劳动力过剩的基本情况。公社制度并没有解决这个问题，它不过以吃大锅饭的方式把这种现象掩盖了起来。土地承包到了家庭，各家各户都自觉地要为剩余的劳动力找出路了。这是80年代农村经济发展的一个内在的动力。禄村大量劳动力被吸收到建筑队去充分表明这个动力所起的作用。

农村经济结构也开始解冻。除了劳动输出外，留在村里的人也在农业之外寻找各式各样的活路。村子里工副业很快发展了起来。1982年，除了原来的马匹运输、修理打铁、编织等之外，开始有加工豆腐、米线、卷粉、冰棍等家庭作坊和饭店、小百货店、冷饮店等服务业。总计一共有51人参加16种行业，加上其他从事家庭副业的共有171人，占劳动力的35.8%。这样成长起来的专业户和重点户，逐步改变了禄村几乎全部生活取自农业的传统特点。

禄村居民的生活相应地有了改善。1978年全村还有49个入不敷出的"超支户"，约占全村的20%。4年后除了一个懒散的人之外，再没有人家叫不够吃的了。这4年总收入增长26%，人均从204元增加到333元。温饱问题基本解决。家家户户有了自来水。全村246户中有99台缝纫机、150辆自行车、138部收音机、8台电视机。

我们这次重访禄村特别想了解1982年以后的情况。由于时间短只能听村里负责人的汇报。从产业结构上说，农业和工副业的比例：1978年是7：3，1985年是5.5：4.5，1989年是4：6。这些数字都没有经过考核，但也能帮助我们看到最近10年里禄村有较大发展的轮廓。

禄村经济的发展现场也是容易看到的。50年前我们从禄丰县城到禄村去要走近1里的石板道，道的两边全是稻田。路上行人少，人们还常劝我们晚上不要单独进城。现在禄丰县城已改称金山镇，镇上几乎全是新建的房屋，而且扩大了很多，和禄村村口连上了。这大批的建筑也具体告诉了我们禄村为什么有100多人在这几年里变成了建筑工人。

但是走进禄村，除石板路变成了水泥路，沿路有自来水管外，基本面貌却改变不大。大部分弄巷门面还是旧时相识。我可以找到调查时寄居的房屋。主人是早去世了，第5代的孩子都已经出生。但我到堂屋里一看，还是当年本色，甚至还认得我当年的铺位。不同的是当时的院子在我印象中还要宽敞得多。在这半个世纪里，已增建了几间小屋，空地就见得狭小了。出门来在街头转角上，一位老人还高兴地向我说，当时他还是个孩子，就在这里带我去找那位吹洞经的人。所以我的印象，禄村的外貌改变得不大。村子里新造的房子还不多。但当我闯进当年的中药铺里，才看见室内已经刷新。主人招待我坐沙发，房角里还有电视机。

由于老乡听说我提倡乡镇企业，所以兴冲冲地邀我去参观他们引以为傲的塑料厂。厂在村西的边缘上，新造了厂房，厂中场地上堆满了各处购来的破烂塑料。一看就知道这是个塑料再生厂，把废品加工制成各种用具，也能翻造农用薄膜。我看了有点面熟，想起了1984年在江苏淮阴市的耿车乡曾经看到过这种厂，而耿车的厂后来听说已发展得相当大，成了苏北的一个废品利用业中心，相当有名。我因而想到这两个地方确有相同之处，它们都是从农业单一经济开始走上工业化最初的一步。它们都是从成本便宜的废品入手。从塑料鞋底做起，翻造出多种农民需要的日用品。既有原料又有市场，初生的企业容易站住脚。计算一下时间，苏北先于云南大约有五六年。这也给我找到了一个比较两地农村发展时差的指标。

第二天我把兴办这个塑料厂的农村企业家请了来面谈。

他是我初次调查禄村时寄寓主人的侄孙。名字叫王兴国,现在有30多岁。初中毕业后在禄村种田。全家12口人,6个劳动力。1979年一次即向国家出售大米6000斤,一连3年,成为有名的大户,同时也积累了1万多元。他有了这点本钱,在村子里把多余的劳动力组织成基建队,到金山镇上去承包建筑,营业相当顺利。基建队后来发展到100多人。他说他原来不懂建筑,通过在实际工作中学习,后来已能设计、施工,盖4层的楼房。他是个自学成才的人物。

基建队按劳动时间和强度发放工资。结余多了,他想如果分给大家,不是一下花完了吗,不如用这笔钱组织一次外出参观,开开眼界。后来,他自己买回了一套制造冰棒的设备,在村口另建新屋,办起了一个冷饮店。他和妻子一起在晚上制造冰棒,第二天一早分发给小贩,到附近几个学校门口出售。这个厂由他的妻子经营,每年收入在万元以上。随后他自己找到了昆明塑料厂里的熟人,挂上了钩,购备机器,又开办了这个塑料厂,营业额一年有几十万元。

经过近10年的锻炼,他已经由一个农民变成了一个脱离农业的企业家。由于他新造的住宅里有烤箱、洗衣机等十多部"机器",在禄村被称作"十机部长",在农民里成了个惹眼的人物。因之他的心情不得安宁,既有扩大企业之心,又怕政策不稳。他出名之后就和父亲分了家,怕有一天倒算,拖累家人。又把基建队让给弟弟去经营,自己搞塑料厂。去年他看到金山镇处在川滇铁路和滇缅公路交叉点上,商业相当繁荣,所以又在镇上租房子办了个旅馆。他确有眼光,有魄力,既精于计算,又懂得拉拢关系,是个企业家人才。但是心头的矛盾至今未消。在和我谈话时,还是一再表示愿意把塑料厂归村里集体经营,他可以做个经理,不要当老板。他又说,他一家的生活有一个冰棒厂就够维持。其余的都愿意归公。这可能是农民企业家在发展初期多少带点普遍性的思想状态。实际上是表明他们对私人企业还是新手,社会四周的气氛还对走这条路子有怀疑。何况禄村基层干部又缺乏这类人才,集体企业没有发展起来。他这样的人是太突出了。

像王兴国这样的尖子在禄村是仅有的,但这 10 年家庭工副业在禄村普遍地有了发展,全村的总收入据报 1982 年是 18 万元,1985 年是 37 万元,1989 年 123 万元,如果化成可比价值,5 年里翻了一番以上是可信的。至于集体企业还有待创办,与苏南的江村相比时差总在 10 年以上。

三

我到了禄丰就提出要到已划归禄丰境内的易村去,而且钱、史、杜三位同志 1983 年已找到我们调查过的村子,进行了调查,1985 年发表了调查报告。但是问题是易村还没有通公路,离村最近的公路有 3 公里的山路,我这年纪已经不容易步行这点路程了,可是我还是在想办法,想亲自去看一看。到了我们打算起程的前几天,下了大雨。这 3 公里山路对我成了难以克服的障碍了。于是经过商量,我只能坐车到附近的一个名叫川街的小镇。同时到易村去请了几位认识我的老人在川街面谈,算是了却一番心意,连登门拜望也做不到了。

幸亏有钱、史、杜三位同志陪同前去,通过他们,易村在 40 年代初期到 80 年代初期的 40 年变化大体上可以了解到一些。下面主要是根据他们提供的资料写的。

在这40年里，易村在经济上的变化是一部有反复的历史，钱、史、杜三位同志归结为"三起三落"。我在上面所叙述的40年代初的情况在易村说是第一个兴盛时期。当时易村的土纸运销到姚安、楚雄、禄丰一带的街子上，在村子里出现了不少赖以发财的作坊主人，土改时划出的地主和富农即有14户，约占全村户数的30%，他们都是和纸坊工业有联系的。

第一次衰落是出于自然灾害。1942年发生了霍乱，几个月间死亡相藉，人口减少了。1939年有54户236人，经过10年，到1950年解放初，只有48户241人。在这段时期里土地和竹林维持原状，土纸作坊则有所增加。所谓衰落，主要是指人口减少和劳动力不足。土改时土地重行分配。易村地主在村时的土地原来就不多，但他们占有大量村外土地，约占所有土地的三分之二，所以土改时由于地少人多，把8户地主54人迁到外村，余下的人平均分得1.3亩。在农民生产积极性提高的情况下，大约人均收粮600多斤，口粮可以自给。土纸和织篾器等工副业没有受到影响。农业加上工副业使易村发展成了当时的富裕村。易村老人说，就数这两年好过。

1958年成立人民公社，村外抽调了四五十人到易村来"发展"编织业，吃住在易村，实际上增加了人口，而这些新手根本不懂得手艺，所编成的篾器质量下降，影响了销路。到了"大跃进"中，为了"放卫星"乱编乱织，又滥砍竹子，糟蹋原料。半年多时间砍掉易村五六年所需的竹料，而所编的篾器根本销不出去，废品堆积成山。易村篾器中最著名也最值钱的海簸，因为要推行打谷机，上边命令禁止使用，因而停止生产。这样易村经济进入了第二个衰落期。

1962年,中央政策改变后,易村分为两个生产队,生产得到了恢复。由于农村解散了集体食堂,家家户户都要补充厨房用品,篾器畅销。海簸的禁令也取消了,市集上大受欢迎,价格从30元涨到70元。易村为此组织了三四十人专业从事篾器生产,质量有所提高,评比中名列第一。在调整生产过程中,许多乡村的土纸作坊停了业。1960—1964年土纸供不应求,价格也高涨。易村留下的二个土纸坊没有停,得到了好处。这是易村经济第三个兴盛期。1964年人口63户246人,人均产粮500斤,收入132元,全村工副业收入占全部收入的61.9%,超过了农业。这是自从公社化以来经济收入最好的一年。

好景不长,70年代初开始"以粮为纲",退回到单一经济的路上,像易村这样靠工副业支持的经济受到的影响特别严重,因而又进入衰落期。1980年易村落实联产承包责任制,只把田地包到了户,没有把竹林同时包到户。群众贪图当前的利益,趁着还姓公不姓包的时候,一窝蜂地去砍竹子。会编篾器的砍了编篾器卖,不会编的拾了竹子到川街市上去卖,卖不掉用来编篱笆拦鸡和猪,甚至堆在门前当柴烧。男女老少齐动手,在一个多月里,祖上多年留下的竹林,连根都挖了起来。等到干部腾出手来干预时,易村原来在绿叶江两岸密密的竹林,所剩无几。竹林事实上是易村几度衰落后得以恢复的命根子,这是他们手工业的原料基地。这一下子摧毁掉,影响就深远了。土纸作坊从此倒闭,直到现在没有恢复。有编织技艺的老手只能到街子上去买原料编篾器,成本高了,挣不了多少钱。有些只能到有竹林的村子里去帮别人编篾器。这时后悔已来不及,要重新长出茂密的竹林来不是短时间办得到的。

我这次由于年迈天雨,到了川街再前进不了,没有能亲自去看一看易村当前的面貌。几位老人赶来川街和我会面，旧话讲得多，新话讲得少。据他们告诉我，易村人口现在是69户335人。人口比1984年的331人只多2人，原因不清。

我问他们，现在易村比我们当年去调查时有什么变化。他们想了一会儿，回答说河边的"天车"已经没有了。天车是他们用来向河里提水灌溉的用竹木做成的大飞轮水车。红色的河水，碧绿的竹林，加上几十个圆形的天车确是当年我们觉得十分动人的易村风情。大约在10年前，易村通了电，已可以用抽水机提水，天车被淘汰了。

我问他们的生活，他们起先都说靠党的政策好，现在已经好多了。接着说大约还有不到十几家人，温饱问题还没有解决。十几家就占了全村的七分之一。从这几个老人的衣着上看，我感到这些人生活变化不大。我回到北京后，这几位老人中有一位还来信要我帮助他申请政府补助，大概就属于这十几家贫困户。

因为我记得我们去调查时，他们村子里住得很挤，所以问他们现在怎么样了。他们说，最近10年来有30户人家盖了新房，大小有70多间。即是说，这村子里有大约超过一半人家居住的条件已有所改善。

谈起他们有什么要求时，他们说他们村里的小学房子已列入危房，所以现在只能在私人房屋里临时上课，希望能早些修盖新校舍。

听来，易村的农业有了发展，特别是这几年培植了烟草，卖得起价钱。但是绿叶江水质污染，本地的秧苗栽不活，要到外地去背秧苗回来栽种，有时要栽2—3次才活，玉米也很难出芽，因而要求修一个水库。更严重的是竹林似乎还没有恢复，土纸作坊至今没有重办，编织业还停留在当年的水平。经常编织的只有20多人，而所编织的还是老产品，技术没有变化。加上交通条件改进不大，公路至今没有通到村里。这是发展的主要障碍。

短短的半天相聚，对易村只有一些间接的印象。像易村这样的偏僻山村，在发挥它有竹林特产的优势时，农民曾经有过比较好的日子。后来由于种种历史原因，他们的原料基地被摧毁了，赖以提高生活的工副业恢复不易。单靠土地显然是不容易使这样的村子富起来的。

易村父老的热情是感动人的。这几位老人在当年还是青少年，他们至今还记得我们当时在村子里的活动。有一位说，我曾给他一些"洋糖"，到家里还挨了父亲一顿骂，说"洋糖"是吃不得的。这样偏僻的一个小山村，半世纪后已经能利用水泵进行灌溉，有电灯照明，从这样的起点看，不能不说是有了极大的进步了。但和外界相比，未免差距拉大了。

四

云南三村由于所处的条件不同，显出了发展上的差距。易村最偏僻，至今未通公路，在曲折的发展过程中，斫伤了自己的命根子，丧失了原料基地，不仅没有在原来工副业的基础上向前迈进，在和其他农村对比下是落后了。禄村在这几十年里，虽则同样也丧失了一些原来的优势，如由于公路运输的发展，失去了成为运盐驿站的地位，但是它适应得较快，依托金山镇的发展，大量劳动力通过组成基建队而得到了利用，积累了资金和培养了人才，开始向个体办的小型加工业迈进，虽则还属于创办阶段，但毕竟已经起步。

变化最大的是玉村。我这次去访问没有能找到原来调查的村子，固然主要是因为我自己当时没有亲自去实地调查过，现在又忘记了这个村子的名称，而当时深入调查的张之毅同志不幸已经去世，但是从当地附近的许多村子里已经没有人再记得我们那次调查这一点上看，也能意味到这地区农村的变化。它和禄村、易村显然不同，在禄村和易村我们都见到熟人，村子里的群众也大多记得我们的名字。玉溪却没有遇到这种人的机会了。玉溪这个地区变化太大，它四周的农村里古老的房屋留下来的已经极少。外貌变了，人也不同了。用我的话来说，"乡土气息"已经大大地冲淡了。50年前的旧事，在滚滚的时流里已留不下多大印象了。

玉溪现在是全国卷烟业的中心之一。玉溪卷烟厂出产的红塔山牌香烟在国内名牌中居于前列。全市工农业总产值49.1亿元，其中工业产值37.2亿元（卷烟23.9亿元），工农业比例是8∶2。这在云南是突出的，在全国内地也是少有的。

玉溪市工业迅速成长必然影响到四周的农村。以农业说，烤烟成了重要的经济作物，1989年市郊农村产量已达5636万公斤，比1980年增长5倍。大工业的兴起还带动了乡镇企业的兴起。我们参观了一个制造水松纸的工厂。水松纸用来包在纸烟的过滤嘴上，是直接为卷烟厂配套的产品。1989年玉溪全市乡镇企业户值6.97亿元，如果把卷烟厂除外，占全市工业产值的一半。这些乡镇企业分布在玉溪市四周的农村里，正在改变农村的面貌。农村里从事工业的人有15.3万人。农民人均收入937元，比1980年增长3.5倍。

从我们所举的这些数字足以看到这 10 年里玉溪农村变化之大。可惜我们访问的时间太短,又没有找到原来调查过的村子。我对玉村的变化不能多说了,只希望今后还有机会在玉溪市和它周围的农村里做一次调查,比较深入地了解内地工业的发展对农村的影响。现在我只能提出这个课题,即使我此生得不到这个调查的机会,相信会后继有人的。

包头行

(1991年1月16日)

我在 1985 年曾参观过包钢(现名为包头钢铁稀土公司),并在《瞭望》发表了一篇《边区开发·包头篇》。

包钢是 50 年代在苏联援助下在内蒙古自治区包头市建立的一个现代工业的大企业。真可说是平地起家。包头原来是一个 7 万多人的黄河上游农牧集散地的水旱码头。在过去近 40 年里,由于以包钢为首的一些国营大中企业的勃兴,现在已发展成为一个拥有 178 万人口的边区新兴城市。包钢这类大中企业的建成,在启动和推进我国边区现代工业化的事业上所起的作用是不应低估的,而且还将在今后边区开发中发挥骨干作用。

最近中共十三届七中全会提出要特别注意搞活大中企业和"全国一盘棋"缩短东西差距,我不禁想起 1990 年 10 月再次访问包头时见到的包钢情况,不妨围绕着这个主题讲一点体会。

包钢搞活——"堤内损失堤外补"

这次重访包钢令人兴奋的是见到它在这 5 年里变化很大。企业发展在同行中可说已名列前茅。1985 年钢、铁产量是双

155万吨，1990年已达双250万吨，增加60%。上缴利税可达4亿元，做到了扭亏为盈。

包钢是怎样搞活的呢？简单地说是增加计划外的产量，填补计划内的亏损并略有余利。靠这点余利，维修了设备，提高了职工收入，还回了部分福利欠账。职工年平均收入，1983年是990元，现在已经达2400元，新建了一批职工宿舍，12000名职工已迁入新居。职工感到满意，包钢有了起色。

按计划经济的体制，像包钢这样的国营企业有责任按国家计划完成定额产品任务。与此同时国家按计划向它提供设备和调拨原材料，并按规定价格收购产品。但在实际运行中，调拨的原材料数量和规格常和实际需要不相协调，出现缺口时要企业自己想办法补足，以致产品的成本有时会高于国家的定价，出现亏损。包钢直到现在，计划内的产品，少数除外，绝大部分是赔本的，一年总共要赔1亿元以上。

包钢扭亏为盈是靠了这几年增加计划外的产品。这些产品不是计划定价，可以投入市场以议价出售。议价一般高于成本，有利可图。以盈补亏，尚有余利。但是计划外产品的原材料哪里来呢？包钢为了取得计划外的原材料，这几年和附近固阳县的各乡采取各种形式合办小煤窑和矿点。现在已有十多处。利用这些自筹的原材料制成的商品，通过市场取得利润。这可说是一条计划经济和市场调节相结合的办法，也是计划外补贴计划内的办法。而从企业整体来说还是扭亏为盈的办法。

不管怎么说，包钢计划内的产品至今大部分还是赔本的。因此，单纯经营赔本产品，企业就难以维持，只得依靠国家补贴过日子。当然，最好的办法是使计划内的产品成本不高于调拨的定价。这样就牵涉到整个计划经济的改革，实际困难很多，短期内不易实现。包钢这种以计划外补贴计划内的办法，一方面维持了企业的正常生产，也保住了计划内产品的完成，同时还争取了改善计划经济所需的时间和资金，有利于企业的改造。

包钢采取的这个办法使它和包头市乡镇企业的结合迈出了新的步子。过去包钢和许多大中型企业一样，走的是"小而全，不求人"的路子，它和包头市是两张贴不紧的皮。这次访问我看到这种情况有了改变。我参观了一个设在包钢附近农村的小型轧钢厂，它利用包钢提供的下脚料和废品拉成钢锭。包钢还派人指导技术和设计，并且投入部分资金。听说包钢正在和包头经济技术开发公司合作，在南郊筹建一个炼钢厂。看来，包钢已经破墙而出和厂外世界挂钩了。

包钢拥有比较先进和强大的技术优势。它从1989年开始对地方企业进行设计和咨询服务，仅工程项目总额就达900多万元。同时还为内蒙古地区24个单位解决50项生产难题，并以原料和技术协助地方企业的兴建和发展。比如，帮助包头万宝稀土金属厂的技术改造已取得效果。又如，包钢规定优先采购当地生产的零配件和辅助材料，以支持和推动乡镇企业的发展。

仍然背着沉重的人口包袱

上述这些横向联系对于包钢这样的大企业来说固然只是些小钱小事。但是这条路子如果认真地和有计划地扩大和推进，对搞活大企业可以起很大的作用。

我在1985年发表的《包头篇》里特别提到这些大企业人文生态失调的现象。说的是像包钢这样的一些大企业，大多背着一个沉重的"人口包袱"。它们要养活越来越多的人，不仅增加了企业的开支和产品的成本，而且影响生产效率，要搞活大中企业必须妥善解除这个包袱。

现行国营企业的职工人数原是有编制定额的。但实际上存在的"铁饭碗"制度，职工总是有进无出，越积越多，企业内部人浮于事，一个人的活几个人做。企业不仅要给大家工资和奖金，而且还要承担他们以及他们家属的生活福利，要造宿舍、建医院、开学校、办食堂等等。这些设施都得企业包办，所以在包钢有句话流传："包钢、包钢，不仅包钢，还要包人。"对企业来说，包人可要一笔不小的开支。更使人头痛的是所包的人，由于自然繁衍，不断在增加。职工要结婚，结了婚要生孩子，孩子要受教育，成了人要就业。一代又一代，人丁兴旺，企业叫就成了一个不断增长和膨胀的小社会。对这种小社会的管理就成了企业摆脱不了的"业务"，结果就形成了所谓"企业办社会"的局面，办不好还会影响职工情绪，引起社会问题，牵连到他们的生产积极性。

这个包袱在边区的大中企业里特别沉重，因为他们几乎都是平地起家的，职工绝大部分是外地支援到内地的。50年代进包钢的职工和他们的家属，开始不到1万人，现在仅职工就11万人了，加上他们的家属和其他靠包钢养活的人，算在一起估计有27万人。这些就是自成一个小社会的"包钢人"。这40多年来，包钢的经济实力并没有增长多少，而所背的人的包袱却增长了20倍。它的处境自可想见！

其他诸如住所、医疗、教育、治安等问题且不说，只是待业青年问题就足够使包钢的领导伤透脑筋。包钢初建时的职工几乎都是年轻小伙子，到80年代已经到了或快要到退休年龄。他们的子女大多已经成年，有的已经有了第三代。60年代起包钢就开始发生待业青年的问题，每年大概有2000到2500名青年需要安排就业。

包钢和边区其他的大中企业一样，或多或少是个小而全、不求人、与企业外部缺乏联系的半封闭的小社会。在这里生长出来的新的一代劳动力基本上只能自身消化。这就为难了。包钢在编制的限制下，千方百计地替新生力量找出路，大体上采取了下列几个办法：一是加快职工队伍的新陈代谢，请老工人提早退休，让他们的子女顶替。二是扩大编外工人，如合同工、临时工等等。三是开办名义上和母厂分开的附属的小企业，一般称之为集体工厂。

破墙而出才能走上康庄大道

包钢在60年代为解决待业青年问题，就办起了"大集体管理处"。后来由于安排职工子女的任务越来越重，这个处就改为"劳动服务公司"。1983年又建立起"包钢综合企业公司"，将49个小型附属企业管了起来。公司所属的小厂名义上都是自负盈亏的，实际上是些"没断奶的孩子"，处处靠大厂照顾过日子。现在这些小厂已安排了4万多人，几乎相当包钢正式工人的一半。这两年来由于治理整顿，"消化不良"，目前包钢职工家属中已积压着15000名待业青年，其中女性居多。这些待业青年分布在大约8000个职工家庭，对职工的影响和压力相当严重，已成了企业本身的大问题。综合企业公司的领导向我介绍情况时，一再强调这个问题必须及时解决，但是怎样解决还是一筹莫展。

听到这里，我想起了甘肃的几个大中企业如白银的铝厂、金川的镍厂。它们在前几年分别办起了开发小区，安排了当地的待业青年。这个问题可以说完全解决了。所谓开发小区就是在大厂附近开辟了一个工业区，并搞好基础设施，和地方各乡镇联合办起了近百个独立经营的集体工厂。大厂负责设计和提供技术，把大厂多余的劳动力输送到小区，成了小厂的骨干。我曾在《瞭望》发表了一篇《一厂两制》的文章，介绍过甘肃这些开发小区的情况。甘肃的开发小区与包钢的综合公司有所相同，也有所不同。相同的都是国营大企业办集体性质的小企业，不同的是甘肃小区是大企业开门出去和乡镇企业结合联办，而包钢的综合公司则是关门在包钢围墙里自办。其实包钢的围墙在与附近乡镇合办煤窑和矿点时就已经打开了缺口。可惜他们没有意识到和乡镇企业结合也是解决待业青年问题的一条好办法。他们依然沿着"劳务公司"的传统来办小厂，没有把大门敞开，把新的一代放出去开辟新天地。

当然，如上所说，包钢近年和地方已发生了横向联系。不过，还刚刚开始，不仅规模小，而且路子也窄，多限于为大厂服务的项目。甘肃小区里的小厂经营的项目却是多种多样的，不限于为大厂制造配件或原料加工。凡是当地有发展前途的项目都可以进入小区。这样就大大调动了地方的积极性和主动性，路子也越走越宽了。

这条打开大中企业的围墙，扩散大中企业的能量，与地方结合办集体企业，发展多种多样产品的路子，据我所知，并不是甘肃的独创。我这几年在西安和宝鸡就看到不少军工企业甚至和外商结合，制造摩托车、电冰箱等产品进入市场流通。记得还在好几年前，我参观首钢时，看到过他们办的家具厂和饼干厂，还听说他们在北京办了个高级旅馆。当时我就想，如果沿着这条路子发展下去，不是就会出现多行业的企业集团了嘛？这不就是国外产业发展的大趋势嘛？经过这几年的考察，我觉得我们值得在这条路子上多做些研究，说不定这一条以国营企业为中心和集体企业相结合的路子还是很有前途的康庄大道哩。

发掘和依托"隐蔽的上海"
边区经济就有了奔头

大中企业的扩散并和乡镇企业结合，不仅有助于搞活大中企业本身，而且对于边区的经济发展意义更大。中国的大西北原是个以粗放的农牧业为基础的多民族欠发达地区。在这种基础上，自身是很难发生现代工业的。现在这些地区的大中企业都是靠国家的力量办起来的。资金、技术、经营都是外来的，甚至一般工人也大部分是外地支援的。比如，"包钢人"至今说话还带东北口音，因为包钢的主要骨干力量来自东北鞍钢。

这种历史条件，加上国营企业的体制，边区这类大中企业当然不易和当地的社会经济结成一体，只能成为贴不拢的两张皮。这种分隔对企业、对地方都是不利的。对企业来说，引起上面所提到的人文生态失调；对地方来说，依托不上先进的企业来发展当地的工业。

包头虽是个新兴城市，但经济繁荣的地区只限于市内的几个工业区，即几个大中企业所在的地区。包头市属的乡县最近两三年才有了些乡镇企业，而工业产值在经济结构中所占的比例还没有超过工农业总产值的一半，基本上还是以粗放的农牧经济为主。包头市的工业区远远看去像是一片汪洋大海里突出的孤岛，或是广阔沙漠里的绿洲。这说明过去40年国家投入边区的工业化种子，还是孤立在若干点上，而没有蔓生扩散成片。这些孤岛式的大中企业在边区的经济发展上所起的作用并不大。

我们的国家为开发内地和边区经济所投入的资金是不少的。就包头一市来说，国家累计投资就是100多亿元。整个西北地区国家投入的资金，有人估计达3700亿元。但是，效果却不很显著，边区还是那么落后，原因就在于所建立起来的大中企业被困在孤岛上，发挥不出推动地方经济的作用。

说到这里，我想起了这几年在甘肃贫困地区的考察。我曾去过定西这个有名的贫困重点区。每次去到那里，我总是劝他们兴办乡镇企业。地方干部确实十分努力地去办，但由于缺乏资金，又缺技术，办乡镇企业确实很吃力。计划中的一个亚麻厂，筹备了4年还没有建成。前年我去白银市访问，原来属于定西地区的会宁县现在划归给白银市。上面提到的白银铝厂这几年在这里成立了一个开发小区，又承包了推动市区各县乡镇企业的任务。听说，原来比定西还落后的会宁在白银公司的协助下，这两年办起了乡镇企业。我在河西走廊的路上，经过永登县看到沿路新建了不少小工厂，就是附近大中企业扩散的结果。

我记得在宝鸡市考察时曾经在一次讲话里说过：这里有

一个"隐蔽的上海",现在大部分还埋藏在山沟里,如果能发掘出来,关中广大农村就能变成西北的"苏南"。我的意思就是指望他们去依托这一带国家投下了大量资金和聚集了众多科技人才的"三线工程"。这是一个潜伏着的巨大工业能量,还没有得到充分发挥,还没有发生推动地方经济起飞的启动作用。苏南的乡镇企业发展得较早,就是因为有上海可以依靠。乡镇企业缺乏城市工业的依托是不容易平地起家的。现在西北新兴城市里的大中企业就是广大边区可以依托的"隐蔽的上海"。隔断这些企业和地方结合的那堵墙一旦拆掉,这股潜伏在墙内的力量一旦在广阔天地里有了用武之地,边区的发展就有了奔头。

这次包钢之行对我有很多启发,怎样缩小东西差距一直是我心头的课题。现在看到边区的大中企业自己也感到不能继续走"小而全、不求人"的路子,而且实际上由于亏损所迫不得不破墙而出,寻求缓解之道。有些地方已尝到了"一厂两制""城乡一体化"的甜头。许多地方也认识到大中企业藏着他们急需的先进技术和经营人才。企业和地方走到一块儿了。这是两厢情愿,双方有利的好事啊!

中央提出搞活大中企业和"全国一盘棋"先进帮落后正是及时的东风,希望乘风破浪,让边区开发进入一个新的时期。

侨乡行

（1991年）

上一次我去福州是在1985年11月，参加福建中华职业大学的建校典礼，去年我又去参加该校五周年纪念，前次我曾经趁便去闽江口的长乐转了一圈，还写了几篇小记，在当地报纸上发表。这次我又到沿海的泉州和福清一带做了短促的考察。时隔五年，变化之大令人不能不刮目相视了。

从念"山海经"到大打"侨"牌

五年前我在福建听到流行的话头是"大念山海经"，这次听到的却是"大打侨牌"，侨胞在经济发展中的作用被提到了突出地位。打"侨"牌与念"山海经"是衔接的，但已大大地跨出了一步。

"大念山海经"的意思是充分发挥福建的地理优势。福建是个"八山一水一分地"的沿海省份。这种自然条件在以农业为主的时代，山和海都不能成为经济上的优势。这样少的土地正是它贫困的主要原因。人均耕地面积长期以来在一亩以下，粮食自给都是困难的。生活出路只有设法利用山和海。我在小记里曾讲到了"点石成金"的例子，说的是闽江口那个当时新办的把花岗岩切片成高级装饰用的建筑材料的工厂。还讲到了水上居民登陆之后建立的"海星新村"——一个典型的现代渔村。可是我在那几篇小记里都没有注意到海除了提供水产之外，也许更重要的，还提供了与海外世界联系的通路。如果着眼于沿海居住的人的历史与现实，这部山海经里"侨"字就突出来了。

早期出国的侨胞，多为单身汉，父母为了传宗接代、香火不断，大多事先为其娶妻，或是追回娶妻，妻儿留在老家。这样就把侨胞在感情上和经济上牢牢地捆在家乡。侨胞尽管身居海外，但依然负担着赡养父母妻儿的责任。这已形成侨胞的传统。即使自己生活困难，也要节衣缩食甚至吁请侨友帮助，寄款回家。如果失责，在侨胞中还会受到舆论压力，被认为忘本无义。

侨胞在国外汇回来养家的钱近代称作侨汇。侨汇是维持侨眷生活的重要支柱，是侨乡经济的重要来源，也是历来国家外汇平衡中的一个重要项目。就福建来说，80年代初期侨汇总数接近1亿美元。

出国侨胞绝大多数是出身穷困的劳动人民，他们迫于冻馁而抛井离乡，漂洋渡海，出外谋生，实际是现在所说的劳务输出，靠出卖劳力过活的人。经过长期的勤俭经营，甚至要积几代人的努力，才在国外站住脚跟，取得一定的社会经济地位。一般说来，特别是在南洋诸国，大多数侨胞以从事小本商业，在流通领域里为当地居民服务，从而形成当地经济结构中不可缺少的部分。这些小商贩和小作坊的经营者固然比当初的契约劳工地位高一些，收入也多一些，但是要从这个阶层上升到富裕阶层是不容易的。这决定了他们赡养国内侨眷的能力。

巨额的侨汇是由上千万的小宗汇款点点滴滴汇合而成的。这些点滴的汇款，像微雨落在旱地上，固然对直接受惠者能解一点渴，但几乎全部消化在侨眷的消费中，积不成溪流和湖泊。那些少数比较富裕的侨胞除了赡养侨眷之外，有余力还可以在家乡做点"好事"，像修桥铺路办学校等公益事业。侨胞继承了中国传统的美德，推己及人，为家乡的父老亲友出一点力，表示他们义不忘本的乡情。从承担赡养家属的责任，推及为侨乡出力的义举，具体表现了侨胞所特具的"侨心"。

从出资办好事到投资办企业

在第一次世界大战期间，由于当时的国际经济局势，南洋的华侨在当地的经济中取得了难得的发展机会，在侨胞中出现了规模比较大的企业家，陈嘉庚就是这时代侨胞的代表人物。他的一生事业充分体现了他这一代侨胞的共同精神。简单地概括就是在爱乡爱国的侨心推动下，把在国外所挣的钱，用到本乡本国来做好事，主要是出资办学和其他公益事业。

我这次侨乡之行却感觉到陈嘉庚的时代似乎已经过去了。当前的侨胞固然还保持着可贵的"侨心"，但是不再满足于在家乡"做好事"的水平了。他们开始在本乡办企业了。做好事和办企业出发点可以相同，但不同的是过去的侨汇是用来支持侨眷或侨乡的消费，现在却投资到生产事业上去推动侨眷和侨乡的经济发展了。这一点差别，对于我这个关心乡村经济的人来说却非常重要。

从80年代开始，当时由于汇率差价越来越大，侨胞觉得通过银行直接汇款给侨眷，不如把外币带进来，在国内黑市里换成人民币合算，这叫"以钞代汇"。后来又有人发现把钱带回来给侨眷在国内市场上买东西，还不如在国外市场买了东西带回来更合算，这叫"以物代汇"。这种方式对国家来说是有损害的，但却活跃了侨乡经济。

大概是从80年代中期起，由于鼓励侨胞返国探亲，做出了允许他们免税带进大小包件的规定。从此侨胞带进和邮寄到侨乡的物资大量增加，事实上超过了侨眷自己的需求。侨眷很自然地把自己消费不了的物资，如服装、鞋袜、包袋、糖果、食品、玩具、小电子产品等等，就地摆摊当商品出卖，形成了越来越大的洋货市场。石狮是最早出现这种满街是洋货的中心地点。这些洋货本地人是消化不了的，却引来了外地的商贩。正当其时，台湾的水货也大量流入这个地区，也进入这个市场。不久石狮竟成了远近闻名的以服装为主的小商品集散地。

石狮市面上看到的这么多的商品当然不都是侨胞带回或寄回来的，台湾的水货早已经禁止，但是从这种市场的形成上说，侨胞的赡家物资是其起源。一旦洋货市场出了名，各地商贾前来抢购，供不应求时，很自然有人会想到自己动手模仿新颖款式，生产商品来填补市场了。这样就出现了大量"国产洋货"。从馈赠发展到交易，从流通发展到生产，不过几年的时间。和温州一样，泉州的家庭作坊如雨后春笋，很快兴起。制造国产洋货需要资金，先是由侨眷把侨汇积下的钱合股聚资，接着直接由侨胞以帮助侨眷办厂的渠道，向侨乡投资。工厂也越办越大，从小宗协助发展到大笔投资。短短的几年里福建沿海乡镇中，各种形式的侨资企业遍地开花，成片开发，而且已发展到了和国际财团结合进入国际市场的水平，来势很猛。

回顾这个侨乡经济的发展程式是极有意义的。从"汇款养家""以钞代汇""以物代汇"到"赠品上市""国产洋货",再到"合股办厂""侨资企业",这是一个入情入理的发展过程,结果形成了一个乡镇企业里的新模式,不妨称之为"侨乡模式"。

从合股办厂到办工业小区

我们不妨举几个有代表性的例子来说明这个程式。

我在石狮参观了一个玩具厂。当初有位姓洪的侨眷青年看到石狮的市场越来越繁荣,不甘落后,很想卷入这个浪头。1983年趁他定居在香港的兄弟回乡探亲时,表示了这个意思。他的兄弟答应送他一部制造塑料玩具的机器,是香港工厂里淘汰下来的二手货。他就约了几个人,集资十万元,因陋就简办了个玩具厂。起初是仿造,逐步自己创新。他们给我们看一种新产品,能匍匐前进的"电动士兵",被评为电动塑料玩具全国第一的部优产品。这是根据石狮市刘市长访问新加坡时带回来的样品改造而成。他们开始时是在石狮街道上摆小摊起家的。后来在石狮接触到了和全国各地有联系的推销人员,就委托他们把产品推销出去,现在已经与二十八个省市建立了直接挂钩的业务关系。1986年又在外地的大城市有名的商场里建立了二十几个专柜展销,兼搞维修,营业大为发展。他们不断引进侨资和新设备,现在已能用由电脑数控机床来生产精密度高和复杂的模具。1990年产值已达1094万元,出口率40%。他们正在联系与台商合营,想扩大国际市场,发展成一个东亚的大型玩具工厂。

像上述玩具厂那样的侨乡企业为数已经不少，只是在规模上有的大些有的小些，在资金和技术上都是依托侨胞发展起来的。

我在靠近福州的福清县看到了另一种发展程式，就是由侨胞中有财力的财团有计划地集中投资，开辟成片的工业小区。

福清也是著名的侨乡，总人口107万人，在海外的包括华侨和华人的侨胞有50万人，主要分布在东南亚，尤以印尼最多，约有30万。福清侨胞的特点是财力雄厚。近十年来侨胞帮助家乡发展各项公益事业的捐资达1.68亿元。这几年随着中国和印尼的关系改善，侨胞的投资逐步由捐资办公益事业转向了投资办企业，1987年建立了有7平方公里的融侨工业区，达到了高潮。

融侨工业区的主要投资侨胞是福清人。80年代初期他就和家乡有过联系，想走陈嘉庚的道路，愿意为家乡出钱出力。他曾经洽谈过巨额投资在家乡建立炼油厂和水泥厂，但都没有成功。1987年福建认真落实开放区的政策，于是他建议在家乡福清县划出一个小区给侨胞开办企业。除推动其他侨胞回乡办企业外，他自己定了一个目标，用集团的财力在这个工业区里办了一批企业，总销售额要达5亿美元，为5万个家乡同胞解决就业问题。这些企业办成了就交家乡人自己去经营。他投资所挣的钱不提走，留在家乡滚动，扩大再生产。他看到福清没有码头，工业区的发展受到限制，就在福清靠海滨的下垄村建造了一个融侨集装箱码头，为融侨工业区解决对外出口的运输问题。

融侨工业区自从1981年初创以来，到去年10月止，已兴办了三资企业18家，投资总额为2.86亿元，13家已投产。我参观了区内的玻璃、塑胶、鞋业、旅游运动用品等工厂，都是林氏集团带头引进的外资企业。这些以现代技术和设备建立起来的中小型企业走在乡镇企业的前面，它们的起点就比较高。由于它和国际市场密切结合，发展前途也比较宽广，为侨乡经济开出了一条新路。

我访问福清时正巧他带领了林氏家属和福清籍的侨胞179人回乡省亲和考察。在宴会上他对家乡风味十分赞赏，流露出他对世世代代孕育他若祖若父的故乡的无限深情。他说他已安排了交给儿孙的资产，其余的都要用在家乡。现在他已年过七十，看来年纪越大，劲头也越大。我当时就想到他确是一个新一代的陈嘉庚。他们的侨心是一样的，但他已有条件做到陈嘉庚所没有能做到的事，那就是把在国外挣来的钱，在自己家乡土地上办企业，以使侨乡的经济从根本上改变面貌，并将它拉进国际经济的大网中去。

仰恩基金的规划与理想

我在融侨工业区所看到的乡镇企业，固然是新颖和现代化的，但是像这样的工业区，在苏南也有，在广州则更多。直到我在泉州参观了郊区的仰恩基金办的大学和企业才感到侨乡企业确已在规模和经营上跨上一个新的台阶。

我在泉州听说有一位侨胞吴庆星先生在郊区办了个仰恩大学。回乡办学是中国侨胞的优良传统，侨乡的许多中小学是由侨胞出资办的。这也反映了中国侨胞一种普遍的心理。但是侨胞中有力量办大学的不多,所以我在泉州时特地驱车,到郊外的山区里找到已经建成的仰恩大学,想见见这位现代的陈嘉庚。

这个大学办在山沟里,这是吴庆星的父亲在生前选定的,因为这是吴氏家属的故乡。他父亲回国时看到这地方还像他幼年时那样穷困很伤心,所以下了决心要在这里办学,而且要办个大学。这个愿望在他生前没有实现,留在遗嘱里。吴氏家族后来成了缅甸的巨商。吴庆星为了继承父志,几次返国来筹备在他父亲选定的地方把大学办起来,并为纪念他的父母,定名为仰恩大学。1987年奠基,现在已经招过两期学生,一共400人。

吴庆星是个热心教育的企业家。他在办这大学时就想到这个大学要长期办下去,必须有个企业支持它。所以建立了一个又办学、又办企业的仰恩基金。企业的收入用来办这个大学外还可以办其他公益事业。他的家乡在山沟里,附近是大片没有开辟的丘陵地带,丘陵间还有河流小泊,不但风景好,而且气候土质都好,但是一直荒废着,没有利用。于是他和当地政府磋商,把这片山林都租了下来,随即遍山种植果树。我去参观时果树都已长成。仰恩大学的校舍就建筑在山谷里,有柏油公路直达校门。

我去参观时吴庆星先生刚好在校。他告诉了我办企业支持学校的计划。他想在这山区发展养殖业,办一个养鸭场。一年两批,一共4000万只。吴庆星先生说他将从国外引进鸭种。孵化出来的雏鸭将逐步分放到农民家里去喂养。另办饲料厂供应科学饲料。等鸭子长到一定重量,收回来,进屠宰场处理,再放进冷藏库,分批按订单输出国外。

为了办学,牵引出了办企业,回头又充实了办学的内容。现在这个仰恩大学已办了一个动物系和土木工程、外贸英语两个专科。动物系首先培养的是为这个养鸭场服务的人才。因为这4000万只鸭子的科学管理就需要几十个有专业知识的人才,这已打入了培养计划。

看来吴庆星正在兴办的是一个周密规划的宏大企业,体现了他的一个宏伟理想。通过这几千万只鸭子和遍山的果树,他将把故乡的经济切切实实地提高一个水平。他是一心要把侨乡发展到现代水平的人。他同林绍良一样,已为仰恩基金做出了一条规定:这个基金所办企业取得的利润必须全部用来开发侨乡,不准用到国外去。这就表明了有别于一般的外资企业,而打上了侨心的烙印。

我这次侨乡之行得到了一个重要的信息。这是我们国家实行了改革开放政策之后才出现的侨乡经济的新苗头。它是千年来我们侨胞一贯坚持的侨心的一种新的表现。它已越过赡养侨眷、办学校、办公益的门槛,而踏进了用侨资开发侨乡的新时代。像仰恩基金一样的宏大计划是否能顺利实现,还要看我们国内的条件是否配合得上。但毕竟是一项新生事物,它是有生命力的,希望能得到充分的阳光雨露,使其早日茁壮成长。

吴江行

（1991年）

暮春三月，江南草长，我今年又有机会回访故乡江苏省吴江县。屈指算来，离我1981年三访江村正好10年。这10年故乡的变化真大。10年前吴江有名的七大镇正从冷冷清清的衰落景象里抬起头来，一股生气引起了我的注意，启发我做出调查研究小城镇的倡议。

从那年起，我每年都回乡考察，江村的老乡提醒我今年是第15次访问了。这10年里我看着这一带农村的房屋从草房变瓦房，一层变多层，联门接户变成了别墅式的小楼房，我看着农村里兴办起了一个个作坊式的小工厂，又看着它们逐步长成为厂房宽敞、设备先进的现代企业，我看着农村的青少年里冒出了一批批头脑敏捷、眼光宽阔的农民企业家。这一切正是我早年梦寐以求的变化，真没有预料到今生今世能亲眼看到我的家乡竟在这短短10年里发生了这场历史上从未有过的巨变。所以每次回乡总是不能不有些激动。

这次回乡访问时间虽短，还是匆匆忙忙地跑了几个突出的乡镇，又得到了许多启发。回来坐定，整理一下思绪，写了这篇给《瞭望》读者的汇报。

从温饱到小康

总的说来,吴江这10年正是从温饱型经济进入小康型经济。我三访江村时,该村的人均收入还刚接近300元,这次一问已达到1300元,增加1000元。从吴江全县平均数来看,1980年的人均收入是230元,1990年是1176元。全县的工农业总产值1980年是9亿元,1990年是59.2亿元,10年增加了5倍多。

江村的农民进入80年代就已经越过了人均收入200元的贫困线。我在《三访江村》里对当时农民的生活曾有所描述。当时老百姓说:"一天三顿干饭,冬天人人有棉衣棉被,吃穿不用愁。"这是民间的温饱标准。从吴江全县来看,大体和江村相仿,也可以说是在80年代开始越过贫困线进入温饱型经济的。

进入温饱线之后,农民生活上感到紧张的是住的问题。孩子长大了要结婚,但没有房子,做父母的干着急。我在三访江村时见到有些较富裕的人家开始在原有的旧屋前后左右设法添造新房,像是老房子长出了一个个瘤子,把原来已经很狭窄的弄巷搞得更曲折难行。一般说来拆掉旧房翻造新屋,大体上人均收入要超过500元时才会开始。果然,吴江县在1985年前后农村里掀起了建筑热,那时人均收入是664元,到80年代后期,一丛丛白墙黑瓦的楼房出现在公路两旁,给人以江南确是富饶的印象。

1988年吴江人均收入越过千元大关,接近小康边缘。这时农村出现了争购家用电器的高潮。一座座小楼房屋顶上竖起了密密麻麻的电视天线,使人触目。拿江村来说,目前已有

80%的人家拥有电视，30%拥有冰箱。自行车已成了家常的交通工具，平均每户1.9辆。

吴江县算不算已经进入小康型经济，江村农民的生活能不能说已经走出了温饱型的界线？我还不敢做出肯定的答案。如果说以人均国民生产总值800美元作为温饱和小康的一条分界线，那么吴江1990年人均国民生产总值已达3114元人民币，按1981年汇率计算，已超过800美元了。但是考虑到统计数字中有没有水分，汇率又应当怎样计算等问题，不如将其说得保守一些，吴江经过10年的努力已经接近小康水平了。

小康水平是怎样得来的

吴江在苏南各县中经济上处于中等偏上的地位。1990年工农业总产值与超过了100亿元的无锡县比还有相当大的差距。但是它有它的特点：农业稳定，副业兴旺，工业发达，创汇力强。以外贸收购额论，它在江苏各县中名列第一已连续9年，堪称"九连冠"。吴江经济的特点和它所处的地理条件有关。它的西境靠太湖。太湖水东流入海，在吴江境内留下了一片片大大小小的湖荡，形成纵横交错的水乡。水乡的交通既便又不便。在人际往来、货物运输依靠舟楫的时代，应该说交通是方便的。但是水乡的陆上交通却十分不便。吴江的23个乡镇直到前几年才全部通公路。这种地形在自给自足的小农经济时代是有优势的，而要发展现代工业就很受限制了。吴江离上海较无锡和吴县都近，却不在沪宁铁路沿线，工业发展因此慢了一步。我们这些吴江人过去在苏州人和无锡人眼中是土头土脑的乡下人。

土气重一些，对农业就亲一些，联系也就紧一些。农业是经济基础这一事实在吴江体现比较清楚。这次回乡，吴江县的负责同志向我介绍情况时首先强调说：农村是吴江经济的主体。全县76万人中65万住在农村。1990年59.2亿元工农业总产值中44.7亿元来自农村。吴江的工业和贸易主要是以农业为基础并在农村中发展起来的。这番话，我是能领会的，而且认为他们说出了这一地区这10年来经济发展的本质。

我曾说过，要理解苏南的乡镇企业必须懂得这个地方的农民是把这些企业作为农村的集体副业来看的。在农民的意识里农业还是农村的主体，尽管副业收入超过农业。主副之别还是不变的。苏南的乡镇企业当其初生时确实是为了吸引农村里多余的劳力和补充农家的收入，和其他"副业"并无不同。后来乡镇企业发展得快，经济收益远远超过了农业，这时农民毫不犹豫地"以工补农"，一直发展到"以工建农"。可见在农民的意识里乡镇工业是农业的延伸，有点像亲子关系，工业有反哺的义务。乡镇企业所表现出来的工农关系不能不说是"中国的特色"，也是促进苏南农村这10年里大发展的一个重要因素。这也反映在苏南农村里农副工三业的协调发展，它们形成了一个良性循环，促进了农业稳定、副业兴旺和工业发展。这个循环在吴江比较容易看清楚。

吴江这10年工业的发展并没有引起农业的萎缩。他们的农业在实际耕种面积略有减少的情形下，主攻单产，稳定总产。全县80万亩耕地，连续5年粮食总产超过5亿公斤，亩产超过625公斤。全县城乡76万人，连续9年人均占有粮食超过650公斤。可见吴江的农业是稳定的。

多种经营是吴江的传统优势。这里素有"鱼米之乡"的称号。水产历来是农村的大头产品,不仅家家户户几乎每餐都用鱼虾下饭,上市的商品1990年已超过4万吨。而栽桑育蚕又是吴江农村特别重要的副业。1990年桑园近9万亩,蚕茧产量达8千吨,在苏南首屈一指。但是苏南像无锡那些原来也是产蚕桑的地方,这10年却走了下坡路。吴江之所以能保住这项副业是由于它和丝绸工业密切结合。以江村来说,由于扩建丝厂,相应地也扩大了桑园面积和蚕茧产量,使副业的产值在三业总产值中所占的比例由1980年的13%增长到24%。吴江自从引进了兔毛纺织厂后,作为农村副业的兔毛产量也得到稳定,在全省保持前列的地位。吴江其他的农村副业也同样有所增产,可谓副业兴旺。

吴江这10年经济腾飞起关键作用的无疑是工业的发展。全县工业企业1970年有189个,产值1.4亿元;1980年有1863个,产值5.6亿元;1990年有2493个,产值54亿元。而其中乡镇村办的企业有2284个,产值40亿元。吴江的工农比例在这10年里已从7∶3提高到9∶1。从产值上看工业远远超过了农副业。因此我们可以认为,吴江从温饱型经济上升到小康型经济主要是工业化的结果。

如果我们再深入一步观察还可以见到,吴江工业化的特点:一是主要以乡村为基地发展起来的,直到目前乡和村两级所办的工业产值还占工业总产值的74%;二是主要以农副产品为原料进行加工的基础发展起来的,以丝绸为主的纺织品产值目前已接近工业总产值的一半。

这次访问中,我发觉我一直把它们包括在"苏南模式"中的苏南各县,如果迫近了观察,还是各有各的特色,在统一性中各有各的个性的。吴江就走出了一条由它的历史和地理条件所形成的发展道路。这条路子从总的方面是和苏南各县一致的，但具体的细节却不一样。例如它们在"无工不富"这一点上是一致的，走的都是发展乡镇企业的致富之道。但是在发展什么工业、怎样发展等问题上，却都能各自按其具体条件各显神通。我认为这点认识对今后开展小城镇和城乡发展的研究是很重要的。只是深入了解各个地区发展过程的个性，才能看清楚各地区今后继续前进的具体方向。这也是我在这篇汇报中强调吴江在苏南模式中所具特色的原因。

不愧是丝绸之府

谈到吴江这 10 年工业的发展，最引人注目的是各乡镇上丝绸业的兴旺。丝绸业本来是吴江的传统优势。在我 30 年代所写的《江村经济》里就把当时农村凋敝的直接原因归之于丝绸业的衰落，因而引起农村里蚕丝副业的危机。80 年代我国丝绸业复兴了，历来以"丝绸之府"闻名的吴江，随之繁荣起来。1980 年桑田面积 5.7 万亩，蚕茧产量 3300 吨，白厂丝（用机械缫出的生丝）265 吨，丝织品 3400 万米。1990 年桑田面积接近 9 万亩，蚕茧产量接近 8 千吨，白厂丝 650 吨，丝织品 1.3 亿米，全县丝织企业 300 多家，产值超过 24 亿元，占工业总产值的 45%。真丝绸出口收购量约占全国总量的 1/6，不愧是中国的丝绸之府。

我这次访问的重点是吴江丝绸业中心的盛泽镇。这个镇解放初期有 2.2 万人，到 1983 年我去访问时，也还只有 2.6 万人，经济停滞了30多年。现在全镇人口已达10万人，其中8万人有本镇户口，已恢复了"日出万匹，衣被天下"的历史盛观。现有丝织、印染、服装等可以列入丝绸类的企业130多家，其中几千人以上的大厂就有10多家，拥有各种丝织机1万多台，职工总数近4万人。包括该镇农业和其他各种企业在内，总产值18亿元，占吴江工农业总产值的1/3。

这个镇生产的迅速发展也使镇容大为改观。它原是个古老的手工业作坊的集中点。解放初经过社会主义改造，逐步建起4个丝织厂，当年我参观过其中最大的新生厂，也不过有100多台铁木织机，工人坐在织机上层的旧式提花设备曾给我很深的印象。现在这类织机只能在丝绸博物院里看到了。新生厂的面貌完全变了。我们这次寄宿的醒狮酒家，就是这个厂的招待所。它的建筑和设备都不下于大城市里新建的旅馆，每天要接待许多来厂洽谈的客商，常常应接不暇。

我这次还特地去拜望另一家丝绸厂即新民厂的毕玉明经理。他是我1957年重访江村时结识的老朋友，现在已是五一劳动奖章的获得者，全国纺织系统的优企秀业家。新民丝织厂是从1958年起由若干个体作坊合并起来的集体工厂。毕玉明同志把它办成了一个技术上全国领先，产值连续两年突破亿元大关，创汇2000万美元的现代丝织厂。我记得前几年去该厂参观时，平生第一次看到"无棱织机"，感受到现代技术的威力。这次去看时这种喷水织机已经不算先进了，又新装备了近50台称作"绕性剑杆"的织机。这位朋友在旁说："我们不从技术上改进，怎能在国际市场上站得住呢？我就是用新技术创汇，用创汇来引进新技术，搞个良性循环。"我高度赞赏他的经营之道，说："你们在实践中走出了这条技术兴工之路了。"

从整个盛泽来说，这 10 年来丝绸工业的发展，除了对当地称大集体的县办工厂大力进行改造外，还积极创办了 15 家镇办和 103 家村办的中小型丝厂。这些乡镇企业的总产值已达 10 亿元，超过了大集体的产值。

在盛泽的乡镇企业中最突出的典型是现在已被评为省级先进企业的盛泽镇印染总厂。它创办于 1984 年，以 55 万元的贷款、74 名职工、6 只染缸、11 间简易棚起家，从印染扩大到生产真丝绸及各种化纤合成产品，形成了纺织印染一条龙的企业集团。1987 年产值首次突破亿元大关，1990 年生产量达 1.4 亿米，产值超过 4 亿元，纯收入 2000 万元。目前已有职工 1195 人，日生产能力达 60 万米，是全国乡镇企业中最大的丝绸化纤印染专业厂，1990 年在全国乡镇企业"十大百强"评比中获得第二名。我请教该厂的经理取得这些成绩的经验。他强调的是强化管理，深挖潜力。他最得意的是连续 5 年保持"三无水平"，即无贷款、无外债、无应收款。他说："我们这个厂真正大发展是在国家宏观控制最严的 1989 年，国家银根抽得越紧，我们厂的优势越能发挥。"这里所说的优势就是"三无"。

这个厂之所以能做到"三无"，与盛泽镇对乡镇企业的培育政策大有关系。政策规定企业税后利润的 70% 给企业，充实流动资金，并规定国家对乡镇企业的优惠税收 100% 留给企业，用以扩大再生产，而且坚持做到职工分配低于效益增长，厂长报酬一般不超过职工的 2—3 倍。这样一来，乡镇企业就有可能依靠自身的效益不断扩大生产，像滚雪球那样越滚越大。盛泽镇不仅对镇办的企业给予充分的营养，而且腾出力量采取政策倾斜，重点扶持，促进村办企业，使丝绸工业全面开花。去年全镇共向村办企业投入近千万元，使 7 个村形成拥有百台织机以上的规模。与此同时，他们引导各村向外地搞联营和外发加工。现在盛泽周围农村里已有2000多台个体织机接受盛泽各村的外发原料，加工生产，全镇村办企业销售额已超过1亿元。

贸工农一条龙

丝绸产量大增固然表明了盛泽的兴旺繁荣，但是出产的商品必须有畅销的市场，否则，生产也难以继续。企业依托市场，市场引导企业。这几年盛泽的丝绸业的发展不能不归功于吴江东方丝绸市场的建立。

我记得1985年春从温州考察回来就注意到乡镇企业要继续发展必须狠抓流通，建立小商品、大市场。下一年我很高兴地看到盛泽办起了东方丝绸市场，我还替它题了字。经过了5年我再去访问时，这个市场已经扩大了好几倍，真是万商云集，店面栉比。1990年在国内市场疲软的情况下，这里的销售额仍持续上升，达到6.1亿元。

吴江的丝绸生产以市场经济为主，列入计划的比重很小，除了真丝产品纳入国家计划外，70%以上的产品由市场调节，而且产品销售主要靠企业自寻销路来解决。所以过去每年都有大批销售人员在全国"满天飞"，不仅花费大，而且效益差。我曾把这种流通方式称之为"肩挑式"。东方市场的建立就是让卖方在场内开店设柜，等待买客上门，由"肩挑式"变成"坐庄式"，在流通方式上提高了一个档次，促进了贸易，提高了生产。例如盛泽第二丝织厂原来靠外勤"周游列国"推销产品，产品还是有积压，自他们进场设点经销后，不但积压的70万米织物很快找到了用户，而且依靠市场信息，12种畅销品种都通过市场定产，全厂生产规模不断扩大，织机由115台增加到300多台。

市场建成启用后很快就拥有500多家门市部和摊位，日人均流量达3000多，现在每天销售20多万米丝织品，日平均销售额可达200万元。1990年这个市场为各企业销售各种丝织品8000万米，占全县丝绸总产量的一半以上。同时，市场还和化纤厂联营代销，为当地丝织厂供应原料，并且为乡村企业小批量、多规格的需求提供方便。一年内销售化纤丝、人造丝1.5万多吨。市场还协助丝织厂进行技术改造，每年有10多个项目。现在盛泽的丝绸企业和东方市场已经发展到谁也离不开谁的地步了。

盛泽的东方市场是当地农民企业家自己摸索出来推动乡镇企业进一步发展的有效机制。同时也可以认为乡镇企业发展到这个阶段，在商品经济规律的诱导下，人们必然会认识到生产和流通的相互依存性，从而促进了贸工农的结合。事实上这就是1988年前后，吴江提出"五龙夺珠"的原因。他们通过丝绸业发展的实践，明白栽桑、育蚕、烘茧、缫丝、织绸、印染、服装之间的衔接关系。早在80年代初期，蚕丝专家费达生已在《经济日报》上提出过蚕丝业的复兴必须把从栽桑到服装之间的全过程中的各个环节密切联系起来，作为一个整体进行改革的建议。这种综合依存的观点，用民间通俗的语言来表达就是"一条龙"。丝绸一条龙提供了乡镇企业发展的一个模范，吴江称它为"老龙"。跟着这条老龙之后，吴江又形成了四条小龙。

第一条小龙是从养兔起到织成兔毛衫上市。吴江原是江苏全省养兔最多的一个县。我在1983年三访江村时曾鼓励农民养兔，因为当时兔毛价高，农村里一个老婆婆在家里养10只兔子，一家人的油盐酱醋就不愁了。但不幸的是在80年代中叶兔毛价大跌，许多农民气得把兔子杀来吃了。就在这个节骨眼上吴江县以补偿贸易的方式从日本引进了一个毛纺织厂，把兔毛纺织成兔毛衫，挽救了养兔业。今年他们又从德国引进了一个高级的精毛纺织厂，投产后，养兔业更有了发展的希望。现在全县饲养毛兔30多万只，出口兔毛纱600多吨。

第二条小龙是蔺草织成榻榻米出口。吴江北部和苏州南部的沼泽地区都适宜种植席草。这里历来就用席草织成草席供苏南一带夏天铺床之用。近年来又从日本引进新品种，当地人称作蔺草，是日本家家户户用来铺地的榻榻米的原料。最近他们已和日本联营用机器生产榻榻米。1990年在吴江境内蔺草种植面积已有4500亩。经过编织创汇350万美元。

第三条小龙是用家畜的皮革制成各种用品。1990年制成猪羊皮革40多万件，制成出口服装15万件。

第四条小龙是瓜菜加工。各种传统酱菜是吴江的特产，在国内相当有名，而且可以出口，1990年达1400吨。

吴江提出的"五龙夺珠"主要的意义是在把农村里的农副业和工业同贸易挂上钩以稳定农业，促进工业。转过身来不难看出吴江的工业主要是从农副产品加工的基础上发展起来的。这固然是苏南乡镇企业共同的特点，但是与沿沪宁路各县相比较，这个特点在吴江似乎更为突出。吴江工业中领先的是纺织工业，占工业总产值一半以上，而仅次于纺织业的机械工业，只占工业总产值的1/6。吴江之所以能维持这个特点，而且发挥了这个特点，我认为这是与他们把农副工贸密切结成一条龙是分不开的。

左右开弓　两个市场

在这10年里，吴江抓流通以促生产，成效显著。他们是怎样抓流通的呢？几年来，他们坚持"左右开弓，两个市场"的方针，同时开拓国内外两个市场。

发展外向型企业，生产出口商品，在吴江是有传统基础的。早年海关输出记录里曾有"辑里丝"这个专项，"辑里"据说是当时外商用来称吴江这一带的地名。本世纪初丝绸出口衰落直接影响了吴江农村的经济基础。解放后，即使在"文革"期间，由于创汇的需要，盛泽的几个丝织厂在一定程度上还是维持生产的。到了80年代，丝绸之府才得到复兴，这也表现在吴江外贸的迅速发展。上面已提到，从1982年算起，吴江在江苏省各县中保持了9年创汇冠军的荣誉。看来，这荣誉还能保持下去。

1982年是吴江外贸收购额突破1亿元大关的年头。1990年竟达到10亿元，不到10年增加了9倍。这是值得称道的。上面提到的"五条龙"，其实都是面向国外市场的，所谓"五龙夺珠"，这颗"珠"指的就是外汇。丝绸这条是老龙，底子厚，不仅带了头，而且是创汇主力。早期吴江出口产品中主要也是丝绸，到1990年外贸收购额中丝绸还是占一半。在全国真丝丝绸出口总额中吴江一直保持占有1/6上下的地位。

吴江这几年开拓外向型企业是十分积极的。1990年出口创汇的企业已超过200家,包括服装、针织、轻工、工艺、食品、土产等类。特别值得一提的是吴江发展了一批出口创汇的乡镇企业,他们的外贸收购额已达6.13亿元,超过全县总额的一半。23个乡镇都有出口产品,有6个镇外贸收购额比上一年翻了一番,有3个镇超过5000万元,其中北厍镇收购额达到1.3亿元。

北厍原是吴江的一个偏僻小镇,由于这一带湖泊纵横,交通不便,直到1985年我才初次访问了它。(这个镇的名称里这个"厍"字是个僻字,一般人不易认识。我过去发表的文章中常被误刊成"库"字)。那时北厍的乡镇企业已开始引人注意了。我在《九访江村》里曾提到这个镇上的达胜皮鞋厂和吴江绣服厂,并把它们当作乡镇企业从初级作坊型上升为初具现代经营工厂型的例子来看的。当时的绣服厂已经左右开弓,开拓了两个市场,外销产品已占总产的70%。这次我为了参加达胜皮鞋厂的10周年纪念会再去北厍,才知道这个镇已创造了全县创汇冠军的纪录。

达胜皮鞋厂的经理肖水根给我介绍了这个厂的10年历程和他个人的经历。我听来觉得很能说明吴江甚至苏南乡镇企业向外向型发展的道路,不妨在这里多说几句。

现在已被选入全国最佳农民企业家前10名的肖水根,今年只有44岁。16年前(1975年)还是农村里的一个小木匠,替人家打家具、造船、盖房子。有一段时间因为带了个学徒承包工程,被作为"资本主义尾巴"处罚,只能回到生产队务农。在生产队里他发现单纯务农,农民的收入总是上不去。于是他牵头办了个布伞厂。因制伞利润不大,他又办了个皮件加工厂，并从上海请来了一位老师傅，开始生产女用高跟鞋。在农村里办企业，向上海引进技术，这两手使他开了窍，终于走上了农民企业家的道路。但是70年代在农村里办企业阻力是很大的。他几次受打击，被撤职，直到1981年才在公社里重新办起了皮鞋厂。那时只有18个工人，向北库中学借用了几间宿舍，赊欠了一些合成革做原料。公社给他拨了3000块钱，银行给他贷款30000块钱，就在那位上海老师傅的指导下，由职工自带脚踏缝纫机开始生产，到1987年才立定脚跟。那年总产值达到2000万元。从此企业就一天天兴旺起来了，1990年总产值达到5000万元，4年翻了一番多，40%的产品销往国外，创汇1000万美元。

这个厂主要是靠狠抓管理、引进技术和开拓市场兴旺起来的。管理上经过多次改革，现在已经全部实行计件制，最终产品正品率达到99.3%。当然，在开辟市场上他们也是经过一番周折的。女用高跟鞋必须在城市里找顾客。这些乡下人只得硬着头皮到上海皮鞋店门前摆地摊。开始他们到处遭到阻拦驱逐。总算有一家商店看中了他们的货色质量不差，就让他们进店销售，抽头分利，从此打开了销货窗口。近几年他们在北京、上海、哈尔滨和苏州建立了4家工商联营企业，在全国各大中城市设立了35处销售专柜，并同58家客户建立了比较固定的关系。这个销售网络消化了总产量的80%以上。他们从来没有积压产品，被称为"没有成品仓库的工厂"。

他们的国外市场，也是靠硬工夫开拓出来的。1987年有个外商急需订货，期短量大，其他皮鞋厂承包不下来。肖水根认为这是一个大好机会。他发动工人加班加点，在两个星期里赶制出了几万双皮鞋，保质保量，到期交货，赢得了信誉。从此订单源源而来。出口产品挣得外汇后,厂里就有力量引进先进的生产线,改进技术,提高质量,扩大生产。1985年我访问这个厂时见到的全是手工作业,用木楦敲钉制鞋,这次见到的却是另一番景象了。全厂用的是引进生产线,实现了机械化流水作业,生产率大大提高。他们计划从今年起将引进7条生产线,到后年原有老设备全部都改造完,年产皮鞋可达到240万双。

为了进一步开拓国外市场,他们1988年和港商合资成立了维克特有限公司。最近又同美商商定,在墨西哥设立皮鞋组装厂,在南美加工直接进入欧美市场。不难看出,达胜皮鞋厂已闯出了吴江乡镇企业的一条新路子,那就是用外地原料加工成商品投入外地市场。我说这是条新路子,主要是指吴江的乡镇工业原是从本地农副业基础上发展的,最初的阶段是"三就地",即原材料、加工、市场都以本地为主。随着市场的不断开拓,市场就不再限于本地了。生产发展后,本地的原材料供不应求,原材料也得向外地引进,吴江的丝绸业就是这样走过来的,现在正处在引进原料的阶段。达胜皮鞋厂的原料一上来就是靠外地供应的,是个两头在外的企业。这条新路子使吴江产业结构的空间得以扩大,不再受制于传统企业的那些老框框了。达胜皮鞋厂的事例还表明,加工这个环节也将延伸出去,突破了"就地"的限制,直接到国外去建立组装分厂。这条乡镇企业的新路子,把"三就地"改变成"三跨区",从而扩展了横向联系的范围,预示着乡镇企业发展有着更为宽阔的前途。

横向联系的经济网络

达胜皮鞋厂的经历还表明了像吴江这样的地区,乡镇企业的兴起,除了内发的因素外,外联的关系也是很重要的。加工工业不能离开工艺技术,皮鞋厂要有人会制鞋。可是农民原本是不会做皮鞋的,所以把技术送下乡的上海师傅是使农村能开办皮鞋厂的契机。从这方面来看,乡镇企业可说是城市工业向农村的扩散。而从乡镇的立场来看,要发展工业必须有城市作依托。乡镇企业发展初期城乡联系的事实大多是偶然的结合,后来才逐步有意识和有组织地予以加强,从技术、管理、融资、市场多方面把城乡企业结成相互不能分离的关系,出现日趋壮大的横向联营和城乡一体化。

我在以前写的有关吴江乡镇企业的文章里曾提到过平望的缝纫机制造厂。在80年代初期,平望镇由于有公路通上海,承包了上海缝纫机厂部分翻砂铸件的业务,逐步发展成为上海厂制造零件,随后联营成了上海厂的分厂,在平望生产的缝纫机用上海厂的老牌子销售全国。这个事例清楚地说明上海工业扩散的过程。上海的工厂之所以在平望制造零件,是因为平望的土地和劳力都较上海便宜,可以降低成本,何乐不为。这种由大城市提供原材料、技术、销售并协助经营的联营方式在吴江乡镇企业的发展过程中起相当大的作用。

1984年以来,吴江就鼓励和支持这种联营方式,给予政策上的优惠。目前全县与大中城市的大中型企业、科研单位、大专院校等实行联营的企业,列入正式统计表上的有260多个,联营项目有330多个,工业产值估计达7亿元,占全县乡镇工业总产值的20%以上,其中与上海联营的占54%。实践证明，横向联营这种形式宛如给乡镇企业安上一根发条，上速度、上规模、上水平，得益匪浅。

吴江这几年依靠横向联营，使许多过去比较落后的镇蓬勃发展起来。我这次去访问的芦墟镇就是一个很典型的例子。芦墟过去比北厍更偏僻，在我幼年时还被视为"化外之区"。它虽东靠上海，距离很近，但被湖荡阻隔，交通不便，经济往来很少。1981年农副工总产值只有2800万元。近年来公路开通了，一变而为上海的近水楼台。1990年总产值达到2.8亿元，10年里增加9倍。乡镇办的企业总数有25家，其中有9家较大的企业都是和上海工厂联营的，有4家是合资企业。1988年开始生产出口产品，1990年外贸收购额达3400万元，在吴江仅次于北厍、盛泽和震泽。

我在芦墟参观了一个电缆厂，这是个依靠和上海横向联营发展起来的例子。1977年创办时只有平房三间，借贷了1万元作资本，生产眼药水瓶、蓄电池夹板和民用护套电线，是个简易的小作坊。1985年与上海电缆厂接上了关系，由上海厂投资200万元进行技术改造，生产可供800门电话通信设备用的高功能电缆。其后几年正值全国许多大中城市大搞基础设施，改进通信设备，这项产品成了热门货。现在这个厂已发展到年产值达3000万元的规模了。他们说这是"小船靠大船"的好办法。

企业间密切的横向联系在长江三角洲已经形成了一个经济网络。也就是说长江三角洲事实上业已形成了一个关系密切的经济开发区，如果得到国家承认，给予相应的发展政策，这个经济开发区就可以发展得更顺利、更迅速。这样，三角洲地区在今后10年里，生产力再翻一番，带动全国实现小康经济就有了保证。这次吴江之行更加强了我这种看法。

我在写这篇《吴江行》时,回溯了故乡 10 年的变化。这是我们祖国在这不平常的 10 年中的一个镜头。它给了我安慰,也给了我勇气。我的故乡父老乡亲没有辜负这大好年头,为今后进一步发展打了基础。这个基础我相信是结实的,因为它的根深深地扎入了千家万户,它会生长,它会结果。再有 10 年,就进入 21 世纪了。尽管我不一定能再写"吴江行",我的故乡一定会更美好、更可爱。这不是梦想,应当是故乡人的共同信念。信念会带来力量——创造的力量,前进的力量。

凉山行

（1991年6月）

开发大西南是最近关于边区开发我给自己提出的研究课题。这也是我对我国社会经济发展宏观格局思考的继续。为此我"五月渡泸"前去四川凉山进行了一次初步考察。考察回来为《瞭望》读者作以下这个汇报。

开发大西南：边区开发研究的新课题

在这里不妨把我这几年来对我国社会经济宏观格局思考的经过简略说一说。

去年初夏，我从长江三角洲考察回来的第二天就飞往兰州参加黄河上游多民族开发区的第一次协调会。11月份又去了一趟福建。今年暮春回吴江老家一次。仔细想想，近年来这种大跨度的考察，长时间的追踪调查使我得益不少。最重要的收获是逐步形成了我对中国社会经济发展宏观格局的认识。从全国来看，各个地区几乎都在结合本地区的自然条件、地理位置以及历史文化传统摸索适合本地区社会经济发展的路子。这不能不认为是我国经济发展逐步发育成熟的表现。

先看看沿海地区。珠江三角洲的发展格局已经大体定型。

它主要依靠香港辐射，搞两头在外，"前店后厂"的经营，上得很快，5年功夫就大见成效。福建则靠打"侨牌"，效果也比较明显。现在加上台资进闽，有了更多的建设资金，上得会更快一些。温州搞的小商品、大市场，已在全国建立销售网络，在市场疲软的压力下，把产品质量、品种压了上去。他们这种以流通促生产的机制为全国各地乡镇企业树立了榜样。山东强调科技兴省，在农业发展的基础上大办乡镇企业。胶东半岛上有的乡村办的工厂，规模不小，水平不低，赢利创汇能力都较强。至于长江三角洲的苏南、浙北两翼，由农业集体积累兴办起来的乡镇企业，已左右开弓开辟国内外市场，正在大力发展外向型经济。上海的浦东开发区这个龙头一旦发育成熟，将使这个地区有了可借之"梯"，更上一层楼；有了可借之"船"，扬帆远航。我看，沿海地区照这个路子走下去，今后10年一定会持续稳步发展，但在发展过程中，我也意识到这些地区的能源和原材料的供应将成为日益严重的问题。这个考虑也使我转眼去看我国的西部。

事实上，眼前能源和原材料的短缺已经成为我国经济发展的制约因素。从长远来看，中国作为11亿人口的大国，不能没有自己的能源和原材料基地，而矿藏和水利资源富集之处又多在中国的西南和西北地区。建国之初，国家曾大量投资在这些地区建立起颇具规模的骨干企业。经过几十年的艰苦努力，他们对国家固然做出了很大贡献。但是，由于体制的限制，这些企业长期没有与地方"搭界"，内部巨大的潜能发挥不出来，对地方经济的推动和改善周围农民生活都没有产生应有的影响，效果未能尽如人意。

西部现在的情况怎样？改革开放同样也给西部带来契机。

那里的一些大企业、大厂矿，也有不少已冲破限制，打开厂门，走出孤岛，路子越走越宽，与地方不仅"搭上界"，而且结合的形式也多种多样。例如宝鸡，提出了城乡一体化的方针，几年来，他们不断地将三线企业扩散到附近县镇，从人员、技术、设备、资金多方面帮助地方兴办乡镇企业和县属工业。又如内蒙古的包钢则是与地方联营扩大计划外的生产，不仅弥补了计划内的亏空，而且还补贴了部分福利欠账。效果更明显的例子是甘肃的金川、白银、兰州等大企业创办的开发小区，全面扩散，多种经营，实行"一厂两制"。仅经过两三年经营，这些小区的产值、利润几乎与母厂相等，附近的农村也因此富了起来，贫困面貌大有改善。

通过对西北边区的多次考察，民盟中央于1988年向中共中央提出了关于建立黄河上游多民族开发区的建议。建议的中心意思是利用甘肃、青海和宁夏、内蒙古两省两区丰富的水利和矿藏资源，在这个狭长地带建立起一系列能源和原材料基地，除满足东部以至国家经济发展的需要外，划出一部分给当地用来发展乡镇企业。看来这条路子对边区和少数民族地区摆脱贫困、发展经济是走得通的。今后10年，西部进一步开发大有希望，尤其是欧亚大陆桥接通，加之最近发现储量为世界级的油气田，西部的后劲是充足的。

去年5月底至6月初，我抽了20天时间重访50年前在云南滇池周围我和张之毅同志一起调查过的禄村、易村和玉村。这次重访云南三村提醒了我还有大西南这一个资源丰富的地区需要开发。我想到自己虽则年事已高，可能还有几年时间可以用来思考这个问题，心里动了研究大西南山区经济的念头。

从云南回京不久，就接到四川省委、省政府的邀请，约我入川考察，正中下怀。我阅读了杨超同志《关于在我国西部将攀西及滇西北金沙江沿线列为资源经济开发区的建议》，以及中国农学会与四川省科协的《关于加快攀西地区农业综合开发的建议》后，我决定以攀西地区作为我研究开发大西南这个课题的突破口。所谓"攀西地区"就是攀枝花市加凉山彝族自治州。

6月2日深夜，我们从北京乘火车出发，4日清晨到达成都，当天傍晚即换车南去西昌。从5日至13日，我们乘坐汽车盘旋在横断山脉深处，从西昌到盐游县，又到云南省宁蒗县，还抽空去游了泸沽湖，在摩梭人家吃了午饭。后来转到攀枝花市，再折回西昌，去昭觉县。我这八十老翁，在海拔2000米以上的崇山峻岭中连续9天跑了1300多公里，竟然还能在彝胞家里踏歌起舞，欢笑畅叙，确有点出于自己预料的。看来此生还可以为开发大西南多做点事情。

关于简称"一点、一线、一面"的开发设想

大西南自有大西南的优势。在漫长的历史发展过程中又形成了自己的特点。这里的开发与其他地区的开发既有相同之处又有不同之处。还是那句老话，既不能割断历史，也不能超越现实，一定要从实际出发，制订出切合凉山、四川及至大西南实际的发展战略和对策。

就四川全省来说，可分为盆地、丘陵和高寒三个地带。平原地区居住的主要是汉人，丘陵地区是多民族杂居之处，而高山峡谷地带则是少数民族聚居的地区。他们的社会经济发展

不在同一水平上，有的相距甚远，不可能采取同一规划、同一政策。比如，我们这次考察凉山，给人印象最深的是这里的汉彝干部和少数民族同胞要求摆脱贫困、走上富裕之路的愿望就比其他地区更为强烈，而且上上下下都寄希望于攀西地区的开发。

他们所说的攀西地区是很明确的，就是指凉山彝族自治州与攀枝花市合作建立的开发区。"西"指的是西昌市，因为它是凉山彝族自治州的首府。我认为攀西地区的开发实际已涉及整个西南开发的中心问题。后来又与攀枝花市的同志交换了意见，返京后再与去年曾去那里视察的钱伟长同志商量之后，对于开发大西南的思路似乎越来越清晰，内涵越来越丰富，并逐步形成了这样一个设想：由凉山彝族自治州与攀枝花市合作建立攀西开发区。以这个开发区为中心，重建由四川成都经攀西及云南保山从德宏出境，西通缅、印、孟的南方丝绸之路，为大西南的工业化、现代化奠定基础的设想。我把它简称为"一点、一线、一面"的设想。

设想中的这"一点"，就是拟议中的攀西开发区，总面积约 6.75 万平方公里，人口 450 万。这里地处横断山脉东缘，是青藏高原向云贵高原和四川盆地的过渡地带，是金沙江和雅砻江的金三角。由于独特的地质演化，形成高山深谷相间的特殊地貌。矿产水能资源得天独厚，居全国之首，为建设以钢铁钒钛为主的现代工业基地提供了有利条件。同时，这里地处南亚热带，热量丰富，光照充足。科学家说这里有南方的温度、北方的日照，老百姓说这里"一山分四季，十里不同天"，都认为这里是发展立体农业的理想地带。加之，土地辽阔，宜垦荒地又多，农业资源的潜力也是全国少见的。这个地区的工农业资源经过多年的勘探和调查，各方面都认为攀西地区是我们现代化开发所需自然资源的"聚宝盆"。所以我的"五月渡泸"，不是"深入不毛"，而是初探宝地。

不过，这里确实偏僻荒凉，人烟稀少。但是，早在公元前4世纪之前却已是通往亚欧各地的必经之路了。后经历代不断经营，沿途设栈道、架索桥，到唐宋时开辟成了有名的南方丝绸之路。尽管如此，绵延二千多年之后，直到本世纪60年代中叶，在大规模三线建设中，这个地区丰富的资源才受到重视。在历来只有几十户人家居住的金沙江和雅砻江汇合的渡口建成了西南钢铁基地。这个荒山野渡顷刻成了人口稠密的新兴工业城市。为这个新兴城市服务的成昆铁路1970年全线通车。1987年渡口市易名为攀枝花市。从此，声名鹊起，誉满全国。这个平地起家的攀枝花市经过26年的经营，现在已是拥有40多万城市人口，年产铁270万吨，钢180万吨的西南工业原材料的重要基地了。

我之所以把攀枝花市和凉山州作为一个整体来考察，就是因为攀枝花市的前身渡口，原本为传统所称的大小凉山中小凉山的一部分，只有首先承认这个地理和历史形成的民族区域的一体性，才能理解后边我还要详细说明的关于这"一点"的具体涵义。

重振南方丝绸之路　辐射内外两圈

关于这"一点"的设想，我还有另一层意思，那就是想把攀西地区看成今后开发大西南能够发生起动作用的经济心脏。接着我要说明的就是设想中的"一线"。这"一线"指的是以攀西开发区为中枢的一条我国大西南通往缅甸、印度、孟加拉各国的交通动脉,也就是指历史上的"南方丝绸之路"。

据历史学家的意见,这条南方丝绸之路是我国通往亚欧各国最早的国际通道,形成的时间可以远溯至秦汉之前(即公元前4世纪之前)。这条路线北起长安、越秦岭、到成都,然后大体上沿今天的成昆铁路,经西昌、攀枝花,入云南境内,穿过丽江和大理之间的山路,到保山、腾冲,从德宏出国境,入缅甸,转印度和孟加拉国。古时称成都到大理这一段为灵关道;称大理到德宏出境这一段为永昌道。显然,在海运开通之前,这是我国西南的一条重要的国际交通要道。它绕过了西藏高原,通过横断山脉南部出国境。汉代张骞出使大夏(今阿富汗)时见到的"蜀布"和"邛竹杖"就是从中国西南通过这条商路经印度运到阿富汗的。在这条路上,历来就有成群结队的马帮往来不绝,在抗战时期这是我国通向国外的唯一通道。

看来这条国际交通线在今后开展陆上的国际贸易方面还会起重要的作用。这条商路到达的缅甸、印度和孟加拉地区居住着上亿人口,而且现代工业都不很发达,正是我国轻工业品的一个巨大的潜在市场。现在,这条路上的出口处德宏傣族景颇族自治州的芒市,边贸市场已经出现相当繁荣的景象。这条商路开通后,必然会促使攀西开发区发展轻工业,落实"轻重结合"的方针。

重建南方丝绸之路实际上已经有了现实的基础。成昆铁路和滇缅公路都已畅通。两路之间也有了省级公路相连。当然如果进一步为发展沿线的工业与服务行业,现有的交通条件还应加以提高和改修。有人提出成昆铁路电气化和修筑攀枝花通往大理、下关的一级公路，以便与滇缅公路相接。这些都是今后10年规划值得考虑的工程项目。远期打算，在抗战时期已提出过的"滇缅铁路"也应早日列入国家的建设计划。

有了攀西开发区做心脏，南方丝绸之路做大动脉，大西南工业化和现代化建设就能由点及面地连成一片。这就是我们设想中的"一面"。经济的辐射作用将如波浪式地由中心向四周扩散开来。大西南这个"面"基本上包括川、滇、黔三省，即云贵高原和四川盆地。

按扩散的层次说，可分内外两圈，内圈包括杨超同志在他的建议里提到的滇西北金沙江沿岸的迪庆、丽江、怒江等民族自治州和永仁、元谋两县，还可以加上中国农学会建议中提出的攀西—六盘水金三角，东到贵州水城。为了便利攀西及其内圈所产丰富的工业原材料向我国东部工业地区的运输，还应充分利用长江水道，加强其水运能力。同时还可以将金沙江和长江汇合处的宜宾建成水陆转运码头，修筑攀枝花和宜宾之间的铁路，或修筑成昆铁路支线沿岷江通宜宾。

攀西开发区内圈之外的云贵高原和四川盆地是扩散的外圈。在这个外圈范围里，现在已有重庆、贵州和昆明三个工业城市。他们实际上已成为一定范围内的中心城市，正在分别独立发展之中，将来完全可以和攀西这个中心联系起来成为一个大西南的工业体系。

不难看出这"一点、一线、一面"的初步设想，是一个比较全面和长期的设想，只能在实践中由点到线、由线到面，循序渐进，逐步实施。在这里提出这个宏观的粗线条设想是因为我认为有了这个设想为前景，对建立攀西开发区的重要性可以看得更清楚些。

以攀西地区为中心的发展对策

现在,就让我们回过头来再仔细分析研究攀西这"一点"的现状和发展对策。

从这次考察的情况来看,这个地区由于过去发展不平衡,社会经济结构都存在一些十分突出的问题:一是州市分隔,未能配合;二是工农失调,农业滞后,而且没有注意到配套的贸易工作;三是重工业特重,轻工业畸轻;四是民族之间生产和生活水平差距较大。妥善解决这些问题是这个地区进一步发展的必要前提。针对这些失调,我们认为可以提出"四个结合"为对策,即州市结合、工农贸结合、轻重结合和各民族结合。

应该充分肯定,过去集中力量建立攀枝花钢铁基地取得了显著成绩。问题在于这个工业基地是从原本经济不发达的少数民族地区的中心勃兴起来的。从四面八方集中到这条山沟峡谷里来从事工业生产的大量居民,一旦和周围农业地区隔绝,他们生活上的需要几乎全部得依靠铁路从外地接济,吃的是舟山的鱼,烟台的苹果,仅粮食一项25年就累计调进149万吨。而凉山地区农业资源的潜力又如此之大,如果能及时加以开发,使它负担起这个工业城市人民农副产品的需求,应该是绰绰有余的。目前工农失调的困境,从某种意义上看,就是由于过去没有把攀枝花市和凉山彝族自治州结合起来作为一个经济地区进行规划的结果。

现在我们提出"州市结合",并不仅仅是从解决工业中心居民的生活需要出发,更重要的是为整个地区工业发展前途着想。从长远来看,这个地区的工业建设不可能限于现有市区。现在已在审议中的一些重点工程,如大桥水库和二滩水电站都在市区之外。实际上"州市结合"不仅为工农贸结合、轻重结合提供了条件，而且也为民族结合打下了基础。

毫无疑义，攀西开发区目前的主要任务首先是为全国工业化、现代化提供原材料，特别是钢铁钒钛等矿产和原材料。但是我还想说的是这里特别丰富的水电能源和潜力很大的立体农业，完全有条件建设成为我国西南部的轻工业基地，为本地区以及西南各省提供生活用品，并为扩大向东南亚各国出口作准备。

在当前调整轻重工业比例的过程中，在州市结合的前提下，那些集中在市区里的大中型重工业企业的技术实力，正好可以有组织地扩散到四周广大的乡镇去发展中小型轻工业。这样做，将使大小凉山的各族同胞在较短时间内摆脱贫穷落后，千家万户尽快富裕起来。从各地的经验和历史的教训来看，那种走集中发展重工业的路子是做不到这点的。

像大小凉山这样自然资源丰富的少数民族地区迟早是要开发的。在开发过程中一定要时刻注意引导少数民族同胞充分参与，不能只见资源不见人。也就是说，开发少数民族地区的资源必须和发展聚居在这个地区的少数民族的社会经济结合起来。

我之所以一再强调开发攀西地区要"民族结合"的原因也是从这个地区的现状出发的。攀枝花市自开始建立以来，城市居民一直以汉族为主。现在全市包括划入市境内的两个县的 90 万人口中，少数民族只有 11 万。而它毗邻的凉山各州县，在集镇以外的山区居住的几乎全是彝族同胞，共有 154 万人，是全国彝族最大的聚居区。在当地彝族同胞的心目中，包括渡口在内的这个地区是他们世世代代居住的地方。现在他们看到这块古老的土地上出现了现代化的工业城市自然很兴奋,同时也巴望着能够多方面地参与到现代化建设的行列之中,让这个新兴城市在多方面带动本地区、本民族的发展。在少数民族地区发展重点工业必须照顾当地少数民族的利益,并通过工业的兴起培养大批少数民族工人,原是我们国家的民族政策。最近党中央一再提出先进帮后进、各民族共同繁荣的方针,十分切合这里的实际。我深信在开发攀西的过程中,各项具体的民族政策将得到落实,并在民族结合方面做出令人信服的榜样,进一步体现社会主义的优越性。

凉山发展的先决条件和启动力量

千里之行,始于足下。攀西地区的开发,尤其是凉山彝族自治州的发展,目前还面临着种种困难,需要创造先决条件和启动力量。

凉山这个少数民族聚居的地方,现在住着100多万彝族同胞。他们曾在红军北上时为各族人民的革命事业立过功。解放后在政治上已翻了身,但是经济上的落后面貌至今还没有完全改变。凉山州所属17个县中有9个县是贫困县,近百万人尚未越过温饱线,与全国各地横向比较差距越拉越大。1990年农民人均纯收入只有336元,比全国的630元低了一半。我们走访大小凉山的一些村寨,只有少数人家先富了起来,即使较富裕的坝子或村落也不过刚刚开始垒木为墙,营造新屋,人畜分居。但室内有床铺的还不多,一般是家徒四壁,一个火塘,生活还是比较困苦的。有不少人家粮食不够全年吃用,还得靠卖猪卖羊的钱买粮。

像这样起点低的民族地区要发展起来没有国家的资助是很难起步的。解放以来,各级人民政府对民族地区的投入是相当多的。这对各少数民族在经济文化的推动也是相当大的。但是四川少数民族地区与中央直接领导的其他民族自治地方又有不同之处。我们在凉山一些县里了解到,他们的"吃饭财政"大部分依赖省里补贴,而现在省级财政并不富裕,再伸手向上要钱搞建设项目越来越难,多半是纸上谈兵。依我看,办法只有在攀西开发区的大账里列上凉山开发启动基金,专项专用,滚动发展。其实凉山当前发展农牧业所需的初步投资,算下来还不到攀枝花大企业投资的2%—3%。这么一点投资如果使用得当,凉山的农副牧业很快就可能上一个台阶。有了充足的农副牧业产品,不仅可以就近供给攀枝花市区供应生活所需,而且发展州县地方轻工业和乡镇企业也有了原料。全国许多地方这几年的实践经验都说明,这是提高少数民族农牧民生活,增加地方财政的有效路子。

事实上,这些年凉山的农牧业还是有较大发展的,无论是科技兴农,还是办乡镇企业都摸出了一些门道,并有成功的试点。这次考察虽说坐汽车跑路花了不少时间,但沿途所见所闻收获倒不少。一路上我们经常能见到一条条铺在玉米或马铃薯地里的塑料薄膜在阳光下熠熠闪亮,为山川添色不少。县里干部告诉我,开始老百姓不相信盖一层薄膜能增产,后来做出样子,粮食增产一倍,大家就传开了。现在已争着买塑料薄膜。这个事实充分证明,科学是能进彝寨的,彝胞同样能接受科学种田。当然,这里有个条件就是要有人把先进技术送进去,做出示范。

改革开放已经给凉山带进了许多新鲜东西。广泛种植经济作物,发展商品生产就是发展经济的重要突破口。当地干部自豪地对我说:这里的烤烟色泽好、纯度高、干性好,可与云贵烟媲美。这里一年可养四季蚕,生丝质量不比您的家乡江苏差。这里的"天然温室"可生产早市蔬菜,在冬春蔬菜紧缺时提前上市,现在就已销往北方城市,并出口中国香港、日本、苏联。可见凉山立体农业的潜力有多大,真是得天独厚!但是到现在为止,这些还只是有待开发的潜力。我们的责任就是要帮助彝族同胞早日把这潜力开发出来成为国家和人民的财富。再举个例子来说,当我们在高山或半山地区公路上行进时,在车里还能见到一群群羊只在山坡上吃草撒欢。据州里的同志介绍,畜牧业在彝族地区有着源远流长的历史,凉山有着丰美的牧场。从50年代这里就注意绵羊品种改良和建设草场的工作,进展较快的是最近十几年。州、县因此办起了皮革制品厂,生产的皮夹克等式样和质量还不错。但成本下不来,做了赔本生意,而且农牧民得不到多少实惠。听了这话,我们一行中的一位蒙古族同胞当场就传递了一条信息。内蒙古的牧民培养长绒的山羊,山羊绒是国际上的抢手货。凉山能否向内蒙古引进这种山羊?如果可能的话,凉山的牧民不一样能增加不少收入吗?我也告诉他们,江浙一带采用先进工艺,一张牛皮现在剥到四五层,手感好,而且可以降低成本,使皮革厂转亏为盈。这些例子都说明通过横向联系,引进新品种、新技术,各项事业都有发展前途。

同时,我也感到像这样一个偏僻的山地,信息和技术是何等的重要。这里的乡镇企业办不好,不就是信息闭塞、技术落后和缺乏市场等原因造成的吗?由此我觉得,凉山的各级政府一定要把做好服务工作放在重要位置上。在整个攀西开发的过程中，都要十分注意为农牧民发展商品生产和兴办乡镇企业做好产前、产中、产后的服务。凉山各级政府的这个职能显得比内地更重要。这里山高路远，居住分散，集体经济基础很脆弱，农牧民商品意识又淡薄。有个县根据自己的条件搞起了庭院经济，农民在房前屋后种了苹果，收成相当好，却运不出去，烂在山里家中。县里很担心以后农民还种不种水果，庭院经济能否搞下去。

事情很清楚，流通不畅，必然影响生产。一路上，我们听不到铃响，也见不到马帮，看到的是彝胞人背车驮，少数自行车和小马车，步履维艰地上山下坡。在山大沟深的条件下，用这样的运输工具，让一家一户出来搞流通怎能搞得通呢！看来，只有政府发挥职能作用，帮助农民重新建立民间运输组织，包括自愿结合的马帮和运输合作社等等。同时，还应采取民办公助、多方集资的办法，修建通往村镇的公路，甚至现在可着手与科研单位合作研制适合山路的小型简便的机动车辆，使农牧民买得起、用得上。如果花几年或者十几年时间，改善运输条件，把流通搞起来，一头能接上攀西地区内外圈的市场，一头接着千家万户和工厂企业，以后有些事情就好办多了。攀西地区的开发就有了较好的准备。

我们讲的这篇大道理，凉山的各级干部都点头称是，但是事实上心里都明白，这些事办起来确实有点力不从心。必须承认封闭千年的偏僻山区，要一步跨入商品经济是做不到的。如果要赶紧走上这条路，必须有人去帮助和合作。这些人就在附近的攀枝花市。州市结合了，凉山就有了靠山。所以我对凉山的朋友们说，你们必须牢牢地攀住这枝花，开放才有发展之路。

总之，大西南的开发有赖于攀西地区这个中心的启动。在国家的支持和帮助下，加上千家万户投入商品生产，少数民族在社会主义商品经济活动中受到锻炼，得到提高，才有可能在真正意义上参与大西南的工业化、现代化建设。

写到这里我应该停笔了。开发大西南又是一篇大文章，不是一两篇短文可以说尽的。好在我希望还有机会再去实地学习。只要我还能写作，我是会继续向读者汇报的。

武陵行

（1991年12月21日）

为了继续探讨西南多民族山区经济发展问题，我于1991年6月凉山之行之后，又于10月访问了长江三峡之南的武陵山区。武陵山区地跨湘鄂川黔四省，连成一片，包括湖南的湘西土家族苗族自治州和大庸市，湖北省的鄂西土家族苗族自治州，四川省的黔江地区和贵州省的铜仁地区，共计总面积约8万平方公里，1300万人口，其中少数民族占53%，约710万人。

我这次武陵之行只在这山区的腹部里转了一圈。从湘西凤凰、古首，进川东的秀山、酉阳、黔江，入鄂西的咸丰、恩施、来凤，又转到湘西的龙山、永顺，然后从大庸市出山。一共走了21天、1100多公里。一般认为也属于武陵山区的贵州铜仁地区，我没有到，只在由湘入川时在铜仁境内穿过几十里公路。因此我下面所讲的除了说明是"全山区"的情况外，只限于所访问过的三省二州一地一市。

地貌和民族

武陵山区是云贵高原的延伸地带，从海拔千米以上的高原边缘向东北倾斜，约250公里下降到海拔几十米的江汉平原，形成的一片处于乌江和沅江之间的褶皱断裂的二高山区。境内山势巍峨，危岩突出。有山顶略平、四周悬崖的高地，俗称山盖；有群山环抱，山坡梯田层层，山间地势较开阔的小型盆地，除了川东的秀山和湖南的大庸外都难称有平坝之处。在公路两旁见到的多是夹在众峰之间，溪流弯曲的沟壑和槽地。

这个山区的风光正如晋人陶渊明在《桃花源记》一文中的描述，确实是奇峰峡谷，林壑幽美。近年来开辟成国家级旅游点的大庸市张家界就是个典型景观。但在铁路公路没有修通之前，这里的交通极不便利。水溪危道，曲折陡峭，置身其中不能不感到山穷水尽，如入迷津。难怪当时的山区居民与世隔绝，"不知有汉，无论魏晋"。就是这种地貌使早期先后进入山区定居的各族人民，在千百年中积淀在各平坝、峡谷和高山上，形成一个个封闭性的大小社区。武陵山区在接纳了多次的人口波浪后，才成了个多民族地区。

武陵山区形成这样一个多民族地区的过程，还有待后人去发掘追溯。从现在的格局来看，人数最多的是汉族，其次是土家族和苗族，人数较少的有侗族、仡佬族和白族。此外在城镇上还有一些散居的其他民族成分。

以我们所访问的二州一地一市来说，人口总数约1000万，其中少数民族约463万人，占总人口的46%，略少于汉族（比整个山区的百分比略低）。如果仅限于湘西自治州，则汉族人口少于少数民族，汉族占44%。

在我们的访问区里，少数民族中土家族共有370万人。1990年普查土家族共570万人，这个地区就占总数的65%，可以说是土家族的主要聚居区。土家族多数聚居在川东南、鄂西、湘西北部和大庸市，即我们访问区的北部，主要分布在酉水和清江流域，尤其以永顺、龙山、秀山、酉阳等县最为集中。

苗族在我们访问区里共138万人，占全国苗族总人口739万人中的18%，从全国来说，是在苗族分布地区的东部边缘，主要在湘西自治州的南部，酉水以南的花垣、凤凰、吉首、保靖、古丈等县。苗族的主要聚居区不在武陵山区。

至于侗族和仡佬族主要是在贵州省境内，我们没有去访问，所以暂略。

总的说来，武陵山这个多民族地区里，汉族的分布在平面上南北较匀，即四处都有，但在立体上，多在平坝和交通线上，少数已深入峡谷和高山。土家族则北多于南，苗族则南多于北，是个小聚居、大杂居、交错穿插的格局。

说一点历史

武陵山区的历史，说来话长，我在这里只能长话短说。在这个山区东部湖北长阳县发现的旧石器中期人类化石和湘西泸溪、龙山、大庸等地发现的新石器时代遗址，都说明远古时代这已有人类居住，但这些远古的人类和现有的民族还挂不上钩。

现在居住在这山区的少数民族，进入山区的时间和先后也还没有定论。从史料记载来看，春秋战国时代在川东鄂西有个巴国，曾被楚所并，后又灭于秦。秦统一中原后在这地区建立了个黔中郡，纳入了它的统治范围。我们现在还不清楚巴国所占的地域是否早已包括武陵山区，在这山区里住的是不是巴人？据潘光旦先生考证，现在的土家族是巴人的后裔。这些巴人有可能是在巴国被灭亡后留在或移入武陵山区的那一部分。我们不能排斥在巴人入山之前这山区里还有其他居民。我提出这个可能性是出于这山区里现在还住有居处比较分散的侗族和仡佬族。侗族和仡佬族的来历和他们之间的关系，也不清楚。有人认为他们和古代"僚人"有关，曾经在汉代建立过"夜郎国"，地点在贵州西部，魏晋时还大批由黔入川。巴人属彝语系统，而"僚人"可能属壮语系统。一自北上，一自南下，可能在某一时期相会在这个多山地区。谁先谁后，那就难说了。

另一个是有关苗族的问题。一般认为曾从江淮南移，在洞庭湖区落过脚的苗族，在秦汉之际曾住在被称作"五溪"的湖南西部武陵山区。他们很可能有一部分就在湘西留下，定居至今。主流则向西迁移，进入了云贵高原，甚至远到泰国北部山区。在湘西留下的那一部分，由南向北在山区里移动，和由北南下的土家族先人穿插杂居，形成现在武陵山区民族分布的基本格局。

至于汉族进入山区的经过，可以说得具体一些。首先可以说和上述这些少数民族相比，汉族进入较后。但也不能排斥如陶渊明所记下的秦汉之前有人从中原避乱入山的人。当然，这些人也不一定是中原去的汉族先民。秦汉以后，武陵山区已建制立郡，必然有从中原派入的官吏和军队，还有利用水道入山的商人。这些人中大多可以说是汉人，但为数不易估计，他们大多聚居在交通要道、军事要地和易于屯垦的平坝。从此，山区内外民间的往来也增加了。据地方志记载，宋代因山区地广人稀曾"诱客户举室迁去"。这些客户"入境随俗"，接受了当地民族的风俗。显然这时中原去的人尚属少数。这些情况也反映在这地区和中央的行政关系上。历经唐宋两代中央王朝都采取"羁縻"（音 mi，牛缰绳，此词意笼络不使生异心）政策，和地方各民族保持和睦亲善关系。到了 13 世纪后期，元代才实行"土司"制度，明确了地方和中央的隶属关系，但还是委任当地民族的人担任地方的官职，称"土司"，是一种间接统治的方式。当时汉人在山区想来还属少数。

土司制度在这地区实行了有 400 多年。据当地传说，在土司时期，有"蛮不出境，汉不入洞"的禁令，限制山区内外民间的交流。但是事实上每当中原动乱、改朝换代之际，就有大批汉人入山避祸。山区民族的居民也有出山的。据历史记载明嘉靖三十三年（1554 年）中央曾调动武陵的士兵几千人到东南沿海抗击倭寇，建立战功。清雍正时（1727—1735）废除土司制度，民间流动不再受限制。大量汉人从江西、湖广迁入山区开荒。如《秀山县志》所说，1737 年"设县以后，吴闽秦楚之民，悦其风土，咸来受廛，未能合族比居，故颇五方之俗"。这是说这些外来的汉人，穿插地和当地民族杂居，各自保留了不同的风俗。当地少数民族出山的也同样增加，参军入伍的很多。清道光六年（1826 年）在讨伐新疆张格尔叛变中立功的将军杨芳就是秀山的土家族人，他带领的军队也称"土家兵"。后来在鸦片战争中坚守广州的也是他。这些事迹表明居住在武陵山区的各族人民之间的亲密关系是有久远的历史基础的。

还应当提到的是抗日战争时期，武汉和长沙沦陷后，湘鄂两省的政治中心都退入武陵山区，同时还迁入了大批沦陷区的大学和中学。湘鄂川黔边区早在第二次国内革命战争时期已经成为革命根据地，无数革命志士云集武陵山区。

这个山区在历史巨浪不断冲击下实际上早已不再是个偏

僻的世外桃源了，已成为从云贵高原向江汉平原开放的通道。这条多民族接触交流的走廊，一方面由于特殊的地貌还保住了各时期积淀的居民和他们原来的民族特点，另一方面又由于人口流动和融合，成了不同时期入山定居移民的一个民族熔炉。他们长期在一个地区生活，在不同程度上已形成了一个我中有你，你中有我，你我之间既有区别，又难分解的多民族共同体。具有这种特色的多民族社区面临着怎样进一步团结一致向现代化社会发展的共同问题。这也正是我们这次入山想要探讨的课题。

贫困的生活和富饶的资源

这个"八山一水一分田"的武陵山区，地域虽广，人均耕地却不到一亩，而且大多是山坡上的梯田和旱土。除了少数平坦的坝子和山沟里的水田亩产较高外，一般年产粮食不过几百斤，人均口粮只有300公斤上下。包括铜仁地区在内的武陵，全区工农业总产值在90年代初估计只有170亿元，人均产值1300元，人均纯收入380元。80年代还要低，1983年贫困线下的人口占总数的80%。这是国务院确定的重点扶贫地区，经过几年的努力，取得不少成绩，但至今还有400万人没有解决温饱问题，而且不少已经解决温饱的地区还常常出现返贫现象。

到现场去一看，贫穷的原因是不难明白的，那就是田少人多，广大土地不宜于种粮食。看到像在山坡上贴大字报般的耕地，立脚锄地都困难，听说每年都有失足跌伤的事件。在这种客观条件下，要求山区粮食自给是极难做到的。事实上，湘西一州即便风调雨顺每年缺粮也要上1亿公斤，一逢灾荒那就缺得更多了。

这里发生了个两难的问题，一方面是在运输不便的山区必须重视粮食自给，而另一方面单靠粮食生产山区居民生活难望富裕。既要吃饱肚子，又要富裕起来，长远打算必须加强交通运输，依靠省内调剂解决山区粮食供应。目前来说则仍须通过提高单产确保粮食基本自给。但是为了山区的经济发展，我们的着眼点必须从单纯重视粮食生产的角度转变到充分利用山区资源的方向。实际上，在改革开放的新形势下，这里的干部和群众在观念上已发生了变化。他们告诉我："过去坝子比山好，现在是山比坝子好。"我很赞赏这句意味深长的话。因为这说明了他们已跳出了粮食是唯一财富的圈子，认识到山地潜力比平原还要大，山区农民走出贫困，跨过温饱线，迈向小康，要"靠山""吃山""用山""养山"，过去开门见山是指"闭塞"，没有出路，而今天要打开山门，开门见财了。

这个"山"字，包括山上、山下、山里的丰富资源。就山上而言，要走出种植水稻、玉米、红苕等粮食作物的小天地，走进宜林宜牧，大搞多种经营的广阔山水之中。山区的特点之一就是可以立体开发。在不同高度的山地上可以种草、种树、种茶、种烟、种药材，所谓"山顶松杉戴帽，山中药材系腰，山下粮烟搭桥"。从整个武陵山区看，可以种植的品种繁多，数不胜数。用材林中的松、杉、柏、椿；经济林中驰名中外的传统产品桐油、油茶、坝漆；药材中俗称三木的黄柏、杜仲、厚朴，外加五倍子、党参、黄连、天麻、白芍；水果中产量最丰的要数柑桔，干果中以板栗最出众；二州一地都是各省里重要的山区特产基地。茶、烟都有历史悠久的名优品种，如自助烟、晒红烟、云贵型烤烟、毛尖茶等都因质地优良而大有发展前途。目前烤烟已成为农村经济支柱产业之一。蚕桑及草食牧业作为山区新兴产业前景广阔，这里的家猪大约因为有玉米和红苕喂养，个大如牛。长毛兔的兔毛产量就石柱一个县已占全国的1/8。跑在草山草坡上能吃到优质牧草的山羊，必将后来居上。

说到山里的矿产资源，每州、每地都能列举出几十种。只说储量在全国名列前茅，在省内居首位的就有汞、锰、铝等矿石，其他非金属矿如煤、重晶石、大理石、陶土均有相当规模。武陵山区历史悠久，山水奇特。有众多的自然风光、人文景观、名胜古迹和浓郁的民族风土人情，构成了丰富的旅游资源。最著名的是前面已说过的大庸市张家界国家森林公园。此外，我们在湘西永顺县参观土家族民族文物博物馆时，看到的不二门景区空间不大，却集自然美景，佛门意境，民族风情，温泉沐浴于一处，实令人叹为观止。那日正值重阳佳节，在别人帮助下我登上155级台阶后，给博物馆留下了"攀登何嫌高，求真不二门"的题词。一路上还听说猛洞河景区集山、水、洞为一体，从老司城至猛洞河口近50公里的漂流，是国内独具特色的不可多得的体育旅游项目。那里还有五代十国后晋天福年间的"溪州铜柱"，是难得的古迹。我不由得想到若能把民族历史文化的发掘弘扬与今日民族经济发展结合，给旅游事业更深一层的意义，这在武陵地区是有得天独厚的条件的。

山区的地表起伏不平，深谷型河流形成巨大水位落差，水能资源格外丰富，蕴藏量可观。全山区估计可供开发的水电有850万千瓦，而且分布广泛，各县都可发展小水电，加上不少地方有煤，能源供应充沛。

除了有丰富的自然资源，更为可贵的是山区有大量的人力资源。因为可种的田太少，山区的人口问题似乎比平原地区的包袱更重。据湘西统计全州劳动力近100万人，从事农业的占94%，而农业剩余劳动力就有40万人。跳出小农业的圈子去开发大农业，并进而发展工业，把剩余劳动力利用起来，山区才能真正"见财"。

武陵山区穷就穷在劳动力没有充分利用，开始脱贫致富的最简单公式即劳动力与当地丰富资源相结合。咸丰县组织劳动力开垦可耕荒地，开辟新经济小区，在二仙岩十万亩荒地的综合开发计划中，仅用135天修通四级路面的公路22公里，拓荒7000余亩，接着种上烤烟等经济作物，当年县财政和农民都增加了收入。这是个值得效法的例子。

发展庭院经济　培育内在活力

我们从湘西过川东进鄂西到大庸，在武陵山区里一路上看到基层干部和群众发展经济的劲头很大。对如何抓紧提高生产力的方针相当明确，而且这几年来也取得不少经验和不小成绩。但从整体来说是刚刚从贫困线上走出来，眼下还不能说已经站稳了，和沿海发达地区相比，差距还很大，而且有愈拉愈大的趋势。

对在经济发展上尚处在低级阶段的山区农村，存在着怎样启动内部活力，就是怎样使它们自身有发展能力的问题。发展经济的起步不仅要有脱贫致富的迫切要求，而且要有一定的经济实力作基础。长期处于贫困线上的农民,柜子里没有余粮,袋子里没有余钱,很难走上发展经济的道路。所以对像武陵山区这样的农民,目前首先要考虑的问题是怎样切切实实地增加他们的收入,使他们具备自我积累的能力。这就是经济发展内部活力的启动问题。

实事求是地考虑,山区农村的发展看来还得从发展庭院经济起步,就是以家庭为基础,在抓紧粮食生产的同时,充分利用山区资源的优势,因地制宜地大搞多种经营,使各族农民不仅有饭吃,而且从副业里能取得越来越多的收入,具有省吃俭用优良传统的农民就可以有自身的积累,扩大生产。这条路子是为一般农民所乐于接受的,而且在武陵山区里我们已经看到了不少这样脱贫致富的具体例子。

在凤凰县拉务村我们访问了一家苗族农户。他们夫妻二人在山上种了一大片杉树,在坡地上种了2500株五倍子、730株杜仲、100株黄柏,又在平地上种了烟草,还养了母牛和猪,育了鱼苗。今年种养业收入超过万元。预计那700多株杜仲在5至7年后可以收入十几万元。

在来凤县,我的两位研究生到岩朝门村访问了一家土家族农户。这家六十多岁的老妇人和她的儿媳两人种5亩多地,除稻谷、玉米、土豆、红薯外,还种有油茶、柑桔、杜仲、桑树等,还养了6张蚕秧、4头猪。又在桑田里套种土豆,用养蚕的废料和红薯养猪。稻谷供自家食用,全年收入1万多元。我们还在酉阳县永墙村访问了土家族李姓农民。他种了玉米、土豆、红薯、烟草。用玉米、红薯喂养了30头猪,同时配套办了一家面粉饲料加工厂,自家方便也为大家服务,全年收入约2万元。

以上所说的都是一家一户多种经营的例子。武陵山区已有进一步发展以一业为主的专业户。秀山县有一个老农从42只种鹅起家，现已发展到193只，明年可出卖雏鹅3万只。鹅以食草为主，他的4.5亩地都种了草，公粮用鹅抵交，成了种鹅定点专业的万元户。

这些农户不论是一业为主还是多种经营都是以一家一户为经营单位的，所以我们称之为"庭院经济"。这里所说的庭院经济并不是仅指一家一户在住宅周围或自留地四边所经营的生产活动，而包括了农民承包的荒山和林地。只要有了长期承包和鼓励开发的政策，家家户户就有可能在山上田里大显身手，成为激发他们内部活力的基础。

外助内应　扶贫致富

庭院经济可以使千家万户增加收入，激发农村发展内在活力。家家户户搞副业，产品多了怎么办？我们经过宣恩县当阳坪村时，看到沿公路户户都在晒粉丝。加工粉丝是这地方的一项传统副业，收入不少，但是正因为销路不畅，不能大量生产。村里原想办个粉丝厂，也不敢上马。农家副业产品必须有个市场才能变成值钱的商品。市场打不开，庭院经济还是兴旺不起来的。

我们在来凤县时去桂花树村访问农民胡仁孝，他曾经当过推销员到外地学会了加工皮蛋的技术。这几年他一家6口人，除了种4亩稻田外，就在村里收购鸭蛋加工成皮蛋出售。去年卖出十多万个皮蛋，净赚1万多元。我问他怎样卖出去的呢？他说除了在街上摆摊子外，主要是因为外地有熟人，介绍当地的厂家派车来运，运一趟就要上万个皮蛋。他又说现在外地工厂时兴在过节时给职工低价出售副食品，皮蛋很受欢迎。除了湖南本省外，西安、哈尔滨都有人来运。明年他准备为村里办个皮蛋加工厂，把全乡700多农户的鸭蛋都加工成皮蛋出卖，预计每户可以增加收入150元。当我问他上百万个皮蛋有没有把握都销出去时，他表示就为了这个问题，一时还不敢上马。

在这里我们看到了这地方的农民已经在打算办乡镇企业了。他们也已经明白"无工不富"的路子。但是尽管有此愿望，却还缺少必要的条件。胡仁孝已经学会了加工皮蛋的技术，也激发了当地农民养鸭的积极性，内在活力是有了，缺的是个可靠的市场。这个市场单靠他本人在外地的熟人是撑不起来的。这里如果有个外力来帮助一下，不就比较容易把乡镇企业办起来了吗？

需要外力的帮助才比较容易发展起来也许正是内地欠发达地区的特点。这是因为在这种长期以来处于小农自给经济的地区，事实上缺乏先进的生产技术和管理大生产的本领，而且没有可靠的市场。这种地区的农民要一步跨入工业时代难免困难重重。要加速这种过渡，不能没有外力的帮助。但是，没有内在的活力，要帮也帮不上；不过，有了活力，没有外助也难以启动起来。这就是国家提出扶贫这项工作的原因。

武陵地区是我国重点的扶贫开发地区。鄂西自治州民委总结民族地区扶贫工作时，提出一条重要的经验就是"治贫先治愚"。愚指的不是这里的人智力低，而是缺乏科学种田和发展多种经营的必要知识。治愚的具体措施就是发展技术教育，用当地的话说，为一家一户培养一个"明白人"。明白人就是指懂得新技术能当脱贫致富的带头人。1989年以来该州民族职业中学培训了一批农业技术人员。毕业生中已出现了像咸丰县的覃茂胜一样能在他的指导下使本村农民中出现一批当地称作"科学致富户"的带头人。这种由政府的力量有计划地开展实用科技教育，培养出大批"明白人"的方法，当然比上面所提到的胡仁孝那种靠个人机运在外地学到加工皮蛋技术的路子开阔得多了。

采取先办试点再进行推广也是外助的有效办法。来凤县在10年前以科协为中心，免费为农民培训种植杂交水稻的科技骨干，并依靠他们在各乡建立科普小组网络，使当地农民看得见、摸得着，争着仿效，使杂交水稻能在来凤县普遍推广，大大提高了水稻的亩产量，一般超过1000斤。该县用同样方法在水田乡推广蚕桑副业，已使这个从来没有见过蚕桑的地方成了有名的蚕桑乡。这个乡人均收入已从1982年的130元提高到了1990年的510元。

从科技入手帮助农民发展庭院经济是一条值得重视的经验。但是如果农民副业发展了不跟上去解决推销的问题，一家一户的庭院经济还是巩固不了的。这里使我们看到了个体经济的局限性。要进一步发展必须发挥集体的力量，而在公社已经解体的地区，又怎样能建立起集体的经济实体，组成统分结合的体制呢？在这个问题上，我们看到了吉首民委兴办的一个椪柑开发服务公司使4000农家富起来的实例，值得一提。

吉首是湘西自治州的首府。该市人均有8.5亩山地，一般海拔在300米上下，气候温和，雨量充沛，适宜种柑栽桔，而且历史上就有这种习惯。但是过去不讲科技，不讲质量，摆摊零售，效益不大，农民对利用山地种柑的积极性不高。吉首市有个林木山村，原是个穷村，人均收入仅67元，口粮不到200公斤。后来村里办起了一个125亩的柑桔园，三年挂果，六年累计收入50多万元。这个榜样激起了全村农民的效仿，纷纷办起家庭小果园。1990年人均收入达720元，口粮达289公斤，山村一派兴旺。这个村子的经济引起了吉首市政府的注意，决定由民委支持开办椪柑开发服务公司，拟出了万亩柑园的扶贫计划。现在已有三年，取得了可喜的成绩。

这个公司定为独立核算、定额补贴、自负盈亏的地方企业，在该市74个村，4000多农户，1.8万多村民兴办万亩椪柑商品基地。在新植椪柑挂果之前，由市财政及民委支持和农行贷款共投资178万元，公司利用这时间由技术人员深入农村培训100多名农民技术骨干，并建立115个示范村。1990年底已有550多户农民的1100多亩开始受益。有的农户收入已达万元。这个公司是个统分结合的专业化产业集体。现在产品多了，已在修建能贮藏集运的中转库，拓宽流动渠道负责向州内外推销产品。它提示一个外助内应的扶贫模式，值得鼓励。

从温饱到小康

上面我着重讲在武陵山区怎样启动发展经济的内在活力，特别提到发展庭院经济的重要性。我认为对一个刚刚走出贫困线还没有站稳的多民族山区来说，应当首先着眼怎样使广大农村里家家户户每年能增加一定收入，激发他们脱贫致富的主动性和积极性，为进一步从温饱跨入小康创造必要的物质条件。

看来走上从温饱到小康的道路,在农村里发展乡镇企业还是必要的。"无工不富"这句话在内地和山区也是适用的。我在这次访问中,已注意到这山区里各级干部对发展乡镇企业的积极性很高,我也参观了一些已经建成的市办、县办、乡办和村办的工厂,其中有些是很成功的,特别是各县的卷烟厂,设备比较先进,产品质量也好,各级政府的财政收入几乎有一半之上靠这些卷烟厂的利税。但是总的说来乡镇企业还是在起步阶段。

凭我的印象来说,当前的武陵山区和1983年苏北的面貌近似,工农产值的比例还很接近,大多数地方是农大于工。所办的工厂也大多是集中在城郊区的地方国营企业。农村里的集体企业较少,在公路上行车,看见烟囱就知道到了县城。以湘西自治州最发达的首府吉首市来说,14个乡镇中还有7个没有工业,192个村中只有4个办了工厂。以全州来说还有2062个村没有集体企业,占全州总村数的76%。

尽管如此,在过去的10年中,这山区里乡镇企业确是已经起步了。还是以湘西自治州为例,1980年乡镇企业只有30000多个,到1990年增加到47000个,收入也由5700万元增加到4.4亿元。全州乡镇企业总产值占农村社会总产值的比例1990年已上升到28.7%,其中农村工业产值上升到15.4%。这些数字说明武陵山区乡镇企业已经起步,但和国内较发达地区相比,差距还是很大的。

乡镇企业不能呼之即来。农村里要办一个加工工厂,即使农民有了积极性,地方上也有原料供应,还得解决内地山区农村一般不具备的,或还十分短缺的资金、技术、信息、运输、市场等条件。我在上面提到的几个庭院经济办得好的例子也由于缺乏上述的条件而办不成乡镇企业。要在这类地区发展乡镇企业，看来还得走我上边所说的外助内应的路子。当前国家提出的扶贫政策实际上就是要解决对这些比较贫困地区怎样加强外助的问题。

扶贫工作可以有不同层次。在饥寒交迫特别贫困的地区，采取对灾区一般的救济措施还是必要的，但当前这已是极个别的情况了，所以扶贫工作已经着重在扶助贫困地区的人民发展生产的措施，就是人们常说的"从输血转为造血"。在造血的措施中还有短线和长线的区别。短线是指对具体的生产项目予以资助。这里有许多行之有效的例子。上边所提到的吉首万亩桔园的计划就是其中之一。长线是指对一个不发达地区采取一系列的基础建设，为这些地区的经济发展创造必要条件。我想在结束本文之前，在长线考虑方面提出一些看法。

简单地说，贫困山区的发展，就是要抓住开发和开放四个字。开发就是充分利用山区的资源。山区之所以贫困和发展迟慢主要是闭塞和落后。开放是针对闭塞落后而说的，在物质上是发展交通运输，以加速产品流通，精神上是发展科技文化以加速知识流通。

先说交通运输。我从凉山之行回来深切感到诸葛亮的高明。传说"木牛流马"是他的发明，姑且不问木牛流马究竟是不是后来的那种手推独轮车，和是不是诸葛亮发明的，他能抓住交通运输作为发展这被群山包围的四川盆地的要害，确是个极有见识的人。从闭塞的巴蜀，能六出祁山和中原较量，不能不看到群山中纵横栈道网络所起的作用。这条经验应当牢牢记住。开发、开放首在开路。

从这方面来看武陵山区，一方面要肯定这十年多来已跨出了一大步，启动了这地区的发展。自从修通了湘黔铁路和枝柳铁路，这个山区至少它的边缘已经进入了全国的铁路网。从吉首和大庸坐上火车就可以通往全国各地，甚至出国。这就基本上改变了武陵山区原来的封闭状态。但铁路建设对武陵山区还只能说是开了大门，大门之内的区内交通运输主要还是靠公路和乡道。

武陵山区内的公路比大小凉山好得多。我坐在旅行车里必要时还能打个盹，不像在凉山路上经常要在车内跳老年迪斯科。但是我走的都是县城之间的通道。听说县乡之间大多也有了公路，但村乡之间能通汽车的还不多。可说武陵山区已有了大动脉，微血管则还没有畅通，这反映了村乡级企业不发达的原因。

武陵山区交通运输的瓶口是在交通工具不足，公路的利用率不高。小型拖拉机的拖车上挤满老老小小一大堆，我一路上为他们提心吊胆。看来，我们还得学学诸葛亮，多多制造一些适用于山区各级道路的轻便机动车。

道路是便利人流物流的物质条件，但这只是经济活动的硬件，软件还是在贸易和市场。上面提到的皮蛋起家的胡仁孝，由于外面有熟人开汽车来购买他的产品才能成为万元户，但还是因为没有稳定的销售市场不敢把"一村一品"的想法落到实处。吉首万亩桔园到了大部分栽种的桔树挂果时，不能不计划建造中转库和拓宽市场。市场有多大，生产力才能提到多高。

和农村乡镇企业还刚刚起步相应的是武陵山区农村的贸易活动，基本上还停留在传统的"日中为市"定期赶街的农贸市场的水平上。我们在旅途上经常被拥挤的街集所阻塞。到了所谓乡镇上，沿街又摆满了日开夜收的摊子。农民大多还只是在这里出售农副产品来换取必要的工业品。他们使用的主要是村乡间的小道。城市间的公路和铁路，对山区农民来说利用率还是不大的。

如果从武陵山区已有的交通网络来看，开拓市场的潜力还是很大的。现在还说不上已经充分利用，我在咸丰县看到当地特产的乳猪，立刻就想到当前在香港和广州宴会上缺不了的名菜烤乳猪。咸丰的这种特产如果有个贸易网络为它服务，只需两天时间就可以由现有的公路加铁路送到广州和香港市场了。

我在吉首附近的河溪镇参观了一家镇办的再生橡胶厂。这个厂是1936年用50多万元资本兴办的，以利用废旧黑白胶原料生产再生橡胶的工厂。他们收集废品的范围远及附近各省。经过再生产，产品又远销重庆和贵阳。现在年产能力已达3000吨，净值近90万元，被誉为垃圾里出了凤凰。这个厂除了技术外，依靠的就是现有的交通运输网。我在参观时曾想到，过去不穿鞋走山路的西南各省的少数民族男女现在都穿上胶鞋了。如果这里生产的再生胶加工成胶鞋，决不会销不出去。可是缺乏信息和技术，并没有利用起这个市场。

从乳猪和再生胶所提示的潜在市场正是武陵山区今后发展的广阔天地。武陵山区的位置正处在云贵高原和江汉平原之间，正好是东西交流的走廊，加上南通广州和香港的便利，这个区位优势的价值目前还无法预估。

及时抓好流通环节是目前促进武陵山区发展的关键。首先是加强发展城镇的商品集散中心，着重在建立以贸工为主的中等城市。吉首市今年夏季召开了有18个省、市、区参加的商品交易会，商品成交额达3.5亿元。值得注意的是参加的地区除了武陵山区的四省外还有上海、南京、浙江、江西等单位，这说明东大门已经打开。看来下一步应当是敞开西大门和南大门了。而且眼睛还要看得远一点，不仅南边要看到香港，西边还要看到越南、缅甸等东南亚国家。从国内看到国外，根据市场的需要发展对路商品，信息是关键。建立武陵山区的集散中心应当早日提到日程上来。

不论发展乡镇企业或是加强流通渠道，都需要有技术和有商品头脑的人才，这是经济发展的软件。软件的培育比交通道路等硬件建设要困难得多。武陵地区从过去历史上讲是人才辈出的地方。清代就出过科举中试的文人大吏，民国时代还有过总理级的政府要员，革命时期英雄人物更是不胜枚举。但是当前所需发展工商业的人才却感到很紧张。据当地反映，说能兴办乡镇企业的技术和经营人才本地却"育不出，回不来，引不进，留不住"。事实上是当地学校里不培养当前急需的能动得了手、办得成事的企业骨干。中学毕业的高材生进了大城市的高等学校，学得了高级科技知识，很多不愿回乡，回乡的又许多不对路、不抵用。据鄂西自治州的统计，过去13年里从农村里出去的学生中仅有6%受到了农村实用技术教育。区内需要的技术人员从外地调进十分困难，进来了的也大多呆不长。人才紧张看来是实情。从我看到的在农村里能带头搞庭院经济的所谓"明白人"，还都是当地按需要短期培训出来的。

针对这种形势，从长远来看，希望只能寄托在教育改革上。但是，为了近期需要还只能走外助内应的路子。那就是采取和先进地区的企业"接枝"的办法，使外地的技术力量为我所用。可采取以原料换技术的互惠方式，在内地兴建一批和外地联营的企业。跟外地企业接上了枝，本地的技术力量就容易培育了。如果省际联营的方式一时还不易做到，退求其次，可以请外地先进企业有报酬地招收内地"学徒"，也就是为内地通过参与实习，代培技术力量。这也可以说是把培养农村里"明白人"的经验提高一步，有针对性地为乡镇企业培养技术和管理人员。这条路子也许比较容易见效。从解决发展农村的人才问题上看来，内地还得争取先进地区的支持。

总起来说，武陵山区要加速发展乡镇企业，从温饱走向小康，优势是在资源和劳动力，缺少的是使两者结合成为生产力的硬件和软件，即资金、技术、信息、流通和市场。为了加速发挥优势和克服困难，还得认真地走外助内应的路子。对武陵山区本身来说只有强调开放，改变过去闭塞的状态，大力开发丰富的人力和自然资源，以求得更快的发展，做到后来居上。

* * *

我在大庸登车返京时，想起了在凤凰城沈从文故居里写下的几句话："旧雨写边城，风行几十春。湘西今比昔，可以慰故人。"让我以此语结束此行。

重访民权

（1992年2月17日）

1987年清明时节，我去河南访问商丘地区的民权县，访问回来就想写一篇《民权行》，介绍淮海平原、黄河故道一带农村发展的一种模式，我称它作民权模式。这篇文章没有写成，流产了。次年清明，全国人大开会期间，我每天经过北京展览馆前的车公庄路，路旁盛开的泡桐花像似在提醒我欠下的这笔文债还没还。接着我去香港大学接受学位，事毕在招待所里候机返京，得半日闲，写了《泡桐花开》一篇杂文，刊登于《瞭望》"珍珠滩"。由于言简文短，只记下了年前在民权所见到焦裕禄治穷良方桐麦间种的事迹和感想，没有叙述民权模式的特点。

民权农村发展模式让我印象很深。从那年起，我在各地访问讲话时常常提到它，并把它作为内地农村发展可以参照的一条比较简明易行的路子。1989年在西安召开的一次关于城乡发展的学术讨论会上，我建议由河南省社会科学院母青松、王蕴娴两位同志去民权进一步深入调查这个发展模式，作为北京大学社会学研究所进行的"七五"期间国家哲学社会科学的重点研究课题的一部分。1991年8月我接到了该课题的研究报告《城乡协调发展研究》论文集的清样，其中有《民权模式》一章。读完后，我决定重访民权，9月成行，行程一周。此行又过了近半年，利用春节空隙，写此《重访》以了却多年来的一段心事。好在民权模式的产生经过、主要内容、基本特征和明显效益，母、王两同志已在《民权》章里详述，在这篇《重访》里，我可以只写些个人的体会。

调整生态，开发草根资源

屈指一算，我恢复对农村的研究，从1981年三访江村起，忽忽已十个年头。中国实在大，尽管我马不停蹄地东西穿梭，还不过如春蚕啃桑、蜻蜓点水，从沿海到边区沾了一点边。至于广阔的中原腹地却尚少问津。如果以人口论，全国绝大多数农民还是居住在黄河和长江所冲击成的这片平原上，而我偏偏对这地区接触不多。80年代后期我已感觉到这个缺陷，所以1987年有了河南民权之行。

民权县地处河南东部，由于历史上黄河多次改道，在民权境内就留下了80华里的故道横穿东西。在故道和它的两旁形成了5大荒系，仅沙荒、盐碱和背河洼地就占民权全境土地的1/3。上苍赐予民权的自然条件已极端苛刻，再加上历来的天灾人祸，旧社会给新中国留下了这一块典型的贫困地区。今天我们可以从最贫困的起点，逐步追踪到经过脱贫到温饱，和起步向小康迈进的全过程，总结这段经历，对处在不同发展阶段的内地农村应当有足以借鉴的经验。

这段发展经历的起点，就是去年在银幕和荧屏上看到的反映焦裕禄一生的背景。民权紧靠兰考，解放初期这里也是灾祸连年，农民经常扶老携幼，离乡背井，就食他乡。看来不改变这地区的生态条件，人们生存都难以维持，根本谈不上安居乐业，改善生活。焦裕禄抓住了这点，在一雨便成灾的沙窝里植树造林，防风固沙，并创造性地找到了桐麦间种的办法，把防护林和用材林结合起来。这样做不仅促使这片沙碱荒地获得生机，又为千家万户开辟了增收门道。以造林植桐扭转沙化，变"黄"为"绿"，制止了生态恶化，恢复了土地生产力。这就为这里的人民脱贫致富打下了基础。

民权农村的发展模式就是在这样的基础上形成的。母、王两同志在《民权》章里把民权模式的特征用一句简单而生动的话表达如下："从开发草根资源到发展草根工业。"这里包括两步，第一步是开发草根资源，第二步是发展草根工业。草根资源指的是土地所生长的植物资源，不仅是粮、棉、油等大田作物，而且包括林木、果树、灌木、蒲苇等等一切可以用来加工的原料。草根工业就是利用这些草根资源的加工工业。这两个概念比一般化的农业和农产品加工工业范围宽泛一些，正切合民权的特点，因为民权的加工工业是以葡萄酿酒和以柳枝蒲苇编织开始的。

生态状况改善，土地生产力恢复后，民权便进入开发草根资源的阶段，这又成了经济发展的新起点。草根资源开发当然首先是粮、棉、油的开发。以粮食为例，1949年全县单产平均62斤，总产不过9675万斤。1953年建立了农业技术指导站，粮食产量有所提高，到50年代末翻了一番。60年代由于动乱，粮食产量有所下降，到70年代初总产才超过2亿斤，1975年达到3亿斤。但由于全县人均耕地只有1.4亩，仍然得吃国家返销粮，直到1985年总产超过5亿斤，人均约700斤，才解决粮食自给问题。如果只看粮食，民权的草根资源还是薄弱的，单靠它显然脱不了贫。

但是，植树固沙之后，民权就有了大片沙地可以利用了。由于这里昼夜温差大，光照条件好，适宜果树生长，加之人们有培种果树的传统，从50年代开始就有人在沙土上栽种葡萄，逐年发展，到1957年葡萄栽培面积已有3000多亩，年产葡萄3000多吨，成了解放后民权开发成功的一项重要的草根资源。

此外，还有大片背河洼地原来也被废置，自然生长的柳条和蒲苇取之不竭，任人砍割。农民们编织箩筐用的柳条和蒲草，就是从这些洼地采集来的。后来编织工艺得到发展，柳条蒲苇又成了一项富民的草根资源。

1987年初访民权时，给我印象最深的是在大田里跟小麦间种的泡桐。民权在60年代就向邻县兰考学到了桐麦间种的经验，但是在1982年之前，农民种树的积极性不高，只在自己住房的墙边宅内种一些，出卖木材，贴补家用。农村经济改革落实后，把树包给各户，才兴起了种植泡桐的热潮。到1989年，全县70%的麦田实行了桐麦间种，总共种植900多万株，人均13株，也成了农民收入的重要来源。

总的说来，民权通过生态调整，开发了草根资源，人民生活比解放前有了根本性的改善，不再逃荒讨饭，能够安居生产了，但是生活水平还是很低的，1978年人均收入只有47元，显然是在贫穷线之下，所以民权被划为全国贫困县之列。

葡萄酿酒，发展草根工业

草根资源的开发为发展草根工业提供了条件。但是如果不跟着资源的生长去发展加工工业，资源的开发也就无法继续下去。民权的葡萄生产给我们一个正面的生动例证。

上面我已说到1957年民权的葡萄生产已达到3000吨。这样大量的葡萄是分别由各公社的生产队经营的，产出的葡萄由商业机构收购。葡萄成熟期短，保留不易，这样大量葡萄几乎同时上市，收购困难，运销更困难，于是便发生了"卖难"的问题。那年8月上旬就有50吨葡萄因停留在民权发往北京的列车上而发霉腐烂，受到警告，后来又上了报，引起了上级政府的关注。1958年由轻工业部和农业部协助，在民权兴办了一个县办葡萄酒厂，日益增产的葡萄因此可以就地加工了。果农的生产有了保障，积极性更高了。可以说民权酒厂的创办是民权走上发展草根工业的开始，使它的经济跨入了一个新的阶段。

在农村里办工业并不是件轻而易举的事。我过去常说农业里长出工业来是我们新中国经济发展的特点。但是在这个"长"字里却大有文章。民权在历史上没有办过现代工厂，也没有酿酒的传统，又是个贫困地区，农民没有多余的资金来买机器、盖厂房，不可能像苏南那样由公社或生产队自己兴办工厂。民权这个酒厂是由上级政府资助的县办工厂，性质上是地方国营企业，而不是社队企业。当地草根资源的开发、葡萄产量的提高固然是促成加工工业的内因，但如果没有上级政府"以工保农"的政策，这个酒厂是办不起来的。在这点上民权模式和苏南模式是有区别的。

作为地方国营企业，这个酒厂在指令性计划经济体制下，不仅可向公社、生产队下达种植任务，而且用行政手段收购果农的产品以保证所需的原料。这对农民来说，固然解决了当时的"卖难"问题，但收购量限于酒厂的生产规模，民权的这一项草根资源的产量也就受到了限制。因之，从1958—1983年是该厂"默默无闻的25年"。在这段时间里外面的世界却起了变化。80年代的改革开放政策把民权这个地方国营的小酒厂投入了竞争激烈的全国性市场里。由于规模小、设备旧、技术差、质量低、经营不善，这个厂无可避免地进入困境，1983年产品积压达4000吨，濒临倒闭。

1984年民权酒厂"引进"了以潘好友为厂长、朱永勤为书记的新领导班子，起用了富于创新精神和管理知识的人才，对已经僵化的体制进行了深入的改革。他们决心冲进市场，投入竞争急流，在风浪中学习游泳，终于把这个偏僻小县的小酒厂经营成了饮誉中外、荣获国家级"金杯奖"的名牌酒厂。

民权酒厂改革的路子是从扩大市场、提高效益的实践中摸索出来的。"酒香不怕巷子深"这句老古话启发了走马上任的新厂长，他体会到只要酒的质量高就不愁没有人来买。要酒香必须葡萄好，要酒酿得好，就要抓原料和技术。在抓原料上，他闯出了一条酒厂直接和果农挂钩的路子。挂钩的办法是厂方为果农提供服务，果农保证为厂方提供优良的原料。厂方把良种、秧条、化肥、农药廉价卖给果农，又在果农中进行技术培训、咨询和指导。双方签订收购合同，规定收购产量和"保底不封顶"的价格。这些对果农有实利的措施，使他们甘心情愿地按厂方的计划栽培和提供原料。厂方根据市场的需要选择不同品种的葡萄，发放给果农培植，取得原料，酿出名酒。民权名酒产品种类多，就得力于对原料的控制和不断改良。企业和果农的结合是民权模式的一个特点。

民权模式另一个特点是在加工过程中建立了国营、集体、个体的三级联营制。酒厂为了避免收购时的拥挤,帮助各村、乡建立集体所有的葡萄发酵站,使几万家果农不必在葡萄成熟的短期里把易于损耗的产品集中向酒厂交货。他们可以就近把葡萄运到自己村或乡的发酵站进行初加工。酒厂按计划向发酵站分批调进果汁进行深加工。这三级联营制促进了村乡集体企业的发展,并增加了村乡集体组织对葡萄栽培和酿酒业的积极性,密切了工农结合。民权各村乡已建成发酵站14个,年加工能力已达27万吨。

民权酒厂在改革中找出了这一条既能保证有计划的原料供应和加工序列,又能适应市场要求提供适销对路的商品的路子,可以认为这是个有计划的商品经济的实例。国营、集体、个体三级所有的结合也取得了发挥各级积极性的效果。

民权酒厂不仅抓原料,还紧抓技术。抓技术的关键在引进先进科技。通过酒厂和果农直接挂钩,栽培葡萄的科技知识得以深入农村,提高了原料质量。集体企业的发酵站也有厂方的科技人员参与和指导,使加工过程符合酿酒需要的标准。酒厂本身不仅注重技术力量的培养和提高,还积极推进技术交流和技术协作。它和许多研究机构联合进行多项有关栽培、施肥、防治、地膜覆盖等试验,取得显著效果。由于密切和科研结合,民权酒厂几乎每年都有若干新品种投入市场,取得名牌称号。加上他们重视市场信息和建立全国销售网络,近年来在葡萄酒市场萎缩不振的情况下,民权葡萄酒销售额不但没有下降,而且年年增长。现在已经冲出国境,和法国企业联营,插足国际市场。

5年前初次看到在这原来黄沙飞扬的黄河故道里出现的这个贸工农一条龙的新型企业,我情不自禁地说:"年产两万吨酒带动两万户农民致富，这是黄淮平原要走的路。"在听取厂长为我不厌其详地介绍他办厂的经验和扭亏为盈的体会时，我真心地钦服，甚至可以说受到感动，似又唤起了44年前的冬天在哈佛大学商学院听到美国当代企业管理学的奠基人梅岳教授为我讲述企业里"人的因素"时的激动心情。只要有心人，实践出真知，何分土与洋。穷乡僻壤一样有真才实学。我们相见恨晚，临别留言我说："但恨此行太匆匆，临别依依谢好友。"好友就是这位厂长的名字。

编织抽纱凭手艺创外汇

民权在葡萄这项草根资源的基础上走出了一条贸工农配套成龙的发展路子，引导他们用同样的模式去发展其他的草根资源。现在已经形成规模和取得效益的是以条、柳、蒲、苇为原料的编织加工和跟着利用农户多余的妇女劳动力而发展起来的抽丝、织袜工艺加工系列。这个加工系列是由民权工艺品联营公司开创的。这个公司的产生也有一段生动的经过。

1979年民权为了解决35名下放知识青年的待业问题，创办了一个农工商联合企业公司，开食堂、办商店、卖瓜子、贩啤酒，但由于没有人懂得经营管理，5年里亏损了近万元。1979年有个曾在外地被错划的右派，"文革"期间又被误判死缓、久经坎坷的中年人，名字叫林培玉，平反后回到家乡便投入这个知青集团，并出任这个改称为民权工艺品联营公司的经理。他看中了当地农民原有用柳条、槐枝、蒲草等做原料编织成箱、笼、篮、筐等日用品的传统手艺，就把平反时补发的工资做资金，结交了一批民间艺人，又遣派知青四处采访求艺，共同设计编织出一套套精美、实用、外国人喜用的如野餐箱、花盆套、洗衣篓等工艺制品。1985年他带了这些样品，单枪匹马闯进广州交易会。但是，人地生疏，又无门路，连会场都不准他进去。他只能坐在场外摆地摊，等候顾客。可说是出于机遇，果真被一名外商发现，愿意收购。他又四方奔走，几经周折，感动了一名进出口公司的经理，同意承办这些工艺品的外销手续。从这个千辛万苦打开的小窗口，他为民权人民插活了一棵摇钱树。1987年我初访民权时，还没有人向我提到这个工艺品公司。去年我读到母、王两同志的《民权》章，才得知民权还有这一条"条、柳、苇、蒲编织及抽纱工艺加工系列"，引起了我的注意。这次重访民权我就去找这位林经理。他为我叙述了这个公司怎样从5间陋室和不到10000元的退补工资起家，发展到现在这个拥有16000平方米厂房、1200万元固定资产、982个职工、214个加工网点的企业。听来竟像是一篇生动的报告文学。

简单说来，他在农民家用的藤篮、柳箱上发现了农村里蕴藏着大量废弃的草根资源和闲着的有手艺的劳动力。他想只要能把两者结合起来不就成了丰富的财源吗？他以传统的编织工艺品打开了出口的渠道，稳住了这个公司。接着他又在外贸市场上看到了抽纱、绣花的台布、窗帘，立即培训农民从事生产，组织出口。到1990年这公司已为国家创汇1600余万美元。这种一根针、一根线，不用油、不用电，成本低、效益高的活路，恰恰适合当前民权这一类农村发展经济的客观条件。这种劳动密集型的手工艺品也正符合国外宾馆、客厅和家庭陈设的需要，具有广阔的市场。林经理紧紧抓住了当时当地经济发展的这个机遇,为千家万户开辟了一条生财致富的道路。

我特别赏识这种深入到千家万户的致富道路。为了对这条道路认识得更具体一些,跟我一起下乡的一位研究生专程去焦老家村户访问。他见到有一个6口之家,9亩耕地,父亲在大田里劳动,除幼儿外母女4人在不影响农活、家务和上学的情况下,做抽纱品初级加工,每月每人收入80到90元。大女儿是这个村子里1986年第一个去学抽纱的人。现在全村有200多人,邻近5个村有800多人都跟她学会了这项手艺,为工艺品公司做活。她后来受公司委托成了这个村的联系人,负责分发原料、图样和收集成品,发放工资,收取总值4%的管理费。这一家人如果单靠农田过活,是个贫困户,有了这项工艺品收入现在已经是个比较富裕的人家了。这个村子105户人家,1987年开始抽纱以来,全村每年收入增加近7万元,与种植业的收益大体持平。而且由于农民手上有了钱,可以买化肥和薄膜等投资到种植业里去,小麦每亩增产150斤,玉米增产350斤,同时又发展了养殖业,使这个原来的穷村面貌得以大变。

林经理打开了出口的渠道,像开了闸门,大大地开拓了民权经济的发展空间,这条路子也越走越宽。他带我去参观一个新开辟的与台商合营、用现代针织机器装备制造圣诞袜的车间。西方国家有这样的风俗,每逢圣诞节做父母的要把给孩子们的礼物装在一只大大的袜子里,半夜塞在孩子们的枕头下,圣诞节早晨孩子们发现了这只袜子,就认为是圣诞老人给他们的礼物。台商原在台湾生产这种圣诞袜,结识了林经理后,得知大陆工资低,有利可图,便和民权工艺品公司合营,在民权织造,由台商包销,一年民权工艺品公司可以创汇30多万美元。除了这个新产品外,全公司现在已有商品360种,销往54个国家和地区。1990年结算,5年里出口总额达5600万元,创汇1600万美元,向社会提供加工费2000多万元,受益农民3.5万人。

这个没有围墙的工厂,不需要巨额投资,主要利用千家万户的剩余劳动力脱贫致富的路子,基本上是从葡萄酒厂的经验里发展出来的,但由于不受原料限制,市场能开拓多大,规模就可以扩张多大,因之这位有魄力、有眼光的经理在我们分手时,很有把握地告诉我,他正在香港设立窗口,巩固和扩大出口渠道,引进外资,力争在几年内出口额突破亿元大关。

企业发展关键在人

我这次重访民权,听到了又看到了5年里农村面貌大变的情景。我并没有忘记初访时这里的泡桐给我留下的深刻印象。车在公路上驰行,我眼睛盯住了两旁的麦田,成行成列的泡桐,花已谢落,枝叶茂盛。阔别5年,当时的幼树都已成材,大树更见粗壮。它们天天在长大,也是天天在为农民增财积产,我满心喜欢。在听取了葡萄和柳条等草根资源带给民权可观的经济效益后,我便紧紧追问泡桐怎样了?主人递给我一份1990年6月该县政研室的书面报告。主要的结论是:"桐木加工确是万事皆备,引而待发,……然而好事多磨,资源优势并没有转化为商品优势。"

作为草根资源,泡桐确是民权的一项优势,自从1964年开始到1989年,农桐间作已经成了这地方广大农民的自觉行动，102万亩耕地上已有70万亩密植泡桐，另外还有片林5万亩，再加上村边路旁零星小块地，全县一共长了1000多万株泡桐，人均13.7株，木材蓄积量430万立方米，人均6.4立方米，每方平均300元，人均收入约2000元。这是民权人民的一笔巨大财富，人们把它说成是"草根银行"，成材的泡桐每年每株生息可达50元。正由于泡桐长在地里，每年可以生息，不像葡萄熟了不收就会烂掉，农民不需钱用，也不去砍伐。日益壮观的桐木把田野装点得更好看。

砍伐泡桐像是向银行提款，不同之处是砍伐有定期，都在树身不长的冬天。自从包树到户后，农民估算到这年非需要较大的款项不可时才砍伐。一般是不愿意动斧头的。砍伐下来后，贮在家里待价而沽。桐木是出口货，外贸部门下达指令性指标，由地方国营商业机构按规定价格每年要在民权收购一部分桐木，同时还有商人直接上门交易。据说特别是山东客商愿出高价，每年从这条路上"外流"的桐木超过1万立方米，约占年销量的60%。此外，本地农民也有购进木材联产加工。我们在陈家村访问时知道该村就有5个桐木加工联户。各户自备电锯，大伙一起进行初加工，锯成木板后出售。这是从泡桐这项草根资源发展出来的草根工业的初级形式，规模很小。

1983年民权成立一个县办的木器厂。由于经营不得力，连年亏损。经过4年，1987年决定搬迁扩建，投资400万元引进了进口的先进设备，拥有毛拼板、胶合板和全桐家具三条生产线，厂房9900平方米，职工人数158名，按设计能力总产值达1500万元，可年消化桐木原材1万立方米以上。这就是上述报告中所指的"万事皆备"，但尚欠东风，没有形成"商品优势"。东风何以不来？据调查报告的分析，关键在于流动资金不足，收购不及时，保证不了原材料供应。1990年该厂只收购到所需原料的1/10，以致大好设备闲置不用，国内第一流的胶合板生产线无法投产，反而负担利息和折旧费几十万元。更严重的是留不住有技术的工人，以致已签订的外销合同，到期交不了货。直到我重访时，这个厂还没有走出困境。

如果把这个木器厂和上述的酒厂和工艺品公司对照起来看，也许可以发现从草根资源里"生长"出草根工业免不了会发生阵痛。民权酒厂1983年曾濒于倒闭，知青联合企业1984年也难以为继，这些都是具体的前例。木器厂发生资金不足、设备闲置以及人员不稳定等现象其实都是经营不善的症状，病根看来是在没有建立起一个具有投入市场经济能力的领导班子。

把企业看成是建厂房，引进新设备，设立科层机构，下达任务，那一套老办法已经过时了。民权酒厂跳出了这些旧框框，从改革入手，建立起农工结合三级联营的体制；走开放的路子，讲技术，创名牌，从国内到国外开拓市场。工艺品公司也是从打开出口渠道作突破口，发掘群众潜力，建成一个没有围墙的工厂，筑起一座千家万户的农民直通向国际市场的桥梁。有了这些创造性的改革开放措施，民权的葡萄、柳枝、苇蒲，农村妇女的一针一线，才能转化成富民的资源。可见关键还是在人。缺了人这个生产因素，单凭草根资源还是发展不成草根工业的。这里我说的人是有经营能力的人。

我从民权回来后，不到半年，民权的书记春节前来看望我，带来了我盼望的信息：木器厂已经合并入工艺品公司了。

走出草根这个范围

从开发草根资源到发展草根工业的过程,在民权可以看得很清楚,因而我很同意母、王两位在《民权》章里对民权模式所做的概括。但是民权并没有停留在这个特点上,发展的规律引导它走出"草根"这个范围,进入了更广阔的天地。从编织发展到抽纱和织袜其实已经跨出了利用当地土生土长的柳条、苇蒲做原料进行加工这条"草根"界线,而开始利用外来的布匹、毛线做原料加工成输出的商品了。当然,在民权这只是个初露的苗头,离原地还不远,而且抽纱、织袜还是农家妇女的活计,乡土气息浓厚。如果"草根"的涵义是带有深入群众、涉及千家万户的活,工艺品公司还不失为草根工业。

民权确实是依靠开发草根资源、发展草根工业脱掉贫困帽子的,特别是近十多年来温饱已有保证。人均年收入1978年是47元,1991年已达430元。绝对数字固然还在全国平均线下,但前后比较,已翻了三番,不能说慢了。

怎样在今后10年里赶上小康水平呢?除坚持和开拓草根资源和草根工业外,看来必须大胆跨出这个老圈子,沿着抽纱织袜所显露的苗头,发展原料和市场两头在外的制造工业。这次我重访民权参观了一家冰柜厂,高兴地看到民权已经开始建立以科技为基础的新型工业了。

早在70年代,为了推行农业机械化,民权和其他地方一样兴办了一家农机修理厂。随后的20多年,农业机械化并没有实现,这个厂也无机可修,形同虚设。1985年他们就利用这个厂的设备作基础,改造成现在这个河南省冰柜厂。它是一个县办企业,依靠政府投资和中信公司贷款而建成的,并且受当地政府领导，所以可说是地方国营性质，但是它所需的原料向市场购买，产品也通过市场销售，经营上属商品经济的范畴。厂长陈作雨是个有经营能力的企业家，他聘用技师专家，引进现代先进设备和技术，生产家用电气制冷器具，其中现已成为名牌的是冰熊牌冰柜，有大小不同各种规格，1986年产量达10000台。这个厂逐年扩充设备，近来又合并了民权化肥厂，还同国内外55家企业协作，从意大利进口部分零件，提高了产品质量和生产能力，每年可生产各种制冷箱柜50000台。1991年产值超过1亿元，利税1000万元，成了民权新兴的支柱工业。它上缴县财政利税420万元，比老牌的酒厂仅少缴60万元。

在乡镇企业里这种科技密集型的工业有着广阔前途，是个发展方向。在《吴江行》里我曾提到乡镇企业从"三就地"发展到"三跨区"是一个飞跃。在民权我看到了相同的趋向，可能这是符合客观发展规律的现象。我想在这里指出：这种科技密集型的工业对于一个地区综合经济实力的提高比草根工业可能更快更有效，但是从千家万户脱贫致富、提高农民人均收入上来看，草根工业所带来的社会效益则更直接、更普及。因此，对一个经济底子较薄的贫困地区来说，民权首先采取发展草根工业的路子是适宜的。为了更上一个台阶，注重逐步发展科技密集型的制造工业，也是必要的。

我两次访问民权，实在得益匪浅。我自觉有责任把民权怎样走出贫困，面向小康前进的经验介绍给处境类似的地方作为参考。

珠江模式的再认识

(1992年5月24日)

我对珠江三角洲城乡发展模式初步认识的经过曾在1989年所写的《四年思路回顾》里做了简单的叙述。其后的三年里，我一直在注意这地区社会经济的发展，看到珠江模式已经有了重大的变化，所以几次想去追踪观察，直到今年3月初才抽出十天时间，到这地区的顺德县作重点访问，在返程中便道还在东莞和番禺停留了一下。时间虽短，对珠江模式有了一些新的认识，写此"再认识"以作补充。

一、初步认识的反思

我对珠江三角洲城乡发展的注意，可以说是从1985年考察香港时引起的。我在香港观塘看到许多挤在多层大厦里像蜂窝般的小型工厂时，产生了一个奇特的怪想。如果自己有孙悟空的本领，很想把这些劳动密集型的加工厂一口气吹到大陆上去，变成广大农村里的乡镇企业。其实就在这时候香港对岸的珠江三角洲的乡镇里已经出现了从香港扩散出去的被称作"三来一补"的加工厂了。但是对我来说直到1988年访问广州附近的东莞时才惊喜地发现我三年前的怪想早已成了事实。把香港的蜂窝厂家吹过边界来的,当然不是真的出了个孙悟空,而是香港和大陆两地工资和地价差额所构成的那一股经济气流。

我这段认识过程说明了为什么我对珠江模式的初步认识中,特别重视乡镇上的"三来一补"方式的小型企业。直到去年暑假期间我为《城乡协调发展研究》论文集写后记时,还是说珠江模式的特点是"它和香港密切相联构成前店后厂的新型式"。"前店后厂"的提法是我用来突出"三来一补"企业在珠江三角洲经济中的独特地位。"三来一补"是指来料加工、来料装配、来样加工、补偿贸易。珠江三角洲上这些加工企业几乎都是从香港来的,其中大部分是原来在香港的蜂窝工厂,港商把这些企业中的订货、定样、备料、核算、运销等业务留在香港的"店"里,而把进行加工、制作、装配等工作的"厂"搬到珠江三角洲各市县的村镇里,把厂里制成的产品,运回香港,推向市场。结果是店厂分离,前店在港,后厂在珠。而在80年代初期,这种经营方式的乡镇企业,在珠江三角洲相当发达,而在全国其他地方还是少有的,所以当时我把它作为珠江模式的特点。

现在回顾起来,我这种初步认识是不够全面的。首先是没有注意到珠江三角洲内部的发展不平衡性,不同县市和村镇在接受香港经济辐射的时间上有先后,强度上有轻重,反应方式上有区别,所以容易以偏概全。其次是没有注意到珠江三角洲这10年里,特别是最近的5年里发展的速度快,原有的模式变化较大,新的特点,正在突出,以致过去的概念已有部分过了时。因此追踪调查是必要的。认识原是客观存在的反映,事实在发展,认识也该跟着更新。还应当说明的是这次访问时间短,只能做重点观察,所得到的再认识还是不够全面的,只是对初步认识略作修正和提高罢了。

二、港珠关系的变迁

珠江三角洲原是一个地理概念，指广东境内西江、北江、东江三条江在广州汇合成珠江，南流入海，珠江两岸冲积成2万多平方公里的一片土地。在这片土地上建成4市12县，在1985年划为"珠江三角洲经济开发区"。一般所说的珠江三角洲就是指这个开发区。

珠江形似喇叭，入海口很宽，东西两岸的尖端一是香港，一是澳门，分别是英国和葡萄牙从我国领土上割去的殖民地。直到这个世纪的80年代才和两国协定，将于本世纪内收回。从经济上说，香港近年来已成为国际贸易、金融、信息的中心，在促进珠江三角洲城乡发展上起了重要的作用，所以要理解珠江模式的特点决不能离开香港和珠江三角洲的关系。

香港和珠江三角洲的关系，可以说原本是一体，你我不分，后来被迫分家，还是你离不开我，我离不开你，分而不离，你中有我，我中有你，最后还是要回原成为你我一体。这个过程大约占了历史上的150年。香港沦为英国殖民地后，居民成分变化极微，几乎全是大陆去的同胞。直到70年代西方人仅占百分之一二。血浓于水，港珠两地一脉相通。港珠原本来去自由，我30年代从广州去香港还不用办什么出入境的手续。香港人说的是广东话，喝的是珠江水。日常粮食、蔬菜、鸡、肉都得由老家供应。包括九龙在内的香港到1945年日本占领前，人口只有130万，占领期间留下了60万，还不如三角洲上的一个县。大陆解放后，在50年代前期香港人口陡增，除了占领期内离港的人回去的之外，又有100万人从大陆移入香港，总人口达到260万。但还不到香港现有人口的一半。

香港在50年代之前，原本是国际航道上的一个转运站，它既无农业，又无像样的工业，靠了作为中国大陆与外部商品的转运站而生存。50年代初期由于我国抗美援朝，外国对我国强行封锁，割断了港珠之间的联系，香港失去了它作为中国大陆对外贸易转口站的命根子，只有靠从上海移入的工业力量，包括机器和经营人才，加上珠江三角洲过来的劳动力，在九龙和新界兴办小型制造业。原是几千人的小镇荃湾成了工业城镇，到80年代已拥有75万人，相当于日本占领期香港的总人口。值得我们注意的是香港工业化的底子是从上海和珠江三角洲转移去的，在这个一无原料、二无大市场的孤岛上，开创了原料、市场两头在外的企业形式，并利用大陆上60年代的困难时期和70年代"文革"时期，每年都有几万人从大陆流入香港的劳动力而生长壮大起来。所以必须看到香港之成为东亚四小龙之一是大陆经济力量的延伸，和大陆是一脉相承的。尽管如此，香港成为东亚小龙的20年正是国内被封锁和闭关自守的时期。除了大陆对香港在劳动力上依然不断地支援外，香港对大陆的辐射作用却被我国内外的政治条件闸住了。直到70年代后期，大陆拨乱反正，实行改革开放，这个闸门开始打开，香港才重新恢复了它成为大陆的南大门。而且是大陆对外贸易最大的通道，开始像张开了满帆的船在顺风中破浪前进。香港经济的腾飞，震动了世界，只以人口来说，比50年代已翻了一番。1988年我去考察时已到540万人。这个巨大的经济实体，一旦和它的母体珠江三角洲重新衔接了起来，辐射力之强是不可阻挡的。我过去把它比作孙悟空的神力并非过言。但是在这里必须看到，没有内地的改革开放，挡着辐射的堤防闸门不打开，香港这条小龙对珠江三角洲的发展也是无能为力的。这是说决定珠江三角洲城乡发展的内因还是主要的。这内因具体说就是70年代开始，80年代逐步落实的我国改革开放政策。

三、借船出海话东莞

尽管珠江三角洲和香港近在咫尺，但在改革开放之前，界线森严，两地居民不能公开往来，香港的经济无从向内地辐射，三角洲上的各县处境和全国各地没有多大差别，后来的腾飞是改革开放以来近十多年的事。

从历史上说，珠江三角洲在广东历来是个比较富庶之区，有点类似长江三角洲的苏杭地区，气候温和，土地肥沃，人口稠密，河流纵横，交通方便，农业和手工业相当发达。在公社时期也同样受到单一经济的束缚，生产压缩，生活紧张。但是珠江三角洲毗邻香港，一旦沟通，城乡发展的路子和速度也就和苏杭不同，形成了具有特点的珠江模式。

改革开放政策是从1978年开始的，对外开放最先在广东试行。由中国招商局在珠江三角洲东端宝安县西南角和香港隔海相望的蛇口，成立了一个享有管理自主权的出口加工区。外国公司可以免税带进原材料在区内设厂生产出口的商品。开放政策取得初步经验后，1980年中央决定成立4个享有特殊优惠政策和灵活措施的经济特区作为大陆对外开放的窗口。利用这些窗口吸收外资，引进先进技术、设备和管理，发展外向型企业。这4个特区，3个在广东，其中包括与香港相连的深圳和与澳门相连的珠海，由于香港经济实力强大，又有蛇口加工区的基础，深圳在这几个特区中取得了领先地位，也就成为带动珠江三角洲内部发展的主力。

香港经济对珠江三角洲的辐射的具体表现首先是通过上面提到的"三来一补"的经营方式。香港的企业通过这种方式，利用大陆上较低的地价和工资，把机器、设备和技术搬到内地乡村建厂招工进行生产，产品运回香港向外销售。这种方式对缺乏资金、技术和企业管理能力的内地农村的经济发展是求之不得的机会。同时还可在提供土地和劳动力上取得创收，脱贫致富，为进一步发展乡镇企业打下基础。对香港的企业家来说，从地价和工资的差额上（当时内地工资相当于香港工资的1/5到1/6）可以降低成本、提高利润，取得在国际市场上竞争的优势。这种经营方式在分配上固然香港得了大头，但由于启动了内地农村的发展，实质上是两利的。因此，大陆一旦向香港开放，香港的经济实力就通过这"三来一补"的经营方式，越界而入，势不可挡。

"三来一补"是珠江三角洲实行改革开放后城乡经济起飞的突破口。这种经营方式之所以能发挥这样大的作用，主要是由于它本身在经济发展水平不同的地区之间具有强大的扩散力，而且差距越大，扩散力也越强。南朝鲜和台湾都是在60年代和70年代通过这种方式从发达国家引进现代工业的。

在珠江三角洲各县市中，首先接受香港经济辐射的除深圳特区外就是东莞。东莞成了"三来一补"方式的加工工厂最发达的地区。这是它的地理位置决定的。从深圳这个向香港开放的窗口进来，要经过东莞才到广州。所以东莞是近水楼台先得月，首先接受香港经济的扩散。东莞原有的经济基础主要是农业，工业比较不发达，自身没有发展乡镇企业的力量。过去就向香港输出劳力，历年来大量城乡居民流入香港。现在东莞籍的香港居民有65万人。其中大部分是过去20多年里渡海去香港的。他们中有些人在香港站住了脚，兴办了企业，甚至发了财，一有机会就"衣锦还乡"，到老家来办厂了。在东莞办厂的港商中有一半是回乡的本地人。

"三来一补"的方式在当地被称作"借船出海"的方式，它是适应80年代初期珠江三角洲城乡经济的水平，所以很快得到发展。在这种形式中，内地城乡不需要投入启动资金，只需提供土地和劳动力。而且来料加工不需垫付流动资金，产品由外商包销，不承担市场风险，可以说是一种"无本生意"。但一旦启动后，地方和农民都可以得到报酬，积累资金。东莞市在开始的9年里累计收入工缴费达4.5亿美元。乡镇集体方面从中取得的收入达6.7亿元人民币，成为这段时期里东莞工农业发展的资金。这是从"借船出海"积聚的实力。我这次访问中了解到，"三来一补"至今仍是东莞城乡经济的主要支柱。但是在这个基础上已经有了发展，就是从"借船出海"向"造船出海"转化了。由外商独资经营的企业和与外商合资经营的企业的成分逐年增加。而且从"三来一补"方式中培养了大批熟练装配工人和企业管理人员，为发展自主的乡镇企业提供了实力。东莞从改革开放的1978年起经过9年，工农业总产值达到了36.4亿元，增长了3.82倍。我们这次访问得知1991年已达119.5亿元，4年中又比1987年增3.2倍，这样快的发展不能不承认是得力于"三来一补"方式的推动，所以用它来作为珠江模式的特点至少在其东莞的初期是有事实根据的。

四、嫁接外资兴顺德

珠江三角洲各县市的发展却各具特色。现在被称为三角洲上的四只小老虎,东莞、顺德、南海和中山的区别用流行的话来表达是:东莞是洋枪队,顺德是地方部队,南海是游击队,中山是国家队。意思是东莞是以外商经营的"三来一补"企业为主,顺德则以镇办企业为主,南海的村办小企业十分发达,成了"满天星斗",中山则以市属企业为主。

中山、顺德和南海都在珠江西岸,和东岸的东莞隔江相望。东岸的窗口是深圳而西岸的窗口是珠海。香港和澳门从经济实力上说是大巫见小巫。澳门的工业是依赖香港的扩散兴起来的,本身不够强大,因而靠近澳门的窗口珠海在发展上也比不上深圳。这就使得珠江口东西两岸经济发展出现了先后,而其发展路子也有差别。处在东岸的东莞通过深圳这个窗口最先受到香港的辐射。1979年兴起了100多家"三来一补"的由港商经营的企业,年年有发展,到1990年已有4500多家。所以至今"三来一补"还是东莞市企业的主要方式,虽则已"造船出海",有了相当规模的自营企业,在群众眼里"洋枪队"的绰号还丢不掉。

珠江西岸的乡镇,由于澳门这个靠山不够硬,经济上还得去靠香港。但和香港却没有直接的陆路交通,来往只能靠水路。因之,在接受香港辐射的影响上说西岸就较东岸慢了一步。

从另一方面来看，西岸乡镇在过去传统的手工业却较东岸发达，以顺德为例，在解放前就是和苏杭齐名的丝绸之府。至今乡间还流行当时一船蚕茧出去，一船白银回来的传说，我这次访问以顺德为重点，一路听来，他们的发展路子，在骨子里和我家乡苏南颇有相似之处。比如他们都是在 70 年代公社未解体时就开始在上边批准建立的农机修配厂的牌子下，悄悄地发展了社队企业。而这些社队企业在公社解体时并没有分掉，依然以集体企业保存了下来，成了后来称作乡镇企业的底子。这样保存下来的集体经济实体一直是西岸三个"小老虎"后来经济发展的共同基础；尽管中山以市一级为主，顺德以镇一级为主和南海以村一级为主，这只是层次不同罢了，都是以集体企业为主。在较发达的集体经济基础上去接受香港的辐射就出现了和东岸"洋枪队"不同的形式。他们是把外资和技术甚至经营管理嫁接到原来的社队企业的基础上，发展成一般所说的外向型乡镇企业。这种嫁接形式的特点就是所谓"造船出海"，不同于"三来一补"的"借船出海"。

西岸的乡镇在接受香港经济辐射的初期也采取过"三来一补"的方式。我在访问顺德的容奇镇时，镇长承认在 1978 年这个镇就引进过 1 家来料加工的制衣厂。但是"三来一补"发展不快，到现在还只有 6 家。这里从较高的起点起步，着重发展技术资金密集型企业，那些劳动密集型"三来一补"的企业在这里呆不住了。过去那家"三来一补"的制衣厂已被吸收到以集体经济为主体的集团公司里去了。更有意思的是他告诉我，他们从 1990 年开始正用"三来一补"的方式把工厂扩散到内地山区的乡镇中去。镇办的成衣厂已在广东北部的南雄、始兴、连县、高明等县的乡镇里成立 80 多个加工点，1991 年销售值已达6000万元。他还说,他们正在向国外扩散,在新西兰已与外商合资办了一间服装加工厂,用他们的技术和商标,利用当地的劳力,开辟当地市场。这是试办性质,如果成功还要扩展。

如果说东莞所代表的是改革开放后珠江三角洲经济发展的初期状态,顺德所表现的是比初期高出了一个台阶的后续状态。初期和后续是相互联系的。实际上东莞到了80年代后期也已发展了技术密集的外向型合资企业,如年产值在千万元以上的毛纺厂、人造皮革厂、磁带厂、电器厂等。但在东莞还有许多没有消化和吸收的外商经营的"三来一补"企业,在企业数量上还是占多数。

以顺德为例的西岸各镇,开始也都接受过"三来一补"的方式。但是由于原来的集体企业实力较强,不甘心外商在利润上得大头,所以较快地把这种方式消化吸收成为自主经营的合资企业。他们利用外资来改善生产条件改造原来的乡镇企业。他们又采用所谓"反求工程"(就是引进先进设备和产品进行解剖、消化、吸收、创新、生产出自己的产品,参与市场竞争),上升了一级,发挥自己的主动地位,不再以外商为主体利用内地的土地和劳力进行生产,而是相反的由内地乡镇企业为主体吸收外来的资金和先进技术设厂生产。这就是借船和造船的转化,我称之为嫁接外资的过程。

顺德县均安镇磁性材料厂就是一个转化的具体例子。它原来是镇办的生产发电机和柴油机的专业工厂,1982年通过接受港商来料加工磁性材料,学会了压制、充磁技术。1984年自制磁粉获得成功,建成了一个由铁磷为原材料制成磁钢材料国产化的工厂,现在产值达5000万元,已是国内磁性行业里领先的集团公司。

顺德的北滘镇，被誉为"风扇城"。这地方风扇企业的发展又为我们提供了另一个嫁接的具体例子。早在公社时期，北滘镇办了一家生产酱料和塑料热水瓶塞的工厂。1967年厂长是个中技校毕业的，名叫区鉴泉，现在已是全国十大农民企业家之一。他在1970年出任该厂厂长，由于产品滞销，决定转产塑料电风扇。他通过香港的顺德老乡学会了技术和取得市场信息。1985年他通过外贸公司把产品出口到东南亚，赚取了外汇去进口外国设备，提高了风扇的质量和款式，生产了120万台风扇，占全国风扇总产量的4%，产值近1亿元，为顺德建立了"风扇城"的美誉。裕华风扇又带动该镇办了"美的"和"南方"两个风扇厂，并吸引了香港风扇大王翁祐。1989年他把在香港的厂搬到故乡北滘镇合资开办了蚬华电器制造厂，年产电扇500万台，产品90%出口。现在顺德出产的电风扇已占了全国风扇生产能力的1/7，出口的风扇占了美国风扇市场的二成，占了加拿大风扇市场的六成。这4家风扇厂都是产值超亿元的乡镇企业。顺德县又兴办了像这些风扇厂一样的外向型企业23家，成了90年代全国工农产值最高的县级标兵。

顺德的发展从时间上说是比东莞迟了一步，大概是从80年代中期才露头角。但发展得快，到1991年该县工农业产值已赶上东莞（119亿：118亿）。由于人口较东莞少（93万：131万），所以农民和职工人均收入都较东莞为高（农均1613元：1459元，工均4876元：3777元），这两只"小老虎"在珠江两岸实力不相上下。但从发展的速度和档次上看，东莞却已落后于顺德，东莞还在逐步从"三来一补"基础上扩大自主的合资合作方式，而顺德已经"造船出海"了。

我这次对珠江模式再认识，主要是看到了珠江三角洲乡镇对香港经济辐射做出反应的 10 年经过。他们首先接受港商采用"三来一补"的企业形式引进了现代工业，培养了人才，并在这个基础上把外资和现代技术、经营方法嫁接上乡镇企业，扩大了合资企业的范围和方式，创造了具有社会主义性质的集体企业，繁荣了地方经济，提高了国家的综合实力。这些应当可以说是珠江三角洲城乡经济发展的路子，也就是我们所谓珠江模式的特点。

珠江三角洲经济发展方兴未艾，发展的速度也将越来越快。小平同志在南巡讲话里说"我国的经济发展总要力争隔几年上一个台阶。……比如广东，要上几个台阶，力争用 20 年的时间赶上亚洲'四小龙'"。以现有的形势来看，这个目标是可以达到的。至于那几个新台阶的内容和形式则有待于群众的创造了。作为一个研究工作者只有不断地追踪观察，悉心体会，才能取得及时的认识。时乎时乎，可不勉乎。

沂蒙行

(1992年8月8日)

为了想多熟悉一些发展上困难较多的山区经济情况,我去年访问了西部的大小凉山和中部的武陵山区,看到各个山区发展的水平也不平衡,因而想去访问一些比较发达的山区,看看有没有值得推广的好经验。后来听说山东的沂蒙山区这几年发展较快,而且山区里已出现了产值10亿元的镇,所以我下决心去走一趟,实地观察一番,这是我这次沂蒙行的动机。我5月27日从北京出发,到兖州,换坐汽车,经曲阜到达临沂。

沂蒙山区从行政区划上说主要是在临沂地区的范围内,但从地理上说,应当包括沂山和蒙山为主的整片高山和丘陵地带,大体上是从泰山以东直到海滨。临沂地区的行政中心临沂市在这山区的东南部。限于时间,我只能按与兖石铁路大体并行的公路从西到东横穿全区,并在临沂市及其附近的费县和罗庄做了重点访问。其后便越出临沂地区的行政界线到沿海口岸日照市,在路上还在莒县停留了一下,取道潍坊、青州回济南。最后还去邹平为梁漱溟先生坟地扫墓,并去泰安,登上了泰山,于6月12日返京,此行共17日。至于此行有缘瞻孔庙、扫梁墓、寻根费县、登上泰山都是得之偶然,偿了宿愿。

老区根上接新枝

我是怀着调查山区的目的来鲁南的，但是从曲阜经费县到临沂却一路平坦，只在远处望得见一些山影。原来现属临沂地区的1市11个县、2万多平方公里，其中有60%是属于低山丘陵地带，其间穿插着海拔千米以上所谓72崮的险峰。我们所走的这条公路正穿行在由四周山水冲积成的平原上。田畴纵横，又值麦收前夕，放眼望去，一片金黄色的开阔平川，颇似我熟悉的江南景色。正是这个出可以攻、退可以守的地形，使沂蒙山区在抗日和解放战争时期，成了华东有名的革命根据地。这是它成为"老区"的由来。去年《人民文学》发表的报告文学《沂蒙九章》，生动地描绘了许多可歌可泣的英雄故事，构成了至今大家传诵的"沂蒙精神"。

也就是这种地形注定了这个地区农业经济发展的不平衡。除了多年山水冲积成的平原上可以看到丰产的麦田外，一进丘陵地带，除了一层层人工垒造的梯田外，都是土层硗薄、山石嶙峋的荒坡，连零星长着的老树都矮小佝偻，看着都令人难受。高山地区的居民连吃水都得靠肩挑背负来供应。因此，全地区11个县中在1985年还有7个被列为重点贫困县。全地区农民人均收入不足150元的有200万人，占总人口的30%，特别是因兴建水库而搬迁的40万农民中有80%是贫困户。经过6年的扶贫工作，大力解决了通车、通电、供水等问题，上述的贫困户人均收入现在都已超过200元，可说是低水平地解决了基本的温饱问题。如果包括全地区农民一起统计，人均收入1991年已达到618元，还低于全国的平均数。

我们到达临沂市的第二天就去访问被列为重点贫困县的

费县。挑选这个县作访问重点，并不是出于我私人的寻根夙愿，而是因为这个县的扶贫工作见效较著。1991年该县的社会总产值较1978年增长8.3倍，人均收入从65元增长到509元。而在1985年人均收入150元以下的还占当时总人口的1/3。所以脱贫是近4年的事。因此，我很想看看这山区的居民是怎样脱贫的。

离开费县的县城，我们进入了山区。我们的汽车也走上了沙土压实的乡道，虽则没有硬面，但不很颠簸。这种山区的乡道是脱贫的基本建设。山区之所以穷，首先是出于闭塞，交通和运输上的困难。临沂全区1984年还有大约一半的村子不通车，从那年起到现在一共修了乡道9800公里，基本上实现了所有行政村都通了车，只有50%的自然村还不通车。我们这次访问就靠了这些弯弯曲曲、上上下下的沙土乡道才能对这一带山区面貌得到一些感性认识。

一路上印象最深的是他们所说的"小流域生态农业"。他们以行政村为范围作为一个小流域的单元，对山水林田路进行综合治理。首先是打通环山乡道，然后紧抓水利建设，找水源、建拱坝和蓄水池，建立灌溉系统。再按山坡斜度，分层垒坝，凡是土层硗薄的坡面，运土填厚。完成这些基础建设后，有了水，有了土，然后分层种植：山顶种松，山腰种果，山下种粮。这些基础工程都是由行政村领导，发动群众，义务劳动进行的。工程完成，树、果、粮都种植好后，分田到户，按户承包，负责管理，收入归户，这就是所谓小流域生态农业治理荒山荒坡的办法，取得了显著的效果。现在该县已治理了12个小区，总面积达370平方公里，受益的有350多个自然村，占全县的1/3，相当于1989年贫困村的数目。这也就是说全县基本上达到了脱贫的水平。

我们一路重点访问了三个小流域，也就是三个行政村：大悖罗湾、宁家沟和桃园村。这些行政村都包括若干分散的自然村，海拔不等，低的在150米上下，高的达590米以上。在已治理好的小流域之间还有不少荒山荒坡，有些正在治理中，有些所植果树还未挂果。这些高度劳动密集型的建农工程是全县以发扬艰苦创业精神起步的。他们称之为"劳动积累制度"，就是主要依靠农闲时的集体义务劳动，逐年积累建成的。以357户1217人的宁家沟村为例，从1987年起已投工115万个，到1991年整治了1600亩地、1200亩果园、2500亩用材林，全年总产粮食85万公斤，花生28万公斤，果品30万公斤，畜牧业收入54万元。全村居民的人均收入已达1050元，不但温饱有保障，而且已有95%的户住入了新盖的瓦房，80%的户看上了电视。

我年老力衰，不能爬山，坐在车里，一路看着层层果园，长着各种鲜果。这时正值当地特产山楂开始挂果。引导我们的当地干部喜形于色，邀我下车见识见识，长着一球球山楂的嫩果。看来今年又是个丰收年。这些沂蒙山楂据说实大味美，品种出众，远销海外。我一面赞赏，一面在盘算：从1987年至今只有6个年头，宁家沟这个荒沟穷村变成了个花果山，不能不说是个奇迹，而这个奇迹硬是在这一千几百个村民每年要花上四五个月的义务劳动中创造出来的。"劳动积累制度"的威力真不小。在旁的当地干部看我在掰着指头算账，明白了我的意思，接口说："这只有我们老区能这样做，这就是沂蒙精神。不仅老百姓乐于搞义务劳动，我们干部为了改造山区，也立下军令状，三年不拿工资。"我联系上《沂蒙九章》，领会了在老区里确还保住了这种宝贵传统。

我正在思索时,车子又转过了几个山头,在车窗外看到一片不同于山楂的果园。树头都特别娇嫩,一问才知道是新接枝的板栗林。耳边有人为我解释说,这是一片今年嫁接的板栗,经过嫁接产量可以增加几倍。我不由自主地大声说:"嫁接得好,嫁接得好!"

我没有学过植物学和园艺学。嫁接的科学涵义我不清楚。但这个名词却引导我想到社会改革的机制。我回头和同行的同志们说,在我们面前不是摆着个社会嫁接的例子吗?我的意思是,沂蒙山区的小流域生态治理原是一项从老区的沂蒙精神的老本上嫁接了联产家庭承包责任制,取得了70年代末山西大寨所没有完成的效果。他们把通过义务劳动集体兴建的生产基地分给农户负责经营,多劳多得,维持果园不断增长的生产力,这是在"劳动积累制度"上嫁接了个体户负责经营制。当年大寨没有采取这个措施而功亏一篑。

陪同的同志继续告诉我,承包到户还是第一步,现在农民已经又在采用机械松土、防虫护林、水利管理上集合了起来。这不正是统分结合?客观的需要来得很自然,接着我就关心这里果实产量成倍增长后,会不会发生运销上的困难,向陪同的同志提出了流通的问题。据称目前他们所产的山楂和板栗还是供不应求。他们正在注意的是保鲜、储藏和今后的加工。看来从荒坡变成了花果山,农业产品已进入市场经济。他们的"嫁接"工作还刚开始,接着是怎样嫁接上乡镇企业的问题了。

我很喜欢把"嫁接"这个概念应用到社会研究的领域里来,指那种用新体制和老体制衔接起来,充分利用老本的元气和优势来助长新枝的生长发育,这也可以是一种社会变革的机制，有它的长处和短处。看来某种历史条件下，这种机制似乎比把老根刨尽、另植新枝的所谓"休克"方法更为可取些。以沂蒙山区所启示的这种从老区精神开始，经过分户承包、统分结合，并进入集体运销加工，把工业和贸易结合建立起山区的新型经济，正是一系列连续的嫁接过程。现在还正在一步步前进，如果能更自觉地、有计划地进行，很可能发展得更快和更顺利些。

山东第一镇——罗庄

我这次沂蒙行也可以说是被公认的山东第一镇罗庄所吸引去的。在山区里能出现一个年产值超过10亿元的镇，肯定有它值得学习的致富之道。我从费县回临沂市后，紧接着就去访问罗庄。

罗庄离临沂市区不远，只有11.5公里，公路平整宽阔，全是水泥路面。镇容整齐繁华，夹道建筑物形式既不单调，又不俗气，可想而知是出自规划能手。它确实不愧是沂蒙山区的明珠。谁会相信10多年前，这里还是个黑土洼地占70%，土层硗薄的丘陵荒区。70年代初期从付庄公社分出来成立罗庄公社时，人均收入只有65元，口粮只有150公斤，是个被人瞧不起的穷村。

从这样低的起点，达到1991年农工总产值10.55亿元，罗庄成了闻名全国的"小城"镇，在山东省是最早出线的标兵。而他们所走过的路子并不平坦。罗庄人很自豪地说，他们有过三位好书记，跨上三个台阶，方有今天。

第一个台阶是在"车马归队，劳力归田，大割资本主义尾巴"的 70 年代跨上来的。当时的书记刘树桐是 1972 年罗庄刚从付庄公社分出时上任的。他在"以粮为纲"的束缚下，挣扎了 4 年，这个穷村的人均收入只增加 5 元，而人均口粮却下降了 2 公斤。他走遍了公社的 37 个村庄，发现罗庄人穷地不穷，地下有着丰富的资源，而且还有传统的采矿、铸造、制陶的技术。他认定只要抓紧工副业就能挖掉穷根。于是顶着逆风，罗庄办起了据说是全国第一家乡镇级的搪瓷厂。不论这个说法是否可靠，在沂蒙山区罗庄确实是第一个冲出"以粮为纲"牢笼，攀住了工业这条命根子的。乡镇企业发展了，罗庄便登上了一个新台阶。

第二任书记是李荣强。他上任时乡里所有的工业还只是围绕着"农"打转，办的都是些和原料、技术、市场不相适应的农产品加工、农机制造、化肥农药等。利小路窄的，工厂面临重重困难。1980 年，李荣强便把那些赔钱的厂子关闭了，兴办起适销对路的床单厂、电池厂、羽绒厂等。这样他一步就踏上了商品经济的第二个台阶。到 1984 年，罗庄乡镇企业竟发展为 1500 多家，从业人员占总劳动力的 80% 以上，产值达到 7000 万元，这一年，山东省政府发出了"乡镇学两罗"的号召，其中的"一罗"就是罗庄。

第三任书记是李桂祥。他又跨出了新的一步，登上了跨行业、跨地区、跨国界联合经营的台阶。1984 年签订了和外商合资经营的兔毛纺纱厂，1986 年投产，这是山东第一家和外资联合经营的企业。其后，1986 到 1991 年的 6 年间，先后办成了 7 家中外合资企业，9 家工贸联营企业，引进资金 8000 万元，从此罗庄拥有了从国外引进的设备，使它的乡镇企业踏进了国际市场。

再重复一遍：罗庄人均收入从1978年的65元，到1991年的1256元。12年内，它在山东带头上升了三个台阶，赢得了山东第一镇的荣誉。

罗庄这个具体范例又一次证明了工业下乡是广大农民脱贫致富的必由之路。在平原是这样，在山区也是这样。可是问题是为什么有些山区能办得成乡镇企业，而有些却办不起来？原因当然很多，但是关键还是一在政策，二在人才。有了政策要有人去干才能成事。因此，我想讲讲在罗庄座谈会上亲自听到的王廷江本人向我讲的创业经过。

王廷江在罗庄是个公认的勤劳起家，念念不忘罗庄富起来的模范人物。表面上看来，他确实是个朴实拘谨的老乡，这位曾经的百万巨富，至今还是个刻苦耐劳、一丝不苟的人民勤务员。罗庄之所以能成为山东第一镇有他不可磨灭的一份功劳。

王廷江出生在罗庄的穷苦家庭，姐弟8人，过去全靠父亲一人挣工分养家糊口。他七八岁就割草喂猪，参加劳动。14岁辍学，下地干活。18岁开始凭体力拉地排车贩运，但不久因为触犯禁令又被拉回公社劳动。1980年政策开放了，他凭借推车运货的这一段经验，承包了村里的一家代销店，以运销日用陶瓷为主业。他拉着600多公斤的货车，走遍了临沂附近各乡各村，还到江苏、安徽等地安点摆摊，推销瓷器。两年过去了，他也摸熟了这些地区的瓷器市场。他还靠省吃俭用，积累资金，才有实力买了辆卡车代替地排车。这样，活动范围扩大了，货物流转也加速了。1986年他所承包的代销店已拥有5辆卡车，资金30多万元。这6年的劳动把这个代销员锻炼成了经营瓷器的行家。他看到农村经济在发展，广泛需要中低档的盆碗杯壶一类的日用瓷器，而当时各城市里的陶瓷厂却忽视了在不断发育中的国内乡村市场，专向高档产品发展。这种从实际接触得来的市场信息，推动王廷江制造大路货瓷器的念头。

但是一个推排车出身的代销员有能力经营以制造和供应为主的企业吗？这些方面他可没什么经验，也没多大把握。正当其时，社会上的"左"倾风刮得还是很强。不少知心朋友都来劝他"见好就收"，把卡车卖了，收了代销店，日后靠银行存款的利息也够过安稳日子的了。正在犹豫不决之际，罗庄的书记李桂祥找上门来，支持他办厂，并替他向银行借了60万元补足所缺的资金，租给他12亩地盖厂房和招收了40多位技术人员，就这样把罗庄的第一个陶瓷厂建立起来了。1987年当年盈利20多万元。续年积累和扩建，1989年产值即超过千万元。80年代的10年里，王廷江从买卡车代替地排车开始，成了个百万巨富，也就在这10年里，他从靠个人体力干活，接触到了社会主义制度下的集体力量。他明白没有乡镇集体的支持，他这个厂是怎么也办不起来的。所以，他自己给自己出了个难题：是继续依靠集体自家发财致富呢，还是把自己的力量投入集体，为全体村民的脱贫致富做出贡献？最后，他没有同人商量便独自做出选择：把陶瓷厂献给罗庄。这个陶瓷厂由个体所有变成了集体所有的乡镇企业。

王廷江的这一举动引起社会的各种议论。而我听后又不禁联系上了上节所讲到的"嫁接"概念。罗庄的发展看来总不能脱离它是老区这个根子。在沂蒙山区，几十年革命老根据地的传统是褪不了色的烙印，它可以在各种方式中表现出来。王廷江投身集体事业,从这个角度去理解也就相当自然了。个人奋斗可以嫁接得上为集体立功,而且因此提高了罗庄的经济实力。1990年在集体的投资扩建下,王廷江兴办的这个陶瓷厂已经扩大成6个独立经营的企业单位,都是由他负责经营。1991年他又跨出一步,嫁接上了外资,和港商合资建立了一个东方陶瓷有限公司,登上了上面所说的罗庄发展的第三个台阶。回头来看,王廷江不做出投身集体的决定,这个新台阶怕是不容易攀登上去的。

罗庄现有人口4.8万,不包括外来的近1万多工人,如果以6万人计算,去年创造的10.55亿元农工总产值,人均创产值17000多元,在全国也是数得上的。几乎与我家乡的吴江盛泽镇并肩,真可谓南北比美。

从罗庄回临沂市的路上我这样想:如果沂蒙山区多几个罗庄,不就赶上苏南了吗?现在这么说还只是个设想。但罗庄能做得到的,沂蒙山区其他乡镇总有一天也能做到,何况"乡镇学两罗"的号召已经有8年了!

万商云集的临沂市

另一个促使我去访问临沂的原因是因为我听说临沂自从提出兴商促发展以来,在这个山区里形成了一个商品流通的中心,形势大好。我自从在温州看到了小商品、大市场以来,一有机会就鼓吹"以商促工",作为发展乡镇企业的路子。看来发展山区经济也离不开这条路子。

临沂市在兴商上确是名不虚传。我初到该市,看到道路两旁商场林立，一时还不容易相信这是个山区的行政中心。且不说公路建设在我到过的山区是从来没有见过那样好的，即以市容来说，显然是个现代化的新兴城市。后来才知道沿路高悬着贸易中心牌子的显赫大厦，绝大多数是近几年里兴建的，而且不少还完工不久，等着开业。现在这个临沂市已被称为"鲁南、苏北最大的商品集散地之一"。纺织品、小商品和服装鞋帽等批发市场年成交额均已超过亿元。从时间上说，是1985年方起步，这几年才兴旺起来的。这确是值得注意的生动现象。

临沂历史上就是鲁南、苏北农产品重要集散地。但是长期处在革命根据地的中心，货运阻塞。解放后民间的流通受到限制，成了个土货不出、外货不入的封闭山区。80年代农村苏醒了，由于流通的改革跟不上形势，从1982年到1987年之间交替出现过生猪、果品、银花等土特产卖难买难，大量积压，造成农民不满的事情，其中最著名的是1987年的"苍山蒜苔事件"。从那时起领导才开始统一了"抓流通、促生产"的思想。看来老根上发新芽还是比较快的，从1987年起步到1991年，全市已有集贸市场129处，年成交额达10.8亿元，专业批发市场24处，成交额达230万元，日上市人数10万以上。市内第三产业相应兴起，服务业近千家，从业人员达3万余人。

商品流通是生产力发展的必然结果，同时也是促进生产力发展的力量。上节提到费县山区里的山楂果园扩大，产量增加，就得注意找能销售这种果品的市场，不然就难免重复出现苍山的蒜苔事件。山楂作为一种不是用来自己吃的消费品，就得作为商品贩运出去，不然就是一堆烂货。我在河南民权看到果农种了葡萄，产量高了，逼出个酒厂，葡萄酒畅销促进了果农的积极性，提高了农村生产力。这是从自给经济转化为商品经济的客观规律。沂蒙山区提出了以兴商促生产的方针，正表示不再安于"土货不出山，外货不入山"的封闭状况，社会生产力走上了发展的道路。商品流动量的大小正可以用来衡量一个地方生产力水平的高下。

临沂市在兴商促工方面，兴商的一面看得比较清楚。自从1987年以来市面兴旺是显而易见的。它的特点是除了零售商业网点的迅速增加外，还大力兴办专业批发市场。零售商业网点是集市贸易的性质。人们直接购买货物的地方，也就是我们一般说的摊贩、代销店直到巨大的百货公司，都属此类。零售网点越多，买客也越方便，商品流量也越大。临沂市市面繁华就因为商店多，不但白天商店开门营业，还有夜市。我因年老没有精力去赶夜市，但听同伴们说是够有气派的。一查资料，临沂全地区有10万多个大小零售网点，平均每万人拥有101个，其密度占全省首位。

一个地区的商品流通如出现批发市场便表明这个地区的经济跨上了一个新台阶。据我了解，在80年代初期，苏南乡镇企业各个厂家还只是派出自己的推销员到各地去找客户。这种由生产单位直接去找购销单位，势必出现推销员满天飞的现象。我在本乡吴江县盛泽镇见到的东方丝绸市场是我第一次见到的乡镇专业批发市场。在批发市场里各地的客户主动上门订货，和推销员出门拉客正好是反弹琵琶。这在商品流通中是质的变化。盛泽就靠这个批发市场成了江苏的第一镇。我没有料到在临沂市又能见到这样发达的批发市场。

临沂地区的批发市场建设，从无到有、从小到大、从低到高，是在1987年以临沂市作为试点开始的。全市现在已有规模宏大的批发市场24处，最有名的是小商品、纺织品、服装鞋帽、塑料等批发市场，年成交额均在亿元以上，赢得了"山东批发城"的荣誉。苍山经过"蒜苔事件"后，也出现了一个大蒜专业批发市场，使这个山东土特产得以顺利运销全国。据说这个批发市场占地1万平方米，日平均上市五六千人，年成交量4000万公斤。单以这个批发市场来说，苍山县有80%的大蒜和大棚菜得以贩运外销。又据说苍山的辣椒、黄瓜一天不运到南京，南京市场上这些蔬菜价格就要上涨20%左右。该县一共有2.3万户，有3万多农民，1万多辆车从事农副产品的购销、贩运活动。这个例子很可以说明批发市场在流通领域里的枢纽作用。

批发市场促进了临沂市的乡镇企业。举个实例：1990年临沂市铝制品厂由于销售渠道闭塞，仓库里积压40多万元的产品，濒临倒闭。它得到小商品批发市场的帮助，在场内摆了一个摊位，在一个多月内，积压品销售一空，从此成了河南、安徽、河北等地的抢手货，生产得以扩大。另一个实例是1991年4月临沂市成立塑料专业市场时，全市只有30家塑料制品企业。相隔大约只有一年，据说又新增66家，无一亏损。

我过去总是强调乡镇企业为小城镇的发展打下了基础，其实，这还是问题的一个方面，另一个方面是小城镇的兴旺促进了乡镇企业，这两者是相辅相成的。从过去乡镇企业的发展过程来说，常常是企业在前，盲目生产，碰上了积压的困境，才重视流通，小城镇得到兴旺。这个程式正反映了我国广大农村工业化的特点。从自然经济转变到商品经济，可能免不了先生产、后流通的规律。以沂蒙山区来说，乡村工业在70年代中期已有了苗头，而批发市场在1987年才开始搞试点。如果不碰上"蒜苔事件"这样的教训，对流通的重要性也许还不易认识得到。现在临沂全区有4422家乡镇企业进入了市场经营，1991年经过市场的销售额近6000万元。

临沂市商业的繁荣，对附近的广大农村起着商品经济的教育作用。农村大忙季节一过，农民们都想上临沂城来开开眼界，其中有些人带些农民适用和喜欢的日用品回家，受到四邻的欣羡。不少人从替人代购变成了商贩。据说临沂地区农村里有一支10万人的贩运大军，从本省走到外省，已经几乎遍及全国了。有些人和批发市场有了来往，回乡开始组织生产副业。例如汤头镇华佃子村原是贫困村，有人结识了小商品市场，开始从事皮包加工业，现在该村有60多户参加，每户每年增收500多元。又如东郊九曲镇，原本有加工刀剪的传统，后来被当作资本主义尾巴剪掉了。1987年和临沂市五金专业批发市场取得联系，一下子家家户户锤声响了起来，从业人员达6000人，年产值4000多万元。我们去看了临沂市的农副产品批发市场，我当时就明白了为什么向费县三村的干部提出山楂板栗的流通问题时，他们一点也不觉得紧张的原因。他们的靠山就在这里。

我从参观了这些批发市场出来，见到了这样热闹的场面，除觉得一片喜悦外，却又发生了一个疑问。这里的批发市场和我在江苏吴江县盛泽见到的东方丝绸市场相比之下，似乎还有点不同。同行的朋友提醒我说：这些市场柜上的商品为什么很少是本地货，是不是本地产品另有流通渠道？我这才醒悟过来，盛泽的东方市场是以本地丝绸产品为主，而这里，如果只从柜台上看去，似乎成了推销外地产品的场所了。这种印象固然并不全面，像农副产品批发市场就以本地产品为主，但也不容否认在临沂市的市场上本地区制造的工业品确是不很多。这能不能说反映了这里商是兴了,促工的作用似乎尚未跟上。查一查本区的统计资料,这个推想是有一定根据的。临沂地区原是个农业大区,1991年农业产值达85亿元,居全省地区级的第二位,乡镇企业产值是102亿元,这些是近几年内发展起来的,在1988年才首次超过农业总产值。就是加上乡以上的中大型企业总产值132亿元,该市工农比例还只是6∶4。这个比例相当于1984年苏北的中部地区。当地干部口口声声说这个山区是欠发达地区,看来并非谦辞。

沂蒙地区抓了交通和流通已取得很大的成绩,为工业,特别是乡镇企业的发展创造了极有利的条件。我相信在兴商业促生产的指导思想下,乡镇企业的发展不久必然会出现高潮,何况在罗庄已有了发展乡镇企业的优异经验。

日照建港和区域经济的发展

顺着我的旅程,接下去我应当谈到访问日照的感受了。从行政区划说,日照已在1989年划出临沂地区的范围,独立成地级市,但是从区域经济地理的概念来说,它还应当认为是沂蒙山区的一部分,而且两者具有不能分割的腹地和口岸的关系。口腹的关系并不因行政区划有所改变而分开的,它们在经济上,还是相互依赖,兴衰与共。因此我在这篇沂蒙行中还得加此一节。

从临沂市向东行100多公里就到了滨海的日照市。它面临黄海,是处在青岛和连云港之间的一个新兴的港城。日照实际包括两个港口，北是石臼港，南是岚山港，两港相隔约20海里。两港都湾阔水深、不淤不冻、陆域开广，地质条件甚优，又无台风干扰。据勘测，两港吞吐能力合起来可达2亿吨以上，确是我国黄海沿岸难得的深水良港。"六五"期间，国家决定进行日照大港和兖石铁路重点项目的建设。兖石铁路是从津浦线上的兖州通往日照石臼港的铁路，后来又由地方集资延长到岚山港。这两个港口原本都是作为输送物资出海的港口，石臼主要是运煤，岚山主要是运水泥。

日照建市是想在这些港口的基础上建成一个为改革开放服务的对外贸易中心的商埠。口岸和商埠性质有所区别。口岸只要求由一系列泊位组成的码头，能使海运轮船靠岸吞吐货物就行了。商埠则首先是一个对外的贸易中心，而且也常因运输方便附建许多工厂而成为工业中心。日照目前正在从口岸发育成商埠，而且时间还不长。1985年日照由县改市，1989年作为经济开发区升格为地级市，划出临沂地区但不设区，不带县。最近又拟议把附近三个县划归日照市。这也说明日照市要成为一个能和青岛及连云港鼎立的黄海沿岸的商埠还需要一段发育的过程。因之，在这节里我就不必着重去描述它怎样正在发育成商埠的情景，而是多从它的前途着眼，讲讲它在沂蒙山区，以至在鲁南及黄淮经济区域所处的地位，还可以更进一步从它作为新亚欧大陆桥的桥头堡的地位，说说它对今后我国全局发展中可能产生的作用。

作为港口，日照两港现已建成500吨—10万吨的泊位12个，吞吐能力1880万吨，1991年完成1662万吨。"八五"期间将上二期工程，新建13个万吨级泊位，到本世纪末吞吐能力将达4790万吨，到下世纪中叶可突破1亿吨。当前石臼港主要是运煤出口，岚山港运水泥和化工原料出口，杂货的集装箱的泊位正在兴建。我看到的还是空船入港，装煤外运的港口还处于初期形态。

我站立在码头上，迎着扑面的海风，禁不住联想到上节里提到过的工业赶不上流通的问题。这个沂蒙山区在水陆交通上同其他我所见过的山区相比确是优越得多。但是从临沂地区人均工农产值2000元和人均收入577元来说似不很相称。

这是为什么呢？

我想这也许是一个贫困山区从小农自给经济走向发达的商品经济初期的正常现象。在开放地区要建立一个对外开发区总是先从水电、交通、运输、信息等基础建设开始。经济发展要有先行条件。费县三个村子的小流域建设，首先是发动义务劳动修通环山乡道。沂蒙山区先造铁路、修公路、开港口、抓流通，都可以认为是区域经济发展的基础建设，这种发展战略是应当肯定的。但是必须记住，这一切都是先行措施，目的是在整体的区域发展。如果不从整体着眼，只为局部利益打算，即便是搞交通、抓流通、开口岸，这一套设施也免不了成为"酒肉穿肠过，得不到油水"。就是说，这些设施对区域经济起不到积极的促进作用。据我所知，有些专用运煤口岸，几十年发展不成商埠。这种现象可说是屡见不鲜的。究其原因就在于我们缺乏区域经济发展的观念。

我在上面多次用口岸和腹地这两个名词，目的是在强调区域经济中的"口腹关系"。口腹相联，尽人皆知。在一定区域中生活的人在经济上形成了一个密切相关的整体。整体中各经济部门的关系就有如生物机体中的口腹关系一样。如果发生阻塞、停顿、牵制、矛盾，就会百病丛生。盛衰所系，只见口岸不见腹地是危险的。

日照这个口岸的腹地在哪里呢？依我看它的腹地也有层次。第一个层次是日照市本身。现有市民100多万人，如果今后实现一区三县，将有377万人。它所处的正是鲁南沿海资源丰富之区，是山东的粮食、花生、果茶、蚕茧、瘦肉型猪和海产品的基地，此外还有蕴藏量大而未开发的多种矿产。这个腹地需要口岸是理所当然的，但是如果只以这一片大约8000平方公里作为它的腹地，应当说是大材小用，辜负了这个不易多见的良港。

日照的腹地至少要从本市区扩大一个层次，包括整个临沂地区。它现有1000多万吨的吞吐能力，完全可以承担和带动占全省1/8面积和人口的区域走上富裕之路。实际上仅岚山港1991年吞吐的货物中近90%是来自或运往临沂地区的。

从山东全省来看，沂蒙山区落脚在它的鲁南地区，是淮海经济协作带的山东部分，包括6个地市，其中只有日照市是沿海开放城市。鲁南地区面积占全省44%，人口占全省的1/4。1990年的人均收入约630元，低于全省平均数约134元，所以鲁南在山东被称为欠发达地区。这种情况和沂蒙山区基本一致：即资源丰富而开发不足，工农比例至今还是7∶3。而山东全省工业在全国则居前列，乡镇企业也位居全国第二。看来，由于鲁南落在全省后面，从而拉低了全省的平均数。

山东省东西的不平衡也反映在东部胶东半岛上有青岛和烟台两个著名的商埠，而西部连一个日照口岸还没有发育成商埠。反过来说，如果鲁南要赶上胶东，看来只有在日照大做文章。日照也必须以鲁南地区为其腹地，才能发挥它成为商埠的作用。

如果把眼光再放远一些，日照的地理位置还具有比山东其他港口更突出的优势，那就是它正处在新亚欧大陆桥东端的桥头堡战略地位。

大陆桥运输系指用横贯大陆的铁路，把海与海联结起来的海陆联合运输方式。自从集装箱运输通行以来，大陆桥运输因成本低而更见重要。苏联早在1971年正式开通了西伯利亚大陆桥，使东亚的货物可以从海参崴直接运往荷兰的鹿特丹。1991年我国新疆路与苏联的土西铁路接轨，形成了新亚欧大陆桥，从中国东部海岸到欧洲西部海岸全长1万公里左右，比旧大陆桥缩短2000—2500公里，而且港口无冰冻期，具有明显优势。

新大陆桥东端的桥头堡现在是江苏的连云港，如果山西侯马到陕西韩城间一小段铁路不久可以通车的话，日照就成了欧亚大陆桥东端另一个桥头堡。黄河南北两岸有平行的两路在西安会合，西出阳关，从新疆出国境，直抵鹿特丹。从日照作起点的大陆桥如果积极准备，估计1995年前可以起步运输，到2010年集装箱年运输量可达30万—50万箱，成熟期如稳定在60万箱的水平上，就可以成为亚欧间的运输大动脉了。如果我们事先自觉地避免"酒肉穿肠过"的覆辙，国内这一段大陆桥又将成为一股改革开放的动力，带来包括鲁南、淮黄经济区在内的欠发达中部地区的大发展。现实的可能性已经存在，能否成为事实就得看我们自己能否克服种种发展上的阻力了。

日照据说是得名于"日出初光先照"这句乡谚。我看这可以用来作沂蒙行的结束语。幼苗可爱，方兴未艾。我诚心祝愿东海日出，光照亚欧。

沧州行

(1993年2月5日)

去年11月下旬,我第三次到沧州考察。这次考察时间较短,只看了几家工厂,访问了一个村,一家农户。虽是走马看花,由于我这两年已去过两趟,对当地基本情况已有初步了解,这次短短的几天里还是看到一些值得注意的问题,也有一些新的体会。以前两次考察回来后没有写出报道,有违我"走一趟,写一篇"的初衷。这次我预先和我助手约定每天写出日记,并把我一路在各种场合的讲话录音,整理成篇,回京后不久,写成初稿交给了我。可是我却因一路受了风寒,关进医院。这篇底稿一压就压了有两个多月。直到元宵节我才在稿堆里找出来,加以修改,了此一桩心事。

缺水制约了发展

沧州位于河北省东南部,北靠京津,东临渤海,南面与山东德州地区接壤。沧州历史悠久,春秋属齐,战国属燕,北魏时(公元517年)"盖取沧海为名"始称沧州。以后建制几经变革,于1961年重建沧州市。1984年改为省辖市,现辖三区、两县。总面积2678平方公里,总人口131万,其中非农业人口28.4万。

历史上沧州是个穷地方,《水浒》里所写的林冲夜奔,火烧草料场的故事就发生在这里。党的十一届三中全会以后和其他地方一样,这里也发生很大变化,近10年来发展更快。1988年沧州市被批准为沿海经济开放区,多方吸引外资,现已批准立项开工建设和投产的外资企业有44家,乡镇企业发展到2万个。1991年全市工业总产值33.8亿元,农业总产值7.1亿元,乡镇企业产值14亿元。粮食总产量47.5万吨,人均360多公斤。农民人均纯收入600多元。

从上面的数字可以看出沧州市经过近十几年的努力,老百姓的温饱问题基本上已经解决,但是比起我国东南沿海发达地区,差距还是很大的。

制约这一地区经济发展的因素很多,诸如资金短缺;企业效益低;产业结构不合理;农业基础薄弱,基本上还是靠天吃饭。但是仔细分析,缺水的问题特别突出。这里不仅干旱,而且水中含氟量很高,严重危害当地人民的身体健康,已经引起中央各有关部门的重视,改水工作正在进行中。为了解决干旱问题,这地区的大型水利工程也在积极准备上马,南水北调,引黄济冀工程已开工建设。然而缺水并非沧州一个地区的问题,1990年我到广宗县访问,那里也因干旱,农业生产受到很大的制约。怎样解决河北省的水源枯涸,看来是个大课题,应该有一个通盘的考虑和规划。

环渤海湾地区的薄弱环节

中共十四大报告中提到"要加强环渤海湾地区的开发和

开放"，环绕渤海湾的城市有大连、唐山、天津、沧州、滨州、东营、烟台、威海等。在这些城市中沧州、滨州、东营经济力量相对薄弱。这几个比较弱的环节必须抓住当前这个机遇，努力把经济发展起来。

我国要在本世纪末达到小康水平。东南沿海发达地区现在已经基本实现这个目标，但是从全国范围来看，不发达或欠发达的地区所占的比重还不小，中部地区必须在 2000 年翻两番，才能达到小康水平。在有限的时间内完成这一任务是相当艰巨的。但是，当前的形势十分有利，国家政治稳定，经济发展，而这一带资源丰富，有举世闻名的开滦煤矿，长芦盐区；唐山的陶瓷、石家庄的纺织业在全国都是很有名气的；华北油田和大港油田又为发展石化工业提供了条件；农作物除了小麦、玉米之外，棉花是主要的经济作物，还有不少土特产品，河间的鸭梨、沧州的小枣也都很有名。总之河北省在经济发展上工农业都有雄厚的基础，问题是在怎样开发。下面是我亲自看到的一个例子。

我在沧州参观了青县锦斋枣制品厂，这家 1985 年从 5 万元固定资产和 8 名职工起家的小厂，经过 7 年的奋斗，今天已经成为拥有固定资产 1170 万元、流动资金 1300 万元、占地面积 5.1 万平方米、职工 1120 名的大厂了。他们生产的枣茶畅销国内 21 个省、市、自治区，并远销日本、美国、新加坡、澳大利亚等 7 个国家和地区。1992 年预计年产值可达 4000 万元，实现利税 1000 万元。这个厂所需的原料——金丝小枣是这一带特有的果品资源。

二年前初次访问沧州时，我看到麦地里种着一行行的枣树，当地同志告诉我，枣树和小麦互不干扰，当春天小麦开始生长需要阳光时，枣树还没有长出茂密的树叶，而当枣树叶子茂盛时，小麦已经抽穗，正需要挡风。因此麦田里种枣树对小麦的生长利大于害，对产量影响很小。据说，这里一亩地可种10棵枣树，一棵树产枣15斤，每斤枣收购价当时是2元，一亩地单枣子就能增收300元左右。我看到金丝小枣正是这里的一个致富的宝贝，所以建议沧州的同志要抓住小枣子做大文章。

这次我去沧州时，他们给我看了一份《沧州市人民政府关于加快发展金丝小枣的决定》，市政府决定把发展小枣作为该市农村翻番致富奔小康的一项重要战略措施来抓。《决定》里明确任务，建立组织，落实责任，严格奖惩。还制定了具体的优惠政策，大力扶持农民种植枣树。现在全市有枣树26.4万亩，其中结果枣树18.5万亩，333万株，年产小枣2000万公斤，涌现出一批亩产"树上千斤枣，树下千斤粮"的高产典型。市政府计划到"八五"末再种植18万亩，小枣总产达8000万公斤。政府积极为农民提供产前产中产后一条龙服务，其中最重要的是产后服务。总之，小枣生产的经济效益的提高，是要根据市场需求，不断提高产品质量，开拓销售渠道，才能使农民种枣树有利可图。锦斋枣制品厂是一家"清真"食品厂，我建议他们将一部分产品在包装形式上突出这个特点，印上"清真"的标记，设法打入中东穆斯林国家，有可能开辟一个新的国外市场。金丝小枣的开发提供一个值得举一反三予以推广的例子，只要有心人，财富自会来。

积极建设市场,抓住流通不放

这几年,一有机会我就鼓吹"以商促工",商品流通是生产力发展的必然结果,也是促进生产力发展的力量,这个道理看来现在大家都已经认识清楚了。当前各地政府都有意识地大抓市场建设,促进商品流通。东部沿海发达地区已经出现了称为"商城"的规模宏大的专业市场。我的家乡吴江县盛泽镇的东方丝绸市场,专门经营丝绸,靠着这个专业批发市场,盛泽成了江苏第一镇。去年6月我去山东临沂访问,临沂的领导从1987年"苍山蒜苔事件"中汲取教训,统一了"抓流通,促生产"的思想,经过4年多的努力,临沂市已成为"鲁南、苏北最大的商品集散地之一",批发市场正在促进临沂市的工业,特别是乡镇企业的发展。

河北省也有一个名闻全国的"白沟",这个民间自发起家的大市场已经引起很多人的关注,不少经济工作者和专家都到那里考察,在报上也发表过他们考察"白沟"的文章。可惜我至今还没有去过。我还在报上看到蠡县留史镇,正在兴建"中国留史皮毛城",这个城将以皮毛皮革为龙头,集商业、加工、金融、外贸、房地产开发、信息咨询和服务娱乐为一体的贸易城。这些大市场的建设,必将促进河北省的经济发展。积极建设大市场,是当前地区发展及时的措施。我们还应当注意那些多年存在的乡间集市。我在这次访问中,遇到老乡赶集的日子,常常看到成千的人簇拥在尘土飞扬的公路两旁,搭铺摆摊,交通竟为之堵塞。我曾向地方同志建议,不妨研究一下,哪些地方是老百姓愿意赶集的场所,政府为他们开辟一块地方,搞一些简单的设施,搭上棚子,遮日挡雨,便利群众。这些传统的集市如果有意识地加以培育不久就会长成促进周围农村发展的贸易中心。

农工业之间还有致富的空间

沧州的同志要我为他们出点主意，我说：你们可以多多想法开辟农业和工业之间的生产路子。上面已说过沧州地区迄今为止包括乡镇企业在内的工业基础还是比较薄弱的。这是有其历史原因的。早年这个地方自然条件相当恶劣，明清两代都是"贼配军"服苦役的地方。这种情况实际上一直还延续到解放前。这里的老百姓衣不蔽体，食不果腹，哪里谈得上什么工业。解放40年来，好事多磨，经过曲曲折折的道路取得了今天这样的成绩确实也很不容易。

改革开放以来，沧州地区的老百姓创造了不少发家致富的路子。我访问的青县后董景村，村书记今年已55岁，是位老领导，在学大寨的时期就已经是这个村的书记。我到这村访问那天，他穿着一身褪了色的中山装，戴着一顶过了时的干部帽，浑身散发着纯朴的乡土气。几十年来勤勤恳恳为乡亲们服务，取得了群众的信任。党的十一届三中全会以后，实行家庭联产承包责任制，后董景村的粮食生产有了较快发展，1983年在这位书记的带领下，他们经过多方考察论证，决定以当地盛产的玉米为原料，投资72万元，建立一个玉米淀粉厂。在技术上，他们向河北省农业现代化研究所求援。经研究所的帮助，1984年10月一座年产1000吨的淀粉厂正式建成投产了，产品还先后获得农业部和河北省优质产品称号。随着市场的扩大，他们又先后投资了470多万元对企业进行改造扩建，使产量从1000吨上升到1万吨，年产值也由220万元增加到1500万元。接着他们又对玉米淀粉的副产品和下脚料——蛋白粉、玉米皮、胚芽以及浸泡玉米的废水进行开发利用。这一套开发利用更需要科技知识。他们从北京、天津、石家庄等地的6所大专院校和科研单位请来专家，在专家的指导下，以蛋白粉为原料生产出了饲料添加剂，以胚芽为原料建起了年产3000吨的饲料厂和年产2000吨的活性饲料酵母厂，以浸泡玉米废水为原料还建起了植酸钙厂，经济效益成倍提高。

后董景村的农民并没有到此就停步，他们以淀粉生产为依托，在村里办起了养鸡场、养鸭场、养猪场。从丹麦、加拿大、美国引进良种，并制定一系列优惠政策，有力地促进了全村集体和个体养殖户的发展。目前全村鸡、鸭、猪的存栏分别达到5.5万只、1.4万只和1850头。仅此一项，农民每年纯收入就50多万元，人均500元。后董景村的农民说，他们要"赶着畜禽奔小康"。畜禽饲养的家庭副业就是在我上边所说农业和工业之间的生产空间中发展起来的。

养殖业的兴起又促进了种植业的发展，全村通过畜禽养殖一年可获3000余立方米的优质有机肥，施于田间，培植了地力，粮食单产由1984年的350公斤提高到355公斤，全村有400亩耕地实现了吨粮田，同时还种植了600亩果树。由于有机肥的大量使用，全村化肥年使用量由150吨降到50吨，年节省资金7万元，而且减少了污染，1992年被省定为生态农业试点村。

这个有270户1051人、耕地1200亩的村子，1992年工农业总产可达1700万元，其中工业产值1500万元，农民人均纯收入1400元，已经进入小康水平。这1400元中有500元是农民通过发展副业，养鸡养鸭养猪得到的。这个村由于立足于本身资源优势，开发了玉米淀粉，生产了饲料，养肥了鸡鸭猪，富了一个村，畜粪又滋养了庄稼，形成了良性循环。这表明农村可以通过搞家庭副业走上致富之路。后董景村还有一个有利的条件，这里离天津、北京只有几十公里，产品的销售、技术的引进都有许多便利的条件，充分利用了京津两大城市的辐射力。

总之，后董景村的生动事例再次说明，在工业基础薄弱的地方，要一下子搞乡镇企业，往往事与愿违，不容易成功，还不如先从农民熟悉的，有传统基础的一家一户能生产的副业搞起。也就是说，从农副产品加工起步，甚至可以发展到利用加工后的下脚料发展家庭副业，然后再逐步走上办工业的路子。

要为黄骅港开辟个大腹地

这次去沧州大家谈得最多的是黄骅的港、路问题，这的确是一件振奋人心的大事。江泽民同志在十四大报告中把这条西起神府东胜煤田东至黄骅，全长820多公里，投资107亿元人民币的新铁路与三峡工程、南水北调、千万吨级钢铁基地，并称为我国跨世纪特大工程。这条铁路和港口的建设，无疑将对整个沧州地区以至河北省起到积极的作用。但是对河北省来讲，路、港建成之后，能不能发挥带动整个河北经济发展的作用却还需要人们认真思考。去年6月我在山东日照，提出日照港的腹地问题。7月我到黑河访问也谈到口岸与腹地的问题，我把港口与内陆比作"口与腹"的关系。口腹相联，才能发挥经济效益，千万不要见口不见腹。

这条神黄铁路是我国西煤东运的第二条铁路通道。黄骅港是一个运煤的专用码头。如果仅仅达到运煤这样一个目的，那就大大辜负了渤海湾上如此难得的良港。否则，这里就难以避免"酒肉穿肠过"而得不到什么油水了。有路有港，但沿路地区经济并未发展起来的例子并不少见。因此我们要树立区域经济的观念，以黄骅为出口，及早为它开辟一个广阔的腹地，把黄骅建成一个对外对内贸易的商埠。作为商埠黄骅港就不能停留在一个单纯向外运煤的口岸，而应该还是一个码头货如山，贸易通四海的经济中心，并依靠这个中心，发展出一个交通方便、信息灵通、金融活跃、工厂林立的华北经济区。

黄骅的腹地首先当然是黄骅市，现有的一个新兴的黄骅开发区是满足不了需要的，必须再向纵深发展。沧州地区以至整个河北省，南连徐淮，西出太行，从而构成一个广阔的黄骅腹地。也只有当港口与广阔的腹地真正达到"口腹相联"，在经济上形成一个密切相关的整体，黄骅港才会成为一个和大连、天津、烟台并立的渤海湾海岸的大商埠。这个商埠将带动我国中部地区登上一个新的台阶，当前我们应该提前做一些准备工作，迎接新的形势。

发展教育，提高职工素质

如果要追问为什么沿海地区比中部和西部地区发展得比

较快？原因当然很多，职工文化素质的差距应当说是最基本的。小农经济所造成的思想意识、生活习惯在这些欠发达地区的人民中根深蒂固。像乡镇企业这样的新生事物，在沿海先进省份，一旦条件成熟，就像春风吹绿江南岸一般很快蓬勃蔓生。而在内地领导上一再优惠、扶持，还是点点滴滴有所发展，而连不成一片，更形成不了一股风气。土质贫瘠，庄稼瘦弱，群众闭塞，工业难长。要较快地使农民转化为工人，不能忽视了人的文化素质，这个基本认识，已经在实践中逐步为人们所接受了。

这次沧州之行使我有机会看到了河北省在提高广大职工的文化和科技素质上创造出了一套规范措施，做出了一个发展职业技术教育的具体计划。据了解，河北省决定要在每个县建立一所"职业技术教育中心"，针对当地的需要，定期培养大批适用的各级人才。这种职教中心的特点是以县为单位集中力量，统筹规划，提高设备，加强师资，因需定课，配合当地经济发展的要求，提供合格的职工。这就改变了过去分散办学，供需脱节，师资队伍不易固定和提高的种种弊端。

我参观了河间市和沧县两所职教中心，不仅看到了河北省领导对职教工作的重视，而且觉得职教工作已搞出了一套比较先进的体制。现在河北省已有40个县建立起了这种规模相当大、设备相当完备的职教中心，即以我们看到的这两所说，新建的校舍，包括教室、实验室和图书馆，以及学生的宿舍、食堂和体育场都可以与一般城市里的大中专学校相比。按河北省的计划，到"八五"末，全省100个县各县都要建成一个这样的职教中心，在校受培训的学生将达到60万到90万人。

这种职教中心所需的资金采取了多方筹集的办法。1985

年开始，河北省决定了"一校多制，多方筹资"的原则。先由省方带头与银行协调，安排384万元的贷款，第二期开办40个职教中心，每个中心给200万元的贷款规模。限期7年，前三年由政府贴息，从第四年开始，由县财政还本50万元，利息从学校创收中解决。学校站稳后，逐步通过创收做到自给自养，自我发展。

我参观的沧县职教中心是个具体的例子。他们办了一个有6500平方米的养鸡场，配备有大型孵化机、出雏器、育雏器等先进设备，每年可向市场供应雏鸡20多万只，同时还提供肉鸡、鸡蛋等，年获纯利20万元，去年又和朝鲜合资扩大肉鸡养殖场，利润预计可达百万元。该校所需的经费基本得到解决。

重视科技，延揽技术人员

培养和提高职工技术和文化是百年大计，但远水还难以解决近渴。沧州地区这几年经济发展，大办企业，技术人员成了宝贝。我们约请了几位农民企业家座谈这个问题。他们一致的看法是发展企业首先要找到可靠的技术人员。为此他们都千方百计，不惜重金招揽和优待。

裕轿线缆有限公司的董事长董俊恒告诉我，他是通过各类专业报纸，向全国招聘技术人员，凡被录用的工程师，每月工资1000元。这对当前的知识分子来说，不是个小数字了。他还给我算了一笔账，说这些高薪聘请的知识分子每年能给企业创产值几十万元。

锦斋枣制品厂也有一套行之有效的奖励技术人员的制度。而后董景村玉米淀粉的开发，从开始的论证，到建厂投产、生产管理，到后来的深化开发，哪一环能够离开科技知识？他们得到天津、北京科研单位和大专院校的帮助和支持。这些事例再一次证明了科技是第一生产力，而且这个道理已经被越来越多的人认识到了。用这位老书记的话来说，"我们老乡就是需要老九。老乡和老九一结合，农民就富了"。就让我用这句话结束我这篇"沧州行"吧。

（本文初稿系费皖同志整理）

行行重行行续集

前　言

《行行重行行》是我1980年开始的第二次学术生命中学术成果的一部分。这本集子是1992年8月出版的，1993年8月再版，共收入我写的有关我国乡镇发展的论述三十八篇。我一向主张理论结合实际的治学方法。当我国进入改革开放时期时，我正好恢复了能下乡实地调查的条件。从1981年"三访江村"起我就投入乡村和城镇调查，到目前已十有六年，除了西藏和台湾外，我遍访了全国各省（区）。上述这本集子收集了我1982年到1992年这十年中有关乡镇发展的论著。1992年到1996年的四年我的穿梭访问并没有停止。这段时间里一共又积了有三十篇论述。今年正是我开始江村调查的六十周年，也可以说是我正踏进第二次学术生命后期之前，很想把这方面的存稿清理一下，编成一本《行行重行行续集》行世。

岁月不饶人。我自从度过八十五岁后，自觉很多事已力不从心。比如按照我过去的习惯，每访问一个地方，总是把在当地各种场合讲的话，尽可能地存放在录音机里，请人代为整理后，凭稿动笔改写成准备发表的文章。这几年来，我就没有这么多精力篇篇都从口述改写成文稿了。所以在《续集》里有若干篇我只能直接用口述稿，略加润笔，编入集中了。这是续集在体例上和前集略有不同之处。

从内容上说，《续集》的重点是中部地区。事实上，我这四年观察的范围并不限于这些地区,西北和东北我都去过多次外,我几乎每年都回家乡所在的东部沿海地区追踪调查,但写下的记录却大多没有整理成章,无从都编进这集子里去。

我这几年着重在了解中部地区可以说是有意识的选择,因为我多年来已一再强调从全国来说各地区的经济发展出现差距。这种地区性的差距固然是客观条件决定的,但我总觉得应当在国家的政策上及时尽力设法予以缩小,至少不应当任其扩大。这使我的注意力吸引到经济上比较落后于东部的中部地区了。

当我主观上重视了中部地区时,我就发现自己过去对中部地区陆续出现的那些自发的跨县市的经济协作组织总是视而未见,没有及时看到其重要性。我这几年才被冀鲁豫皖以及闽浙赣等省边区早已存在着的若干经济合作区所吸引,多次去参加它们的活动,取得不少新的认识。这些认识构成了这本《续集》的主要部分。这些认识又引导我提出发展中部看来需要在引进现代工业之前要做一些前期准备工作的见解,就是先通过我在前集中已提到过的庭院经济,使农村里千家万户提高收入,积聚资金,发展乡镇企业。这正是我在《续集》里所记下的,在河南信阳我初次听到的"公司＋农户",又在焦作看到从这个农民容易理解和接受的公式里发展成了"公司＋基地＋农户"。不久前又看到郑州的报道,在这个公式里又加入了"市民"一个环节,就是城市居民集资,通过公司组织,联系农户代为饲养各种高值的禽畜,形成新的没有围墙的城乡联合企业,充分发挥久以农仓闻名的中部地区所具的特色,加上科技服务,正可形成一种新的发展模式。这事实大大地启发了我的思路,认为我们必须从地区的突出优势出发来探索地区经济发展的各种新的路子。这条原则看来不仅适用于中部，也可能同样适用于西部。

这本《续集》记录了我最近四年对中国城乡及地区经济发展这条思路的新发展。我在进入90年代初期已经提出了经济区域的观点，但是对这观点的内涵还是不够清楚。回想起来，早在80年代后期，我在广西的梧州和南岭山脉里旅行时，看到了香港经济中心的外围地带的发展前途，开始加深了我对经济区域重要性的认识，忽忽已过了有10多年了，直到经过浦东的视察，看到了这中心对长江三角洲的发展以及长江经济带的脊梁作用。在这四年里对经济区域发展的概念，正推动我从这方面进行更深入的探索，把我引进了东北地区，放眼看到了21世纪可能出现东北亚开发热潮。又由于今年京九路沿线的参观视察，加深了我对发展亚欧大陆桥这条经济走廊现实的重要性的认识。最近我又提出了京津冀联手建立华北经济区的设想。这一条思路实际上贯穿了这本续集，同时也粗线条地画出了这一时期我思想的轨迹。

最后，我在这四年里也出国几次参加东亚和南亚的学术讨论会，发表了一些议论，顺便整理出来，作为这本续集的附录。在告别1996年时，我愿意用编成这本《续集》来表示我感谢许多亲友祝贺我健康、长寿的好意，并希望老天能多给我几年的生命，使我能多看到一些我们中国和中国人发愤图强的美好景象。

1996年12月31日　于北京北太平庄

展视中国的乡镇企业 *

（1993 年 6 月）

我一向对乡镇企业很关心，最近 10 年来用了很多时间和精力到各地去看乡镇企业的发展。这是我这段时期的一项主要研究课题。

"乡镇企业"作为一个名称已经通行了有 10 多年的时间。究竟什么叫"乡镇企业"？要想有个概括的、全面的、科学的定义似乎还很难。它包括的东西很多，内容很复杂，各地情况不同，各人脑筋里面熟悉的乡镇企业也不完全相同。乡镇企业本身也在变，性质、范围、特点、意义，一直都在变化、发展。

最初是在 80 年代初期，苏南还没叫"乡镇企业"，是叫"社队企业"。那时公社已经过去，正在实行联产承包责任制。社队企业就是公社时代延续下来的公社办的或生产队办的企业。但农村中农业之外的生产活动并不都包含在社队里边，温州的很多小作坊是办在家庭里边的，是家庭手工业，现在也叫它乡镇企业了。一个事物及其名称，是在一定历史条件下产生的，时时都会产生变化。乡镇企业的开始，或者说它的前身，至少来自两个不同的方面，一个是社队企业，集体所有制；一个是家庭手工业，个体所有制。

---

* 本文是作者在全国乡镇企业发展与经营研讨班上的讲话。——编者

三中全会之后，农村中实行家庭联产承包责任制，这是一个基本性的变化，是我们改革的一个起点。公社建立以来国家土地的集体经营制变成了以家庭为基本单位的个体经营制，农民有权在自己承包的土地上进行自主经营。承包制调动了农民的积极性，提高了劳动生产率，同时也出现了一个很有意思的问题，就是在农业生产里边吸收不了这么多的劳动力，单靠农业养不活这么多人。同时，土地上的收入低。既然归自己负责了，就会想办法多赚点钱增加收入。从这一条很基本的道理出发，农民就要自己找生财之道，让劳动力创造更多的财富。以前不给机会（1957年我到江苏访问，农民说粮食有的吃，但没钱花，因为不让搞副业），现在有机会了，这个力量很大，对经济的推动力很大。各个地方都根据自己的条件想办法。对这些不同的办法，我后来经过实地调查，分成了不同的模式，记录在《行行重行行》一书里边。

各个不同的地方都根据它不同的条件，去利用它的剩余劳动力。但当时户口政策没有变，仍然是城乡分割，农民不能进城做工，这就把农民的多余劳动力逼在农村里边找出路。怎么办呢？一部分过去有过工业经验的人开始搞工业。最早在农村里办起工业的，是靠近上海的苏南地区。为什么在这里先发展起来呢？这里有一些在上海打工、家在农村的人，他们有技术专长，在"文革"期间被红卫兵和派性斗争排挤出来，赶回了家乡。他们回来，正赶上村子里边刚刚有条件可以搞非农生产活动。两方面凑在一起，大量的剩余劳动力加上上海回来的技工，还有公社时代剩下的集体积累，结合起来，就出现了小型工厂，出现了农村里边的小型工业。农民找到了这条路子，但有户口的限制不能进城，他们就把机器拉到乡下。技工下乡，机器下乡，在农村里边开始了工业的发展。

每个国家的工业化都有它的历史，有它的具体条件。中国的工业化离不开农民的积累，农民的积累是从土地里边出来的。我在30年代就说过，中国有这么多的农村，有这么多的人口，走西方工业化的老路肯定是走不通的。中国的工业要从土地上和农业里生长出来。社队企业的出现似乎是个例证。

办社队工业是在"文革"期间生长起来的。后来，"文革"结束，公社解体，不能再叫"社队"了。这时名称就发生了混乱。叫什么好呢？我当时提出叫它"乡村工业"。后来乡变成了镇，就叫"乡镇工业"。不光是加工业，还有其他也在里边，因此就叫作"乡镇企业"。这个名称就是这样出来的。

乡镇企业开始时规模很小，几十个人，几百个人；资金也很少，几千块钱，几万块钱，都是农民的积累。朋友之间、亲戚之间凑起来的。很多就用自己的房子当厂房，让自己的子女做工。这种很典型的、初级的小型工厂是农民走向工业的第一步。一开始产量很小，但利润比农业高得多。农民收入增加了，劳动积极性大大提高了。但是办乡镇企业是很艰苦的，这条新路子上有很多困难。最难的就是它处于我们国家的计划经济之外，当时整个流通领域是由国家掌握的。不在计划经济里边的乡镇企业，原料、市场都成问题。办乡镇企业的就要千方百计地自己搞原料，想各种办法推销产品。他们用千军万马、千山万水、千辛万苦、千方百计的精神，搞出了市场经济，在苏南一带搞出了乡镇企业的基地。要求生，要富裕，这是很大的动力，在这个基础上把剩余劳动力发动起来，建立市场，发展市场经济。这在当时还被戴上"资本主义"的帽子，受到各种压制。直到1984年，中央承认了乡镇企业是一条农村富裕之路。

农村改革是第一步。第二步是搞特区，开大门，这是小平同志的一大发明。也是几经周折，很不容易。

深圳毗邻香港，香港的工业是怎么发展的？在30年代我出去留学的时候，香港是国际航道上大轮船从印度洋到太平洋航程中加煤加水的码头。烂鱼的腥气扑鼻，满街都是广东人，光着脚穿木板拖鞋，一片脚踏板的噼啪之声。殖民地的统治者和社会上层人士住在半山别墅里，保持着英国绅士派头，是香港的另一世界。那时的香港没有工业，没有农业，只是搞海运和过境生意。后来，主要是靠我们上海的民族资本家做基础，香港在荃湾建起了一个工业区。一层楼里好几家工厂，一个工厂平均不过几十个人，我把这种工厂叫作"蜂窝工厂"。在这里做工的是大量从祖国大陆过去的内地人。朝鲜战争后，大陆对外界封锁，紧闭大门，实际上只留了香港这一个小道的出口。大量的廉价劳动力，加上广大的国内市场，使香港的工业发展起来了。都是小型工业，没有重工业，相当于我们乡镇企业的规模。

特区建立，对外开放，使当年出走香港在那里开办小厂的广东人有条件回大陆、回家乡办厂。我在香港参观"蜂窝工厂"时就想：假如有一阵风把这些工厂吹到大陆，不就是乡镇企业吗？后来，果然吹过来了。我们这里劳动力便宜，工人工资是香港的1/10，香港商人就把工厂搬到大陆，把营销工作留在香港，形成了"前店后厂"，这就是所谓"三来一补"企业（来料加工，来样加工，来件装配，补偿贸易），这大概是我们外向型企业最早的形式。虽然港商拿大头，我们拿小头，但对珠江三角洲的农民来讲，他不用像苏南那样自己去想法办厂了，"老乡"回来就把厂办起来了，这是又一种乡镇企业的形式。从东莞一直到广州，一路看去，都是这样发展了工业。

佛山走的是苏南道路，也是以社队工业的基础自己办乡镇企业。可是它比苏南有个优势，它有许多人在香港开工厂，然后回家乡搞联营，都是同乡、亲戚，甚至是兄弟，联手搞工业，直接面对国际市场。我把这种方式叫作"嫁接"。嫁接能结合双方的优势，发展很快。顺德一家风扇厂在国际电扇市场中占有很大比例。这同"三来一补"不同了。"三来一补"是"借船出海"，现在他们要"造船出海"了，又出来一种新形式。我们初期的外向型企业主要是这两种形式。近两三年里边，又向江苏、山东等内地发展。吸收外资，利用它的技术，乡镇企业又发展了一个新的阶段。

小平同志南方讲话之后，受浦东开发区的带动，各地都争着上开发区，主要目的是吸收外资。或是"三来一补"，或是联营，即"嫁接"模式，比"三来一补"高了一步，能多拿一些。第三种方式是给外商一块地，让他自己办厂办公司。小平同志强调抓住机遇，全国到处都办开发区，争相吸引外资，这有着整个世界经济发展的背景，我们要清醒地看待天下大势。

天下大势中最引人注目的，是在整个西方世界经济普遍衰退的情况下，东亚地区、中国沿海地区的活跃和经济的持续高速发展。二次大战之后，美国出于它的远东战略需要和经济发展中调整产业政策的需要，向日本转移劳动密集型工业，扶植它发展，恢复经济。日本发展起来以后，就向韩国，向台湾转移，加上香港、新加坡，一齐发展起来，出现了东亚"四小龙"。这是70年代到80年代的事情。到80年代后半期，苏联解体，西方经济衰退，美国、日本、英国、法国，还有东西合并后的德国，经济增长都在5%以下。美国起初很神气，"战国"之后，想当秦始皇，统一天下。海湾战争也打得很凶猛。但仗打完之后，美国发现自己已经不是二战之后的样子了，已经不能像当年实施马歇尔计划那样拿出几千亿美元实施又一个类似计划了。这种衰退情况还会持续下去。

就在这个时候，东方的中国出现了惊人的经济发展速度，达到两位数。特殊的快，超常的快，有些地方成倍增长，一年里边翻了一番。发展最快的有四个地方，一个是珠江三角洲，一个是福建沿海，一个是长江三角洲，再一个就是山东的东部，速度都在30%上下。但是发展不平衡，东部沿海快速发展，中部缓慢，西部更慢，拖后腿。这是我们发展中的一个大问题，就是发展不平衡，而且差距还在扩大。怎么能加快中西部地区的发展呢？现在能想到的一个办法，就是接受东部沿海地区的启示，加快中西部地区乡镇企业的发展。我希望自己有机会多看一些地方，多花点时间，在这个问题上多研究一下。

讲到沿海地区的发展，这是机遇所致。经济增长速度快，是吸引资本的最大力量。资本的流动有自己的规律，不认人的。哪里利润高，它就往哪里流。从去年下半年开始，到今年上半年，大董的外资向我们沿海这里流动。国际上都看好东方和中国，说21世纪是中国的世纪。山东现在有了好机遇，我们同韩国建交了，韩国与我国对应的首先是山东。韩国的力量不在香港之下，借它的力量把山东半岛发展起来是很有希望的。山东不要错过这个大好机遇，要争取像珠江三角洲、长江三角洲那样，成为中国发展全局中有影响的地区，占有重要的地位。

这是外部条件,从内部讲,我们该怎样干呢?思路之一,可以大力发展乡镇企业,各种形式的乡镇企业,各种体制的乡镇企业。可以包括私人的、个体的、集体的乡镇企业,多种所有制形式的,多种多样的产品和产业结构,一村一业,一村一品,有市场的商品,名牌商品,建立起自己的牢固地位、良好信誉,争取国际国内两个市场。现在的世界,今后的世界,是个息息相通的世界,经济的网络超越了国界。我们要从全世界的观点出发,结合国际经济的发展趋势和结构的变化,来研究我们的问题,研究我们怎样珍惜机遇,获得更快、更好、更加协调的发展。

近年来中国农村发展的几个阶段*

（1994 年 1 月）

我想借这个来港讲学的机会，介绍一些我国大陆近年来农村经济发展的情况。所说近年来是指 70 年代末起到目前为止，一共大约包括近 15 个年头。这正是中国农村历史上发展得最快的年头，值得我们回顾一下。这一段时期为了方便可以分几个阶段来讲，先讲一段发展的背景，再讲大发展的初期，其后的 5 年是各地根据不同条件八仙过海各显神通各自形成具有特色的发展路子。进入 90 年代后的最近这几年是城乡结合吸引外资，进入了加快发展的时期，同时因为各地发展速度不同，出现地区间差距，提出继续前进中的一系列问题。

一

进入这三个发展阶段之前，我想应当讲一下这三级跳的背景，也就是要说明从什么、在什么基础上开始发展起来的。30 年代中期，还是在抗日战争发生之前，我在江苏省太湖附

---

* 本文是 1994 年 1 月在香港中文大学逸夫书院作"邵逸夫爵士杰出访问学人"讲演的讲稿。——编者

近的一个农村里进行过一次社会调查。这个地方过去有"上有天堂、下有苏杭"的美誉,就是说在全国曾是最富裕的地方。我根据这次调查所写成的《江村经济》一书的结论里说,中国的问题是一个饥饿的问题。农民吃不饱肚子。我算了一笔账,因为这地方人多地少,农民一家在自有的小块土地上辛辛苦苦耕种了一年,收获的粮食刚刚够全家人吃饱肚子,生活上其他费用就得另外想办法来张罗。这种人家还算是好的,在全村不到三分之一。大多数农民都已把土地卖给了地主,农田上的收获有一半之上要作为地租交给地主。那就是单靠农业连肚子都吃不饱了。当时中国最富裕的地方还是这种情况,其他地方的农民就更穷困了。这是导致解放战争的根本原因。农民要生活,土地制度必须改革。

到了40年代,新中国成立后,全国进行了土地改革。农民有了土地,情况是有了很大的改善。但是人多地少,粮食不足的基本情况并没有改变。农民的贫穷问题并没有得到根本解决。到60年代初还发生过困难时期,我调查过的江村确实有不少人逃荒和饿死。这个农民的贫穷问题根本上是出于人多地少,农村经济如果只靠种粮食是不可能发展起来的。在1966—1978年"文革"时期由于推行"以粮为纲"的政策,农村经济已濒于崩溃的边际。直到70年代末"文革"才结束,到80年代初各地陆续停止了公社制度,这才开始了农村经济的大发展。近年中国农村发展的第一功是在农村里实行了家庭联产承包责任制。那就是土地的经营包给农户,农民只要交纳定额的粮食卖给国家,可以自己支配他们所承包的土地和自己的劳动力。这样把农民的劳动生产力解放了出来,通过各种各样渠道,转化成巨大的生产力。这是近年来农村经济发展的基本原因。中国农民就在想方设法利用他们从事农业以外的大量剩余劳动力来创造财富的道路上开创了农村经济大发展的局面。

二

农民只能靠种田吃饭,不能靠种田生活。这是广大农民从经验中得出的结论,也说明了人多地少的农村里的一条普遍的规律。人除了吃饱肚子外还有衣着、居住、社会来往等等生活需要。种田是指种粮食作物,单靠种粮食,农民至多只能吃饱肚子,其他生活需要就没法满足了。因之,"以粮为纲"的政策是行不通的。农民总是要千方百计地在种粮食之外搞些收入才能维持生活多方面的需要。所以即在公社时代农民还是偷偷地搞各种副业活动。农村里几天一次的小市集,那种最基础的商品流通场合,一禁再禁还是禁不了。这里赶散了,换个地方又集合了起来。这说明要农民走单一经济的路子是不现实的。尽管在公社时代,农民还是在搞多种经营的副业活动。

到"文化大革命"的后期,在长江三角洲的各市县的公社本身已感觉到"以粮为纲"的单一经济政策在农民生活需要的压力下已无法执行,于是就利用城市里的工厂因为"停工闹革命"让出了市场,又把许多有技术的工人赶回乡村老家,公社和生产队纷纷用"以工补农"的名义,开办小型工厂,容纳社队里剩余劳力,进行工业生产。开始时还是借了官方允许存在的"农机修配厂"的招牌作掩护,后来就蔓延成了大片的"社队企业",就是公社和生产队办的企业。这是农业里发展工业的初期形态。由于这些企业是属于公社和生产队所有，由公社和生产队经营管理，所以它是属于集体所有制，大家认为还是公有制，是姓社，不是姓资。因之在一些地方还容许它们存在和发展。

回头来看"社队企业"在农村工业化的过程中确是起了重要的过渡作用。首先是公社和生产队是集体的经济实体，可以自由支配它们拥有的集体财力，有力量投资办工厂。比如我上述的江村为了要恢复缫丝工厂，就协同了附近的几个生产队，凑足了几万元去购买设备。而且公社和生产队本身是行政管理机构，兼管新办的企业也比较便利。最初这种企业是和农业一样管理的，比如劳动力即由主管的公社或生产队分配到户，企业的收入和农业的收入合并在一起年终结算分配给社员。工人出勤上工等于到地里去做农活，按出勤记工分，再按工农总收入计算工分值，年终结算给各户。这种工农混合的集体经营方式在公社解体时才开始改革。但是它却完成了从农业里长出工业来的这个过程中的一个接生的任务。

公社制的解体在时间上各地不完全一致。在江苏是1982年才完成。公社制所遗留下来的那些社队企业是无法实行包产到户的。土地可以分划成小片承包给农户，工厂却不能拆散给各户。所以社队企业没有动，只改了个名称为乡村企业。原属公社的由乡政府所有。原属生产队的归村政府所有。在公社时期，这些企业实际上是由社队干部管理的，公社制取消后就归乡村干部管理，实质上没有多大变化。地方政府所有的乡村企业和国营企业是有区别的，因为社队企业本身不属于计划经济，而是自负盈亏的市场经济中的法人，只是这种法人是地方政府，地方政府派人经营管理。它的性质不易说清楚，或者可以说是属于基层地方政府办的市场经济性质的企业。具体地说是在计划经济之外发生的一种市场经济性质的乡村政府办的中小企业。这种企业后来一般称为乡镇企业。

公社群体作为乡镇企业脱胎的母体,其后的5年正是它发展的初级阶段。这个阶段的主要特点是农民大力地把工业引进乡村,但是各地乡村引入工业的方式因客观条件不同而各具特点。从全国范围来说,各地农村吸收工业不仅时间上有先后,规模上有大小,而且所形成的形式都有所不同。我们从各地的调查中分出了若干不同模式。但是有一点是共同的和主要的,就是这些在乡村里发展的工业,不是由国家规划的,而是由农民自己创造的,而且都是走市场经济的道路。如果说包产到户是农村经济发展的第一步,乡村里办自筹原料、自己生产、自行推销的小型工厂,事实上走出了一条市场经济路子,应当说是农村经济发展的第二步。这一步影响了整个国民经济,为改革开放闯出了一个新的方向,就是现在我们所说的社会主义市场经济。

三

让我接着简单地介绍一下乡镇企业的几种主要的模式。上面我已讲到在我的家乡苏南的农村里在"文革"时期已经开始偷偷地办起了小型工厂,称作社队企业。公社制度取消时这些集体企业并没有拆散,而由接替公社和生产队的乡和村接收过来,由这些基层行政机构继续经营管理,改称为乡村企业,后来又统称为乡镇企业。这种企业的产权属于基层行政机构,自负盈亏,所得盈利除了工人的工资外由地方支配,主要用在扩建工业和地方公益事业及补贴农业建设和农民收入,所以成了地方政府财政的一项重要来源。走这种路子的我们称它作苏南模式,因为最早我们是在江苏南部观察到的。凡是在公社制度没有解体前利用集体积累办起来的企业都属于这个模式,不仅限于苏南,其实沿海各省大多在不同程度上是采用这种模式起步的。

我们在温州看到另一种以家庭企业为主的乡镇企业。温州农村过去也和苏南一样是人多地少,但是附近没有像上海一样的工业城市,所以大量人口只能出海谋生,解放后出海的道路被封锁,农村里多余人口大量流向全国各地,卖工卖艺,做那些靠个人技术的木工、成衣、理发等等工作。一时在全国各地到处有这一类浙江来的服务性流动工匠。在1984年政府开放长途贩运后,这些已在各地流动的浙江人,形成了一股在各地搞商品流通的队伍。他们用贩运挣来的钱,积累起来开始在家乡利用家庭里的劳动力,制造容易推销的小商品,如钮扣、家用炊具、小型的电器等等。在80年代前期,温州市几乎家家户户在制造小商品,并且形成了十几个专业市场,吸引了全国的客户。这种制造小商品的家庭工厂和供销全国的专业市场形成了一种发展农村经济的特有模式,我们称之为温州模式。温州模式的特点是各户各家自办的家庭规模的小工厂,集合起来在一个专业市场上出售他们的小商品,我称之为"小商品、大市场"。它不同于苏南模式之处是实行个体所有制而不是苏南模式的集体所有制,和苏南模式相同之处是开拓市场经济,和国家的计划经济脱了钩。家庭企业其实并非真正的私有制,因为乡村里家庭成员可以包括有亲属关系的许多人。所以可以说是以亲属关系为基础的股份制。到90年代小商品制造业的发展和扩大，许多原有的家庭企业联合了起来，成了真正股份制的企业，提供了乡镇企业的一个新的模式。

80年代初期在深圳成立了经济特区，最先实行对外开放的政策，靠近香港的珠江三角洲上的各个县市的农村，首先接受港商采用"三来一补"的企业形式引进了现代工业。这种企业是香港工业的延伸和扩散。因为大陆农村的劳动力便宜，香港的小型工厂就把需要劳动力的制造部分的车间搬到大陆的农村里，留着经营的门市部在香港，所以称作"前店后厂"的方式。这种"三来一补"的方式也有一个发展的过程，总之是把一个企业跨界分工，一方面得到面向国际市场的便利，另一方面得到内地劳力工资较低的便宜，把香港和珠江三角洲联成了不可分割的一体。从珠江三角洲的农村这一头来说，这是引进现代工业的捷径。这个地区的农村工业化比全国各地都发展得快，起步虽较后于苏南地区，但是依靠香港工业的扩散，发展势头很快赶在前列。当地人说"三来一补"是"借船出海"。接着他们就"造船出海"，就是吸收外资独立经营，店面和厂房都在大陆。80年代末期，珠江三角洲吸收外资引进高新技术办厂的方式已经蔚然成风。

几乎同时，福建的侨乡已有为数众多的侨胞和国外华人回家乡投资办企业，引进新技术、新产品，而且深入乡镇，大大发展了侨乡农村经济。这和珠江三角洲的当地居民和香港侨胞合资办企业是同一性质。这种形式的中外合资企业逐步向北发展，浙江、江苏和山东都先后走上了这条路。最初大多以原有乡镇企业为基础分别吸收外资成为中外联合经营的企业，其后形式也多样化了，而进入90年代之后，由于小平同志在南方讲话（1991年1—2月）的号召，进一步加快改革开放，各地方大中城市纷纷建立开发区，用来吸收外资和迅速发展工业、贸易和第三产业，使中国农村经济进入了又一个新阶段。

四

在进90年代之前，以农村为基地发展起来的乡镇企业是促进农村经济发展的一个重要的支柱。凡是乡镇企业发展的地区，当地的农民生活都有了显著的变化。以我所熟悉的苏南来说，在进入80年代时，农民的平均年收入还徘徊在200元人民币上下。到进入90年代时，农民的平均年收入都超过了1000元人民币。凡是乡镇企业不发展的地区，农民的生活虽则有所改善，但很少平均收入能超过600元人民币的。中西部地区则更要低。

这是说由于农村工业化速度上有快有慢，全国各地农村的经济水平也出现了不平衡的现象。在这里让我补充讲一讲在中国中部和西部的农村情况。先说中部，以两湖地区来说，历史上是中国的主要粮仓，有"两湖熟，天下足"的老话，两湖就是指湖南和湖北，长江中部的平原。在这大片平原上，除了武汉之外，没有重要的工业中心。广大的农村里就是以粮棉油为主要的农产物。80年代我去调查时，洞庭湖周围还很少有乡镇企业。农村主要是靠农业和副业为主。自从公社制度解体后，农村里大多在种植粮棉油之外还是在土地上做文章，从事多种经营发展经济作物和家庭副业。1986年我去洞庭湖区调查时，正值苎麻涨价，我所到的农村几乎都在种这种经济作物，但是没有看到利用这种原料来发展纺织工业的。在山区的农民则以种果树来挣钱，性质和种麻一样，还限于经济作物的范围里。他们都以家庭为单位进行副业经营，所以我们称之为"庭院经济"。这种性质的经济固然增加了一些农民的收入，但是发展的限度很大，所以即使在经济作物价格高的时候农民平均收入也比不上发展了乡镇企业的地区。而且由于流动渠道狭小，经济作物价格稳定不住，多产了反而会受损失，农村经济不能稳步上升。

至于西部边区各省区和沿海乡镇企业发达地区的差距就更大了。西部边区有资源，而且也不是没有工业。在抗战时期就有一批工业搬迁到内地，开国后又在苏联的支持下兴建了不少重点工业；在和苏联对抗时，又在西部发展了一批称作"三线工业"，总的投资有几千亿元人民币。但是这些企业不仅都属国营的计划经济，而且大多是军用企业，和当地农村不相联系。企业里工人和技术人员几乎都是从外地移入的。它们从当地采取资源，制成产品后，按计划运往外地，所以形成了不少分散在西部的封闭性工业孤岛，其中有些本身已发展成为拥有几万人口的新兴城市，但并不能带动当地农村经济的发展。我在1984年去调查时，离兰州市不到一个多小时车程的定西，当时是个有名的国家重点扶贫县，西部地区的农村当时还属于贫困地区。这种基本情况直到80年代末和90年代初才发生了初步变化，主要还是由于开放工业孤岛，把现代工业逐步扩散到四周的农村里，发展了乡镇企业和市场经济，同时国家在西部进行能源、交通和水利的建设，使得农村里的乡镇企业有了兴起的条件。国家还大力推行扶贫政策，把荒山旱地的一部分居民迁移到土地比较肥沃的河西走廊，建立了新农村。西北农村的面貌这几年已开始有了改变，但是如果和沿海地区相比，还有很大的差距。

以上我想讲的是中国农村生产力近年来虽然一般都有了一定的提高，但是发展的水平是很不平衡的。大体上出现梯形倾斜，沿海较高，越向西南越低。在发达地区已经有部分达到了我们所说的小康水平，即生产总值人均800美元，在1980年国民生产总值人均还只有250美元，这些地区在这10年中已增加了3倍，主要原因是农村里办了工业，也就是说工业化水平的高下决定了农村经济水平的高下。农村工业化的趋势是由沿海向西逐步在扩散中，出现了当前所谓黄金海岸和发展中的中部和欠发达的西部的差别。所以如果把80年代当作一个时期来看，主要特点是中国农村由东向西的逐步工业化。

五

90年代已经过了3年。这3年中国整个经济由于加强改革开放又踏进一个新阶段。在这阶段的开始时前阶段所形成的不平衡状态还是很显著的。由于已取得工业基础的沿海地区，有能力吸收外资和高新技术，发展的势头很大。在这些地区，乡村的经济基础已经从农业转变为工业。以我所调查过的江村来说，农民从农业里所得到的收入已不到全部收入的20%，其余的80%以上是从工业和第三产业中取得的。乡村里劳动力也有80%以上转移到非农生产，虽则大部分居民还没有完全脱离农业，因为在家庭承包责任制之下，各家都有一小块土地需要经营，除了取得自给的粮食外，还要出卖一部分给国家，所以还需要有一小部分劳动力用在土地上,在农忙时还得下田。在农业体制没有进一步改革之前,这种"亦工亦农"的状况还不能完全消除,但是亦工亦农中工的部分毕竟已占主要地位。值得注意的是,在大约15个年头里,原来以农为本的农村已经变成为以工为本。但农民转化为工人的过程则尚待进一步改革才能完成。发展的方向多少可以肯定,就是农业专业化正在发展,即由少数人利用现代化农业机械和其他配套的集体组织承担现在还分散给承包土地者的农业劳务,至于采取的方式现在还正在各地试行中。

亦工亦农的问题不过是90年代这个新的发展阶段中的一个急需通过进一步改革来解决的问题。有意义的是从农业里长出用来补农的工业里,亦工亦农是一个行之有效的过渡方式,到工业化向深层次发展,工农势必分家,各自成为专业,农业也实现了现代化。

从另一个侧面来看,城乡关系上也出现了类似的情形。在农村吸收工业的初期,具有"离土不离乡"的特点,那就是把工厂办到乡村里去。这样办的好处我在前面已经讲过。结果形成了村村冒烟,家厂不分。这也是一种原始阶段的工业化,从实践中就得接受现代工厂所需的条件。交通运输、水电供应、消息来往等等都使这种原始阶段的乡村工厂逐步集中到更便利于发展的地方,那就是家宅和厂房分离。最初是在农村的边缘划出一块发展工业的小区,接着若干村子的工厂集中到原来的小城镇上。目前由于在乡镇工厂里的工人还没有完全摆脱农活,所以一般还得住在农村里,工厂所集中的地区也不能离村太远,大体上只能在骑自行车不到半小时可达的距离之内。

在当前沿海的发达地区已经可以看到这种新的村镇布局,

这种布局在公路上行车时一路望去就一目了然。在密密地长着农作物的田野里，可以看到星罗棋布的一个个大约由几十家到百来家新盖的两层到三层的白墙灰瓦的小楼房聚集在新农村，一个农村大概有几千人。汽车行几十分钟就有一个工厂和商店集中的大约有几万人口的小镇。再前进就可到达许多这样的小市镇围绕的一个中等城市，大概几十万人口的工商业集中点。这样村、镇、城的层次说明城乡的紧密结合。大量的工人散居在乡村里，而工厂则逐步向成为城乡纽带的小镇里靠拢和集中。这可能是90年代开始形成的一种有中国特色的农村城市化的新格局。这种格局也将因乡镇企业的向中西部发展而跟着扩散。

如果我们可以把农村工业化作为80年代中国农村经济发展的特点，农村城市化或者可以说是90年代农村经济发展的特点。这些特点目前还不能包括全中国，因为中西部和沿海的差距还存在，而且还相当显著，但是这很可能是一种发展的趋势。当然中国农村的工业化和城市化都具有其特殊的形式的转化过程，很值得我们进行深入研究。今天我不过简单地把这些特点加以描述。如果从全中国来说，这还需要由沿海向中西部内地逐步推进的一个过程。很可能在这条路上中国需要走半个世纪，从而创造出一个工农结合、城乡结合的经济结构新格局。在这个新格局里农村经济一词已经失去其涵义了。我这里所预测的前景是否和历史事实相符，则有待于今后的检验了。

论中国小城镇的发展

（1995年10月9日）

今天有机会参加有关中国小城镇发展问题的国际研讨会，我感到十分兴奋，因为中国小城镇的发展是我本人的研究课题。在85年前，我出生在中国江苏省太湖附近的一个还有城墙围着的传统小城镇里。60年前我在本乡的另一个传统小城镇附近的农村里进行过社会学的实地调查，后来写出《江村经济》一书。农民生活离不开小城镇。当我年满七十（1980年）开始我第二次学术生命时，又以小城镇作为我研究的主要对象。15年来我几乎跑遍了中国各省观察中国农村社会经济在改革开放中的变化，以迄于今，没有断过。

小城镇在当前中国的语言里已成了一个通用的名词，它指正在兴起的一种新型的社区。在这个国际研讨会上对这个在中国当前已属习惯用语作一点说明，也许对参加研讨的同人会有一点帮助。

在以农业为主要经济基础的社区里，最基本的生活单位是由农民以亲属关系组成的农户。若干农户聚居在一地构成一个农村。各地农村的大小不同，少至几户，多至几百户。这些由客观条件形成聚居的村落，称作自然村。为了行政上的便利，常把若干较小的自然村合在一个行政系统里称作行政村（在公社时期一个行政村相当于一个生产队）。若干行政村组成一个称作乡的行政单位(在公社时期乡相当于一个公社)。

农户一般说来在经济上并不是个自给自足的单位。它有多余的农产品或副产品时可以到附近定期聚会的集市上和其他农民进行交换,或出售于商贩,又向他们购买别处贩来的日用消费品。这种集市在中国已有几千年的历史,即在企图把农村经济纳入计划经济的"文化大革命"时代,也并没有被完全消灭。至今在内地欠发达的地区依旧有这种为农民进行贸易的主要场所。在古代传下来的书面语汇中即称"市"。

在农村经济的发展过程中,这种临时聚会进行贸易的集市,逐步由固定的商店所代替,若干商店连成几条街,加上多种服务行业,集合成一个人口较为众多的以商业为主较为永久性的社区,普遍把它称作镇。据说镇这个名词的来源是出于这个人口密集的商业社区需要行政上的管理,成了政府官员驻守的据点。为了自卫,政府的据点常用城墙包围起来,城和镇于是联结在一起成为城镇。我们现在常称作"小城镇"的地方,尽管实际上保留着城墙的地方已经很少,但这个历史性的联结在语词中还留着遗痕。

大约在本世纪60年代,由于大中企业和大中城市的发展,脱离农业的人口为数激增,为了保证非农人口粮食的供应,在户籍制度上划分了城乡的区别。在公社制度下这个区别更是突出。农村居民由公社管理,从事农业生产。城市居民由市区管理,在国家机关和国营企业里工作。公社制度改革后,尽管户籍制度至今还没有相应的改革,但城乡区别已经受到了事实上的冲击。在这一变革的过程中,在行政系统上公社改称为乡,生产队改称为村,但名称上的改变跟不上社会经济实质上的变化。小城镇这个当前已成为日常应用的语词就是出现在这个农村社会经济实质的变化之中。它是个新型的正在从乡村性的社区变成多种产业并存的向着现代化城市转变中的过渡性社区。它基本上已脱离了乡村社区的性质，但还没有完成城市化的过程。要理解这种过渡性社区的实质，必须回头讲一讲这一段变化的历史过程。

回顾这段历史，为了避免烦琐，我们不妨追溯到"文化大革命"结束，公社制度解体的70年代末期。在其后大约15年中农村社会经济的发展，可以分为三个阶段。各个阶段发生的具体时期，因地而异，我不能在此细述。

第一阶段是从农村里实行家庭承包责任制开始，标志着公社时期的结束。这个新的制度规定农民在承担向国家有偿提供定量的粮食等主要农产品的责任下，有权承包一定面积的土地使用权。这种规定实际上解放了农村的大量劳动力，因为在公社制下，农民在公社所有的土地上只提供了他们可以提供劳动力的一小部分。但在获得了对自己和家属的劳动力的支配权之后，他们就自动地力求对家有劳动力的充分利用，除耕种责任田之外，主动地寻找多种多样的生产行业，以求增加家庭收入。原来在公社制度下闲置和浪费掉的劳动力由农民积极自发地变成了生产力。这就推动了农村经济的大发展，进入了农村经济发展的第二阶段。

第二阶段的发展各地的机遇和条件不同，起步有先后，效果有差别，但是到今天来看，可以说全国除了十分偏僻和条件特差的少数地区外，已经普及了全国。由于各地农民选择的具体发展道路多种多样，我在这里只能举例来说，不能概括全面。

我最熟悉，而且15年来几乎每年去跟踪调查的是长江三角洲我家乡的农村,特别是太湖流域的苏南地区。这个地区,由于历史原因,首先挑选了发展小型工业的道路。早在30年代中期,我在家乡进行农村调查时,已看到这地方农民贫困的一个原因是在他们原来家家户户经营的传统副业和家庭工业,即养蚕、缫丝、纺织等已因西方国家现代工业的兴起而萎缩了。农民因而削弱了一条有效的生财之道。我当时主张恢复农村副业和农产品加工业。但是这种主张,在当时,正值抗日战争的前夕,是近于乌托邦式的空想。但是到了80年代经过了半个世纪,我们国家的处境已经大变,不需要我去重复提倡这种主张,各地方的农民已自己走上了发展小型乡镇企业的道路,而且很快地在长江三角洲一带的农村里推广开了。

最初在农村里开办小型工厂还是在公社时代。迫于人口的增殖和公社体制的不健全,这些地方的农民不能单靠农业维持生活,农民也只有在农业之外找贴补的出路,于是在农村里出现了一些简单的小型作坊工业。到了"文化大革命"后期,由于大中城市里的工厂"停产闹革命",又有许多被派性排斥离厂的技术工人回乡,再加上下放的知识青年和干部,这一批技术力量被公社利用来办工厂了。当时在农村里单靠农民个体户是没有资金能办企业的,而公社却有小量集体积累的资金,足够在已有小作坊的基础上开始开办小规模的"社队工厂",就是所有权属于公社或生产队的企业。公社解体时,土地一概分给了个体农户,但许多"社队工厂"却无法拆散和公分,所以保存了下来,改称乡镇企业,即由乡镇政府管理的企业。改革开放之后实行的市场经济正如火上加油,给这些已获得公开身份的而又不在计划经济控制之下的乡镇企业一个独特的发展机遇。

中国农民在改革开放后走上工业化路子的不仅是我家乡的长江三角洲。几乎同时发展乡镇企业的，而且特别惹人注目的是靠近香港的珠江三角洲，虽则这两地发展的机遇并不是相同的。以珠江三角洲的农村来说，他们的机遇最初得之于祖国大陆开放之后香港小企业向大陆的扩散。这些沿海地方的农村一般都曾有大量移民进入香港，成为香港的华人。他们中不少在香港经营小型的工业。当我们实行开放政策，准许他们回乡办厂时，他们发现如果他们的企业在香港和家乡之间跨地经营，由于工资差别获利可以成倍增加。于是产生了把店面留在香港，继续和客户接触，而把厂房搬回家乡的农村里或传统的小镇里的所谓"前店后厂"的经营模式。在80年代后期的短短几年里，珠江三角洲的农村里兴起了大量的这类"乡镇企业"。以此为触机，这地区的农村大为繁荣，成为举世瞩目的经济迅速发展的突出样本。凡是和珠江三角洲类似的沿海侨乡，如厦门、福州等地区，情况略同，也先后兴起。这里不再重复。

但从全国来看，还有内地的大片地区，在公社时代没有大力兴办"社队企业"，同时本地又没有出国经商的侨民，它们缺乏资金和人才，乡镇企业的发展比较落后了一步，出现了时间差。但是他们看到了工业化能发财致富的方向，也正在急起直追。他们一般采取迂回的战略，先发动和协助农民发展庭院经济，即由农户利用家有的庭院和闲置的土地进行各种副业，组织销售，增加收入或组织劳务输出到外地承包建筑工程，目的都是在使农户能积累财富，然后引导其集资创办乡镇企业。通过这种迂回办法，内地农村在过去10年中见效颇为显著。有些地方已出现不少亿元村，赶上沿海发达地区的经济水平。

农村里办小型工厂是中国当前农村发展第二阶段的特点。这类小型工厂只是农村工业化的起点。在市场经济的不断发展中全国农村里所办的工厂由少变多,由小变大,大多为了便利经营起见也迁出了原来因陋就简的农舍作坊,盖起了有相当规模和设备的厂房,并集中到附近交通方便基础设施较优的市镇上。这样让在"文化大革命"中日见衰败,已经冷冷清清的传统市镇,在80年代初期获得了复兴。这就是新型小城镇的开始,也是农村经济发展的第三阶段的初期模式。

新型的小城镇是在乡镇企业发展的基础上出现和长大的。不同于传统市镇,它已冲破了原来只作为农副业产品贸易场地的性质,正在逐步变成农民集体或个体兴办工厂、商店、服务业的中心。它已经可以直接从远程采购原料,经过制造过程,向远程提供半成品和消费品,实质上已成了广大市场的一部分,它和大中城市已接上了贸易关系,也就是说它已具备了一定程度的城市功能了。所以我们可以说农村发展的第三阶段是继第二阶段的农村工业化而发生的农村城市化。

新型小城镇一般是在传统市镇的基础上,经过拆迁翻新而建立起来的。凡是在内地公路上旅行过的人,沿路很容易见到正在兴建中的小城镇。它们大多是正在瓦砾成堆中树立起钢筋水泥的露天高架,充分表明着新旧交替的面貌。

以上这段说明,希望能指出当前中国新型小城镇的发展有它历史性的特点。简单地说,它是在中国传统社会现代化过程中出现的农民走上工业化和城市化道路上的重要里程碑。由于中国国土广阔,人口众多,地区差别大,这个过程所采取的具体形式和内容必然多。多种多样,而且有先有后。这种地区差和时间差间又相互依存,交相影响,因而既要看到各地小城镇兴起的一致性,还要看到这个过程的复杂性。我们中国并不是在一片空地上盖造新的楼房,而是在传统经济的区位格局里生长出符合于今后文化、社会、经济发展需要的新园地。只有对这项巨大工程的根本性质有深入的理解才有可能最经济、最有效地设计出这个巨大工程的蓝图。

我们至少要从人口、土地和国力等主要客观条件出发来考虑设计这项工程的任务。我们的任务是要在国力许可的条件下,把下个世纪的大约15亿人口,妥善地根据这段时间中人民的收入水平,以不同的聚居形式安排他们分布在不同地理条件的既定的国土范围之内,使他们能得到日益富裕、安居乐业的生活。

大约在80年代初,我们国家采取"限制大城市,适当发展中等城市和大力发展小城镇"的基本国策是符合实际的最佳选择。我毋须在这里重复申述不加限制地放任人口向大城市集中所可能引起的社会灾难。我在15年前已提出新型的小城镇可能成为防止人口过度集中的蓄水池的设想。意思是说今后农业经济水平的提高不可避免地会释放出长期关闭在传统农村里的大量人口,如果这股急流没有缓冲和蓄积的中间体,势必发生显而易见的社会恶果。何况中国在几十年里也决不可能有足够的财力建成十多个人口在千万上下的现代化大城市,来容纳这股人口巨流。新型的小城镇正可以起到拦阻和储积人口流量的有效作用。

究竟在过去15年里全国有多少具有农民户籍的人口住入了小城镇(流动人口),有多少农民白天进镇做工晚上回返农村住宿的所谓"摆动人口",我手边没有正确的统计。但从我们在江苏省7个县200个小城镇进行抽样调查的结果看，其中较发达的苏锡常三市1989年共有建制镇148个，到1992年底增加到237个。建制镇是根据人口较多、国民产值较高的标准选拔的。上述苏南地区集镇人口1992年比1989年增加80万人，同时建制镇增加了89个，每镇增加大约9000人（不包括流动人口）。这不是说明了这地区的建制镇在这段时间里把农村入镇的人口几乎全部吸住了吗？在苏南这地区的经济发展水平上，小城镇已经发生了人口蓄水池的有效作用。同时对照着内地农村由于小城镇不发达，农村里的人口大量向发达地区大中城市流动，构成了这几年的"民工潮"，更可以看到小城镇对人口的滞流作用。

据我们估计，当前中国各地县城（即新型小城镇的底子）的人口规模在沿海发达地区大约6—10万人左右，在中部正在发展中的地区大约不超过5万人，在西部欠发达地区一般只有1万多人。这也表明了在今后中国社会经济发展过程中小城镇具有大量吸收人口的潜力。因之，我们乐观地估计如果中西部地区在今后10年中能跟得上发达地区。14亿人口是有足够的地区可以分散在星罗棋布的各地小城镇里的。

其次是土地问题。小城镇的兴起必然要扩大所占土地面积，以江苏省抽样统计看，一般扩大了1倍到3、4倍，最突出的到6倍（锡山市前洲镇）。这就会减少当地的耕地面积。但是是否会影响该地区的粮食产量？这问题要从两方面去考虑，一方面那些过分扩大城镇占地面积是否是事前没有做出保证粮食生产的规划？另一方面是否出于耕种制度的改革和技术的进步？前洲镇是规模化耕种的最早试点。从提高农业作物单产量，是可以弥补缩小了的耕地面积的。解决乡镇争地矛盾也可以采取多种方法。譬如在适当地区开辟粮食供应专业基地，进行地区调剂；以及采取食品结构的改进，中国人主要从粮食中吸取热力和养料的传统习惯是可以改变的。

除了人口和土地利用这些基本考虑外，我们还要必须注意对新型小城镇建设中硬件和软件的研究。所谓硬件就是水、电、信息、道路、房屋、绿化及环境等基础设施。所谓软件就是文化、教育、公共道德、社会秩序、心灵修养等。我在这次研讨中对这些方面不能多作展开了，但愿意提醒研讨新型小城镇的具体建议时，上述的这些硬件的规划固然十分重要，即使这方面由于缺乏经验，发生错误，如果仅仅限于经济上的损失，那是可以补救的。当前沿海农村里的农民为了建设新的住宅，有的地方已翻造了3次以上。由于农民收入的提高，这些折腾他们还是负担得起的。如果在建设中忽视了软件的重要性，那就会影响到人民的素质，成为会危及几代人的事了。

在结束我这次研讨前，我想起了一件事，就是解放战争结束时我正在清华大学教书，我的一位前辈梁思成教授特地找我商量，要我为建筑系的学生开一门"建筑社会学"（学建筑设计的人应当有的社会学知识）的课程。我当时虽表示了同意，但是由于我功底不够和形势改变，这门功课半途而废，使我一生感到遗憾。今天提出中国新型小城镇的发展问题，我不能不感到这位老前辈用心之远和见识之深。现在不正是应该重复梁教授召唤的时候了吗？

邯郸行

(1993年5月10日)

利用全国人大召开前的空隙时间,从2月28日至3月2日,我到河北省邯郸地区访问,时间虽短,却看了不少东西,学到不少新的知识。

燕赵名城　中原重镇

邯郸是古老的,据考古发现,磁山、仰韶、龙山等文化以及商、周、战国时期出土文物证明,早在七八千年前,我们的祖先就已经在这块富饶的土地上定居了。邯郸之名最早见于《春秋谷梁传》,距今有2500年。战国时期这个地区已相当繁荣,是当时最有名的冶铁中心。汉时邯郸与洛阳、临淄、宛、成都齐名,贸易兴盛,经济发达。

邯郸又是年轻的。在抗日战争和解放战争中,这里的人民在中国共产党的领导下,立下了不朽的功勋。这里曾经是抗击日寇的晋冀鲁豫抗日根据地,曾建立边区人民政府。解放战争时期,刘、邓大军就战斗在这片土地上。解放后邯郸焕发出青春活力,党和政府投资140多亿元,将这里建设成全国钢铁、煤炭、纺织的重要工业基地之一。这里也是全国粮棉重要产地。

改革开放以后,邯郸的经济和各项建设事业更是空前活跃,朝气勃勃。经过40多年的建设,邯郸已经有了较为坚实的工农业基础。

邯郸位于河北省南端,与晋鲁豫三省交界,西枕太行山,东倚华北大平原,面积12000多平方公里,人口680多万,京广铁路贯穿全境。这里土地肥沃,气候适宜,传统上是一个农业地区,主要农作物有小麦、玉米、棉花等,近年来蔬菜生产有了大幅度的增长。矿产资源富集,境内蕴藏着大量的煤、铁、石灰石、铝土等。

"1751"和双百工程

改革开放以来,当地政府下大力气抓农业,组织实施了一系列旨在提高农业综合产出能力、发展高效农业的措施。例如,从1989年开始精心组织的"1751工程",即建设棉麦一体化高效田100万亩;亩产小麦700斤、籽棉500斤;建成1000个科技示范村,做到一年收一季麦一季棉。这一工程于去年已顺利完成。工程田较一般农田,每亩可增加收入200元。

从今年开始,他们又推出以种养结合为特点的"双百工程",要在3年内再建成高效示范田100万亩,累计饲养肉牛100万头。为了保证任务落实,从地区到县、乡、村组织了"农业服务协会"(简称"农协")。自农村实行家庭联产承包制以来,农民的积极性虽然被调动起来.但是土地分散经营后,有许多事情不好办了。诸如机耕、浇水、除虫、种子和化肥的供应、新技术的应用等等,靠一家一户解决确有困难,农民迫切要求有人为他们服务。邯郸地区政府急农民所急,从地区到村一竿子插到底,以"官民合办"的组织形式,以技术为先导,物资为基础,资金为后盾,行政做保证,集政、技、物、财四位一体为农民服务,收到了良好效果。

虽然邯郸地区有较雄厚的农业基础,又有不少大中型企业,但是这里的老百姓,特别是农民,生活还不富裕。乡镇企业受种种因素的制约,发展不大。1992年农民人均收入仅520元,全地区13个县中还有3个贫困县。在我出发去邯郸那天,国务院颁发了《加快发展中西部地区乡镇企业》的决定,明确提出要把加快发展乡镇企业作为中西部地区经济工作的一个战略重点,并且制定了切实可行的多项政策,同时鼓励和支持沿海发达地区的乡镇企业,大中城市和国有企业,按照互利互惠的原则,与中西部地区发展横向经济联合,开发资源,实现优势互补,共同发展。这就要求发达地区的企业家要有更高的眼光、更大的魄力、更强的责任感,到中西部地区开拓自己的事业。

近年来东部地区与中西部地区之间的干部双向交流,对帮助欠发达地区的干部开阔眼界、增长才干起了很好的作用,同时也为双方的经济交流创造了条件。这次我在石家庄与广宗县的领导同志座谈(广宗县是我1991年曾经访问过的一个比较贫困的县),新任县长潘孟申曾经在浙江上虞县挂职,不仅工作上得到了锻炼,还与上虞县建立了密切的联系。上虞的一些企业家到广宗去考察,并表示愿意到这里来联合办厂。希望上虞县和广宗县能够在互惠互利的基础上加强合作。

永年的白色海洋

我在《沧州行》中提到，在工业基础薄弱，没有工业传统的中部地区的广大农村中，还是要因地制宜发展农副业生产，再逐步发展副业加工，在老百姓富裕以后乡镇企业才比较容易发展，同时要注意大力培育市场。邯郸地区近年来在农业上组织实施"1751工程"和"双百工程"的同时，还狠抓了流通。这次我从邯郸市去肥乡县时，路经永年县韩屯，见到公路两旁一畦畦塑料拱棚连成一片，在阳光下白灿灿望不到尽头，简直是塑料棚的白色海洋。

同行的地委书记告诉我，这个县的蔬菜生产有着悠久的历史，早在明嘉靖年间，永年大蒜就是贡品。改革开放以来，蔬菜生产迅猛发展，蔬菜耕地发展到17万亩，其中温室21000亩，塑料棚和地膜覆盖地有55500亩，年产商品菜5.5亿公斤，年产值2亿元。主要销往北京、天津、内蒙古和东北三省，并出口日本、东欧和东南亚的一些国家和地区。

1986年这个县曾经发生过2亿斤大白菜烂在地头的事件。干部群众接受教训，从中看到了建立市场抓流通的重要。他们充分利用这里交通便利的条件，兴建了9个大型市场。谈话间，我们来到了"南大堡蔬菜市场"，只见广场上车水马龙，人头攒动，一派繁荣景象。我拉住一位卖韭菜的小伙子和他聊起来。他乐呵呵地告诉我，他清早从地里割下韭菜，用排子车拉到这里，不到中午就卖掉了，价钱也合适。南大堡蔬菜市场占地100亩，建筑面积52000多平方米，上市蔬菜有30多个品种，1992年市场成交量5亿多公斤，成交额3亿元。一个南大堡菜市场带动了周围13个乡镇、200多个自然村和80多个专业村。

现在他们正在投资建造咸蒜、糖蒜加工厂和酱菜系列加工厂。

邯郸现在还是地、市并存，由于体制的关系，双方还不能融为一体。我觉得改革时，"地"要瞄准"市"这个市场，为邯郸市90多万非农业人口服务，同时应该积极吸引和接受城市辐射；反过来"市"要充分发挥现有的工业力量，打破"围墙"走出去与地方结合，为发展乡镇企业贡献力量，努力实现城乡一体化。从苏南乡镇企业的异军突起和城镇的迅速繁荣给我们一个启示：没有城市做依托，广大农村是不容易发展起来的；而农村经济一旦活跃起来以后，又会有力地推动城市的繁荣。

老姑爷回门

我这次去访问邯郸地区肥乡县的赵寨村，也是为了了却我几十年来的一桩心愿。1935年8月我同燕京大学社会学系的同学王同惠结婚。婚后我们两人一起到广西大瑶山考察，后来在12月发生了不幸的事故，同惠没有生回。她就是肥乡县赵寨村人。人世匆匆，转瞬间60年过去了，我一直没去过同惠的家乡，这次才有机会到肥乡还了这个心愿。乡亲们高兴地说"老姑爷回来了"。

南翟固乡赵寨村，距邯郸有30公里，而且离公路较远，进村时车子在土路上颠簸了一阵子才到达。这是一个以产小麦、玉米、棉花为主的村子，有390户、1700多人，只有3600亩耕地。1982年村里办了一个砖厂，年产值约4万元，1987年又集资建了一座冷库，贮藏水果、蔬菜，年贮藏量15万公斤，销售产值30万元。我问一位80多岁的老太太，现在生活过得怎样了,她回答说生活比过去好多了,每顿都能吃白面馒头。看来,这个村的温饱问题是已经解决了,但是全村的乡镇企业还比较薄弱。进村的那段土路就没有钱改造。村干部讲,村里想再办一些工厂,但又缺少资金,干着急,办不成。

我在《沧州行》里提到,农业和工业之间还有致富的门道。如果从农民熟悉的、有传统基础的、家家户户都能生产的副业入手,然后再从农副产品加工起步,就可以逐步走上办工业致富的路子。赵寨村有那样多的耕地种玉米,利用玉米秸秆做饲料就大可发展养牛业;在养牛的基础上,引进一些实用的科技知识,结合当地的实际情况,再在牛身上做做文章,很有可能摆脱当前那种困境。当然,这种设想如何实现,只靠这个村自己来搞还是有一定的困难。我在邯郸听说的"双百工程"里就有养牛100万头的计划。如果赵寨村能成为这个工程的一个重点村,配合上屠宰、冷冻和销售服务,这里家家户户提高几百元收入应当不是难事。永年搞薄膜种蔬菜,肥乡可以搞养牛,都能致富。

中原地区的经济协作

邯郸在河北省的南端,虽与山西、河南、山东接壤,但是,过去由于行政区划的原因,各省画地为牢,省际之间毗邻的地区多多少少存在着自顾自的倾向。然而,经济交往是不会被行政区划割断的,特别是改革开放以后随着市场经济的不断发展,地区间的经济交流日趋活跃,纷纷要求冲破旧有的种种限制。在新的形势下，山东临清市、潘阳市、新颖地区；山西长治市、晋城市；河北邢台市、邯郸市、邢台地区和邯郸地区等15个地、市于1985年，在自主自愿、互利互惠、各方平等的原则下，自发组织了"中原地区经济技术协调会"。在7年的时间里，为打破地区间的樊篱和促进经济繁荣，做了许多工作。

协调会发起人之一，现任邯郸市委书记白录堂同志告诉我，协调会成立后，在商品流通、物资协作、科技交流、信息反馈、理论研讨及企业集团、行业网络的建设等方面都起了积极作用。例如为了培育市场，促进区域横向联合，协调会曾在邯郸市举办了"中原地区食品博览会"，有100多个厂家和单位参加，并邀请了区外27个知名厂家参展。博览会期间商品成交额达2000多万元，达成10多项技术转让协议。邯郸市食品公司一举实现利润200多万元。邢台市酒厂生产的"枣花佳"，在博览会期间，一天销售万瓶，并签订了一批销售合同。由协调会主办的《中原经济信息报》和邢台市经委共同举办了首届中原地区专利信息发布会，发布技术专利信息1000多条，协作区内110多家企业到会，达成协议117项。在"晋冀鲁豫边区新技术、新产品交流交易会"上，参展项目565项、成交17个项目、214万元。协作区内已建立起31条专业网络，对地区间的经济司法沟通、商业信息、价格信息的收集、传递都起到积极作用。这15个地、市共同签发了7条物资协作优惠办法，在国家政策允许范围内，各类物资在区内畅通无阻，若发生纠纷，由各地联络处协调解决。这样一来，在一定程度上打破了不少各地市之间的大小关卡，促进了商品流通。1988年邯郸煤炭供应一度紧张，发电厂燃料告急，协调会通过网络从长治组织调剂5万吨煤，凭协调会开出的通行证，一路无阻运到发电厂，解决了电厂的燃"煤"之急。协调会还组织聊城、邯郸两地，集资3000万元；并申请了200万元国家专项贷款，兴建了68公里的馆（陶）聊（城）地方窄轨铁路，这是我国第一条跨省的地方铁路。

经过几年的实践，协作区的同志尝到了甜头，也看到了他们工作的意义和前途。去年他们制定了协调会1992—1994年的工作规划，提出要进一步动脑子、出点子，加速外引内联发展区域经济，并使协调会的各项工作进一步规范化、正常化。他们特别提出要活跃流通领域，促进统一市场的形成，进一步打破地区封锁、市场分割的状况。

我在邯郸市参观了协调会新建的物资大厦，在这里集中经营机电、建材、钢铁、汽车等各类生产资料，有现货交易，也有期货交易。协调会成员在大厦里设有办事机构。派驻人员的一切商贸活动可以在这里完成。告别的时候大厦负责人要我留几句话，我写了"加强横向协作，发展中原经济"送给他们。我衷心希望物资大厦能为振兴中原地区出力。

我国一些地区的行政区划与经济区域不相一致，在很大程度上制约了地区的发展。1987年我曾到甘肃的临夏和青海的海东访问，看到这两地原来在历史上同属"河州"的地区，后来划分在两省，互相间的交往受到很大影响。因此我曾提议临夏和海东搞一个协作区，希望这个地区恢复它在农牧两大经济区域之间交流中心的地位，成为促进青藏高原牧区经济发展的基地。从那时起我认识到经济区域协作这个概念的重要性。这次访问冀南不仅看到了一个中原地区自发组织起来的为发展区域经济服务的机构，而且已经有了一套行之有效的办法和组织。通过这几年的实践证明：这个机构对参加地区都产生了促进发展的积极作用。我希望他们的工作更上一层楼，同时也希望有关部门继续关心和支持他们，创造有利条件，帮助他们进一步成长。

河北省经济发展的基本格局

近几年我多次在河北省各地参观访问，使我在读到国务院《加快发展中西部地区乡镇企业的决定》时，深感河北省在推动中西部地区发展的重要战略地位。要靠欠发达地区自身的力量迅速发展起来是有困难的。看来东部和中西部之间需要搭几座桥梁，河北省正是这样一座桥梁，看一看它在经济发展上的基本格局就可以明白。

从大处着眼，我们大致可以把河北省分成四块：（1）北边以张家口为中心，面向边疆，发展成服务于少数民族地区的基地，再向北开拓对蒙古的贸易通道。（2）中间和东北部是毗邻京津两大城市的广大地区，大可吸引这两大城市的辐射力和充分利用这些人口密集的大市场来发展壮大自己。（3）东面是环渤海地区，一旦沧州地区的黄骅港建成，神黄铁路通车，河北省又多了一个出海口，其意义是极其深远的。我们应当尽早围绕路港做一篇大文章，为这个港口构筑一个结实的腹地。（4）南端原是夏商以来的中原腹地，可以邯郸为中心，利用这里已有的工业基础、丰富的资源、发达的农业与相邻的晋豫鲁各地市联系，大力加强已经建立的中原协作区，发展社会主义市场经济。我这次"老姑爷回门"，深感兴奋，认为只要上了路，河北腾飞指日可待。

淄博行

(1993年9月15日)

我在山东跑过不少地方,西至菏泽,东到威海,也去过沂蒙山区。转了一大圈,现在来到淄博,我有很多想法。淄博原是战国时代齐国的国都,管仲在这里发展商品经济,推行改革措施。我们现在也在这里搞改革,搞商品经济,把今天和两千五百年前那段历史联系起来,不免产生很多感想。这些感想,我想从带来的一本书说起,书名叫《稷下学史》。

11年前,这里开过一个会,叫"稷下学讨论会",后来又出版了《稷下学史》这本书。我的历史知识比较欠缺,读了这本书,受到很大启发。我从书里边知道,稷下的意思就是"稷门之下",稷门是齐国都城的西门。战国时候,齐国的当权者在稷门这里设立了一所规模宏大的学宫,叫"稷下学宫"。齐国以这所学宫为基地,招揽天下名士到这里来议政,称这些名士为"稷下先生"。最兴盛的时候,"稷下先生"有上千人。齐国当权者为"稷下先生"们提供优厚待遇,让他们著书立说,讲习议论,不任职而论国事,叫"不治而议",用他们的学术专长来帮助齐国治理政务。他们不是执政者,而是议政者。我们现在讲参政议政,实行中国共产党领导的多党合作制度。这个参政议政的源头,似乎可以推到两千五百年前,是从淄博这个地方开始的。

当时有许多著名学者都来到稷下学宫，在学宫里讨论学术，百家争鸣，为齐国的治理和发展提供智力的服务，对齐国成为大国、强国起了很重要的作用。现在，我们要各个地方都实现小平同志提出的目标，要大力发展经济，到这个世纪末，全国人民都达到小康水平。这里面，确实有个发展经济的战略问题。要集中各个方面的智慧和研究，找出些办法来。齐国那个时候，天下并不算大，现在的天下大多了，我们已经进入全球经济密切相关的时代了。在这种局面下，一个地方的经济发展，怎么样能从自己的实际条件出发，参照世界的形势，在整个世界的发展当中找到发展自己的路子。用什么办法来找呢？我们是不是可以考虑两千五百年前齐国采用的办法，用稷下的模式，请来有研究、有见识的专家当"稷下先生"，请他们出主意，想办法，开展讨论。我们今天请来的各位专家，可以说就是现代的"稷下先生"。齐国的稷下先生住在学宫里边，现在交通条件已经大有进步，我们可以利用交通的便利定期聚在一起来议论了。像这个会议一样，昨天晚上专家们连夜赶来，开两天会，发表意见，提出建议，明天可以又到另一个地方去参加其他地方的会议了。各个谋求发展的地方都需要人出主意，都可以借助发达的交通，组织力量，研究发展战略和策略，议政，出主意。怎么发展一个地方？大家把各自的想法拿出来。至于采取哪一种想法，那要由执政的人来挑选。这样就把议政和执政结合起来了。

我们中国民主同盟是参政党，盟内有很多专家，他们有参政议政的智力优势。我们的议政工作，有一部分就是参与地方上经济发展战略的研究讨论。但是只靠民盟内部的力量还不够，所以我们就广泛地联系各方面的专家，组织各种形式的讨论会，为地方的经济发展服务。

我在山东跑了一圈，现在来到淄博，看到淄博在山东有它特殊的地位，在区域经济里边处于一个地区的中心地位。对于区域经济的认识，我个人是从苏南一个村子开始的，从这么一个小的经济细胞开始的。从一个村子逐步发展，到苏南的一片，到一个省、几个省，再到全国，从研究一个村子的经济发展到了研究区域发展。这是我个人的学习历程。

现在可以看得更清楚些了，经济的发展正在突破行政区划的界限。这是当前经济发展中很值得注意和研究的一种现象。怎么理解这一现象呢？首先有个认识问题，即怎么看待当前中国经济布局。我想，不宜从行政区划的角度去看，而要超脱行政区划，看到市场经济发展过程中客观存在的和必然要求建立的经济联系。根据这样的经济联系，在地域上可以形成几个大的区域。我们已经提出了几项跨世纪的工程，其中一项就是环渤海地区的发展。这个经济区域从青岛直到丹东，如果能加快发展起来必然会在华北产生巨大的影响。

要加快发展环渤海地区就提出了需要有若干中心城市发挥作用的问题。这也就为淄博的发展提供了机遇。淄博在环渤海地区的发展里边起什么作用，怎么发挥作用，需要从区域经济的角度来研究。所以我就建议，淄博是不是可以考虑开一个研讨会，把专家们请来，做我们的老祖宗在两千五百年前做过的事情，广开言路，集中大家的意见，造成研究的气氛。这个研讨会不作结论，百家争鸣，大家就把各自所想到的意见畅所欲言，展开讨论，然后把大家的想法集中起来，出一本书。

当年稷下学宫不光是讨论、争鸣，也出了不少重要著作、经典著作。《孟子》《荀子》大体上就是在稷下酝酿、编著而成的。《管子》半数以上的文字,也出自稷下。10多年前,淄博这里开过"稷下学讨论会"后,也出了一本书,就是《稷下学史》。这本书对我的启发很大。许多事情过去不知道的,从这本书里知道了,还产生了很多想法,使我得到了提高。因此,作为一个初步的想法,我们这次讨论会后,希望也出一本书,讲我们淄博在区域经济里边怎样发挥作用,讲淄博从现在到下个世纪初怎样发展,同时,也可作为我们继承历史上的好传统,复兴稷下学风,开展百家争鸣的记录和纪念。

我是从一个村庄的调查起步的,刚才说了。从村庄到小城镇,再继续扩大范围,现在又关心大中城市对农村经济的辐射和带动作用,关心区域经济发展的中心城市问题。我这个人的想法很简单,就是希望老百姓的日子过得好一点,为这一点做些力所能及的事情,在做实事的实践中不断学习,有所提高。我紧紧追随我们民族在本世纪内的现代化过程,一边调查,一边记录,以便认识它、思考它。改革开放以来,我们的老百姓干出了很多大事情,我常常感到自己的认识落后于实践。

农村里搞点家庭工副业、庭院经济、乡村工业,老百姓的日子就会好过一点,这是我能想得到的。老百姓的日子好一点以后,出现了很多新的东西,出现了乡镇企业的异军突起,出了个市场经济。这些了不起的大事情,是我开始时没有想到的。我去温州看那里的发展,感受到了流通的重要性,开始有了流通的概念。农民生产的东西多了,就要卖出去,要去市场上流通起来。我写了篇文章,叫"小商品,大市场",说这个问题。我的这些想法,老实说,都是从实践里边出来的。有很多事情,不是先想好了才去做的,而是老百姓在不断尝试中搞成的，创造发明权在老百姓那里。实践当中已经有了的东西，我们要跟上去看，去思索。这就是所谓学习。看出了和想通了这些事情的意义，用处就大了。

我们快要结束的这个20世纪，我叫它"战国世纪"。世纪初打第一次世界大战，接着是二次大战。二次大战结束后，没有军事上的世界大战了，不用武力相见了，却改变成了经济较量，其实只是战争的方式改变了，还是"战国"状态。现在国与国比实力，比生产力水平，比经济的力量，打经济大战。苏联打败了、垮台了，我们坚持了过来，靠什么呢？靠广大农村这些年的经济发展，靠农民搞出来的市场经济。我是这么想的，不知道对不对。将来历史对这一段怎么写，一定很有意思。

我脑子里边有这么一个"战国"的概念，就会出现一些和这个概念有关的想法。这些年我去全国各地看，行行重行行，现在来到淄博。看看现在的发展，想想历史上的情况，觉得很有意思。历史和今天，有很多相同的地方。两千五百年前，是我们中国的战国时代，是从奴隶制向封建制转变。现在是世界的战国时代，是资本主义正在变化。向什么地方变，变成什么样子，还不清楚，总之是在起大变化。不光是苏联不行了，那些资本主义国家也不行了。美国打海湾战争，战场上是打胜了，政治上只能不了了之，而且暴露了自身的弱点，经济实力已经亏损了。收兵回来，总统下台，还不是一场空吗？

为什么我们说小平同志有远见呢？他看出在世界上力量对比的变化当中，有我们中国发展经济的机会。历史上这样的机会不多，所以要抓住机遇，加快发展，先把经济搞上去，让老百姓富起来。发展才是硬道理。

怎么发展呢？城乡要结合起来。农村的发展也好，城市的发展也好，光靠它自身是不行的。我对上海一带的情况比较熟悉，那一带小城镇比较密集。小城镇是怎么出来的呢？是农村发展所要求的，也是农村发展所促成的。一个村子一千人左右，一个小城镇十几个、几十个村子。这些村子需要有个中心，农产品集散中心，几万人的小城镇就是这么出来的。再发展，小城镇还不够，从镇再往上，就是城市了。像我的家乡苏州，几十万人，我们叫它中等城市。淄博也在这个层次上。没有这么一个中等城市，它周围的小城镇发展不起来。没有上海这样的大城市，苏州、无锡这样的中等城市也起不来的。所以，我脑筋里边慢慢地产生这么一个想法，区域经济的想法。我们考虑一个地方的发展，不能孤立地只从一个点来考虑，必须从周围乡镇一块来考虑。一块地方要有一个经济的中心，它和周围的腹地在经济上紧密联系，共同发展。若干村围住一个镇，若干镇围住一个中等城市。从细胞到器官，再到全身，成为一个整体，一个群体，在淄博这里，叫"组群式"结构。

这么想了之后，再看我们国家的经济布局，发现问题很大。我们整个的经济是倾斜的，有点南倾。我去香港和珠江三角洲看过几次，知道这是历史造成的。那时候搞封锁，只留了香港这一个后门，一条通路，几十年里把它喂胖了。香港过去也不成样子，祖国大陆送去了机器、资本、劳动力，它才发展起来。我们几次运动，赶过去了不少人。这些人中不少现在已当了小老板，回大陆投资办厂，东莞就是靠这么一批人发展起来的。这段历史，造成了华南经济的发展，也造成了我们国家经济的南倾。

上海工业基础很好，但是被过去实行的计划经济卡住了。

上海没有机会很快发展起来,但是出了一个苏南。苏南还不是靠了老上海的技工发起来的?在提出上海开辟浦东新区时,我有一个想法,以上海做龙头,江浙为两翼,把长江三角洲整个这一块带动起来,发展起来。不过,这要有个过程,现在还不行。上海先得丢掉过去的包袱,这个龙头才抬得起来。

顺着沿海往北来,就是我们这一块,环渤海地区。这里区位条件好,即将成为今后发展的一个热点。经济南倾的局面是历史造成的,当时没有其他办法,但不能总是南倾下去,越倾越重。想实现共同富裕,当前不发达的地方必须赶上来,热点的向北转移是必然的。淄博要从这个视角去做文章,建成环渤海经济区南部的一个中心。

说到热点的转移,我们可以再往北看,就是东北亚地区,也有点热起来的气势了。那里又是一大块。我去延边视察时就看到这里可能出现的前景。我国南方优势必须保住,北方这一块却还待开发,但必须及早看到它的潜力。国际共同开发东北亚很可能成为事实,开发时所需的劳动力在什么地方呢?在我们这里。日本、美国、俄罗斯都抽不出劳动力去这遥远的地方。劳动力是我们的一大优势。中国人的适应性很强。可以采取外出打工的形式输出劳务。在国内不算移民,就可以起步去开发,像日本人在夏威夷,双方都有益处,会受到当地的欢迎。东北地区的经济发展起来,同南方相呼应,我们国家的事情就好办了。

从南向北的经济联系和发展,环渤海地区是个过渡地带,很重要。这一地区的发展,也要有几个大中城市作支点,淄博应该是其中的一个。环渤海地区在发展过程中,会和东北地区的发展产生自然的联系。环渤海地区发展条件很好,应该成为国际共同开发整个东北亚经济的一个基地。我们在研究淄博跨世纪的发展问题时,不妨看得远一点,所以我就产生了这些想法,提出来供大家来讨论。

焦作行

（1994年5月）

1994年5月末，我从河南信阳转道赴濮阳，列席豫鲁冀晋四省黄河北岸14个地市的经济技术协调会第九届会议。这14个地市过去曾一度都属于平原省，后来改制分属四省，经济上不仅相似，而且有互补之处。所以在1985年出于共同的需要，成立了一个跨省区的经济技术协调组织。我在去年访问河北邯郸时接触到这个区域经济组织，引起我的注意和兴趣，决定今年去列席他们的年会，目的是再学习一些关于我国中部地区经济发展的知识。

在会上听说参加这次协调组织的焦作市这几年有突出的发展：国民生产总值从1985年全省第九位上升到第五位，12年翻两番；人均乡镇企业产值、人均农民纯收入都居全省第一位。1993年全市国民生产总值突破了百亿大关，农民人均收入接近千元。

这些数字对我有很大的吸引力，原因是这几年来我对沿海和中西部经济发展的差距颇为担心。地区差距固然是经济发展过程中不能避免的现象，但是差距如果不断扩大那就和全国人民共同富裕的目标相违。怎样加快中部地区发展的步伐是这几年我自定的研究课题，所以决心要亲自去焦作看看。焦作没有辜负我的期望，创造了不少适合于发展中部地区的实际经验，所以我在向主人告别时约定把我的观感写下来给中原其他地方作参考，但是回京后，杂务羁身，迟迟没有动笔。7月中旬看到《瞭望》第28期，该刊记者有关焦作的报道，基本上已写出我们的共同认识，我想本文就只写我个人访问焦作时的体会，可以作上述那篇报道的续篇。

"大自然偏爱焦作"

焦作市坐落在太行、王屋两山之麓，南靠黄河，说起来就是大家熟知的北山愚公的故乡。按传说，这原本是个被这两座大山堵塞的偏僻之地。我最初听到这个地名是在"文革"期间下放湖北潜江的干校时，当时传闻附近有条名叫焦枝的铁路要通车了，出于对这路名的好奇心，我打听到这是条跨过黄河和长江的南北大动脉，所以当我听到焦作这个地名时，它已是愚公感动了上帝之后出现的一个四通八达的城市了。但是人们的认识总不免落后于实际。愚公故乡和闭塞贫穷在我脑中总是联结在一起。直到我亲莅其地，不禁油然冒出了"不到焦作不知中原之富"这句话来。

焦作之富，富在得天独厚的自然资源。有人曾慨叹"大自然偏爱焦作"，它的优势是"近煤、近水、靠矿"。被愚公感动的上帝所派来的神仙并没有背走这两山的资源，只开通了挡住它开放的出路，焦作不仅在自己区内有年产1000万吨煤，而且处在晋煤外运的通衢上，大道两侧形成了10里煤炭集散走廊。地处太行山的尽头，由于地质特殊的构造，山脉的地下水南流汇集在这个盆地里，在缺水的华北平原，可称为天之骄子。水质稳定，开采方便，人均水资源是河南省平均水平的1.8倍。加上黄河之水横绕南境，拟议中的南水北调工程又斜穿焦作北行。有煤、有水之处还有多种（包括铝土和硫铁）矿产资源，储量极为丰富。这些资源一旦变成了财富，焦作便不难雄跃中原了。出身于鱼米之乡的人，到此不能不低头折服于"中原之富"。中原对沿海之所以相形见绌，原因是在没有充分利用其自然资源发展工业，一旦苏醒过来，定有后来居上的前途。

农业高产地区踏上工业化的道路

焦作的觉醒不能说太早。它走上开发大道还是80年代开始的。在此之前，这里的老百姓还不知道山底地下藏有丰富的资源，而满足于长在地面上的庄稼。这地方的农业是高产的。以我访问过的温县为例，就是名声远扬的农业高产基地，在90年代初粮食单产突破1000公斤，成为黄河以北第一个吨粮县。当他们发现陷入了"高产穷县"的怪圈时才惊醒单纯搞农业是富不了的。

农民群众在实践中觉察到了老路已走不得了，焦作市的领导及时总结了各地的经验，认识到农村经济发展的四个机遇：一是实行联产承包责任制，解放了农村生产力。二是发展乡镇企业，促进了农村劳动力转移。三是开展小康村建设，全面推动农村生产力的增长。四是发展区域经济，加快农村工业化和城市化，导向城乡一体化。现在的焦作，正处于从第三到第四机遇的过渡中。

以中部地区来说,在实行联产承包责任制的第一个机遇上是领先的,比沿海的苏南地区早了4年。他们抓住这个机遇,农业得以迅速增长,出现不少粮食高产基地。但是到了第二个机遇兴办乡镇企业时,中部地区开始和沿海地区拉开差距。在80年代初期中部地区抓住这个机遇,大办乡镇企业的不多。他们大多坚持以粮为纲的信条,而且满足于仓满廪实,以致在产业结构上一般农高于工。他们在农村工业化的道路上踟蹰不前,同时又缺乏工业城市的带动,迟迟不前。即使抓住这个机遇的乡镇,又常常出现一枝独秀孤岛式的局面。在河南和焦作的一些乡镇就是这一类先走了一步的乡镇企业生长点。1984年在进行国土规划时,农村的重点还是放在"农业—优双高"的示范区上。但是当时,焦作的人均乡镇企业产值在河南省已占首位。就在这个生长点上,90年代乡镇企业茁壮成长了,全市乡镇企业产值达235亿元。全市有65个乡镇,16个村,5个企业产值超亿元,占全市工业产值的2/3,转移了60万农村剩余劳动力。从这里可以看到焦作的乡镇企业是在80年代中期才起步的,比沿海的苏南地区落后了近10年,而它在中部地区却还是带头的佼佼者。

焦作的乡镇企业起步时还是以高产农业为基础。我去访问过的温县提供了许多典型的事例。上面已说过温县是全国有名的粮食生产县、国家商品粮基地。在这个地区可说家家有余粮,户户养鸡喂猪,肚子不会饿,但袋子里的钱却不多。怎样利用多余的粮食多挣一些钱是很容易想到的问题。据说现在为城市居民,特别是在机关里工作的职工所欢迎的方便面最先是温县人搞出来的。现在全县有方便面生产线16条,每年加工的小麦达10万余吨,占该县粮食总产量40%,年产值超过1亿元。这个事例生动地提示了在市场经济里怎样改变城市居民生活方式，同时产生了新的需求，而这种需求立即反映在农村产业结构的改变，真是县县相应，扣扣相连。

方便面是以粮食加工来增进附加值的简易例子。如果稍稍掺入一点科学技术，附加值也就成倍地提高了。温县现在还有以玉米加工的医药生产系列。全县各类淀粉厂家19家，转化玉米15万吨，部分进行再加工，转化为葡萄糖，年产3000吨。过去麦秆、玉米梗只当作燃料或肥料之用，现在成了造纸的原料。各地办了造纸厂60多个，产值2亿元。豆类和花生加工成食油、粉丝、腐竹。这些原是农家的传统副食品，现在进行规模生产，形成10个专业村，年产值达7000万元。过去当原料出卖的棉花，经国家允许部分已加工为药用棉，价值成倍增加。农产品加工原是古老的办法，一向在乡土经济中起作用的。当前因市场经济的发展，从各家自给产品转化成了集体规模经营的商品，不仅打开了农村工业化的大门，而且引进新的科技和设备，进一步带动了以当地资源为原料的各种加工业，甚至到外地去收购原料来加工出售。就这样，焦作一步一步地由市场经济带上农村工业化的道路。古老的传统并不都是该抛弃的"四旧"。社会经济的条件改变了。旧中是可以长出新芽的。把新和旧对立起来，是与客观事物不相符合的。新的会陈旧，旧的会更新，才是历史发展的实际。

乡镇企业在市场经济中勃兴

乡镇企业需要市场经济，市场推动了乡镇企业的发展，两者的关系原本是简单易明的道理,但是乡镇企业发展的初期,从事这项事业的人却不一定意识到这个道理。我在家乡见到过农民看邻居养蚌珠发了财,眼红了就学样,一时几乎家家养蚌,结果是蚌珠价格大跌,甚至没有客户来收购,农民白忙了一阵,落得一肚子的气。怎么珍珠都会不值钱?!农民是想不通的。接着我又看到乡镇企业里的产品堆积在仓库里,没有人来买。这个事实让搞乡镇企业的人明白了货色是要销售了才能变成钱,不能守株待兔。于是在80年代中期,沿海各地乡镇企业的推销员满天飞。经过这一段摸索,较大的市镇上出现了商场,近几年连商场都觉得不够气魄了,又到处建起了规模宏大的"商城"。这段历史回想起来是十分动人的。农民通过副业加工进入工业化,又通过推销商品进入了市场经济。从时间上说,前后不到20年,真是够快的了。

被视为后起的中原地区,得益于先走一步的沿海地区闯出来的路子。他们有条件直通市场经济了。焦作虽然起步慢了10年多,但已有前车可鉴,他们学会以销定产,先看准市场,才动手生产。上面提到的方便面就是一个例子。方便面是为适应城市居民生活方式的改变而产生的。城市里的职工不愿每天中午回家煮饭用餐,造成了方便面的大市场。"有人买才生产"是市场经济的要领。作为高产粮食基地的焦作市抓准这个要领,兴起了农产品加工的企业。

更使我叹为观止的是温县东梁所村已成为塑料凉鞋的生产和集散地。我这一代人不会不记得过去乡下的农民在夏天是穿草鞋或是不穿鞋的。在南方山区的少数民族还有终年不穿鞋的。这种生活习惯在今天已成为过去的事了。改变这一习惯的原因一方面是各族农民收入普遍有所提高,另一方面有了成本便宜的塑料可以用来制成凉鞋。农民要穿鞋,焦作办了塑料鞋工厂。这工厂最初是少数农民集资10万元开办的,当年产值就达72万元。1992年资金滚动积累已达9000万元,引进了新立式注塑机,年产凉鞋30万箱,畅销20个省区。

温县依赖这些乡镇企业的勃兴,农民人均纯收入到1992年已达2310元,全村1/3农户的资金占有量在10万元以上。焦作市的其他各县也是充分吸取沿海乡镇企业各种模式的经验,八仙过海,各显神通,开拓自己的路子。比如孟县在西部山岭区大规模培植果林、槐树乡村村成立苹果协会与各地院校和农场挂钩,引进优质苹果现已超过100多个品种,不仅鲜果远销各地,而且大办饮料工业,在短短两年里60多家工厂兴建高水平全封闭的生产线20条。今年3月召开饮料订货会,当场成交2700万元,订货合同达8000万元,赶上了近来果汁饮料的新兴市场。

在这个基础上,他们更进一步地发展原料销路两头在外的加工业,孟县的皮毛业集团就是一例。这个集团加工皮件400余万件,价值2亿元,所用原皮几千万张都是从外地购入,其中150万张来自澳大利亚。

另一个值得一提的例子是博爱县的一家铸件厂。它原是铸造下水道井盖的小型工厂,现在已成了为日本几家大汽车工厂生产精密部件的合资企业。我在不久前曾读到一篇关于日本中小型企业的文章,说到日本那些有名的汽车制造厂所需零部件大多分发到中小企业去制造。近年来日元升值,为了降低成本,日本正在国外寻找承包对象。博爱县地处偏僻,但有铁有煤,又有便宜的劳动力,所以日本汽车制造厂不惜派出技术员来培训中国工人,并且在生产过程中提供精密机床和现代管理。博爱这个小小的铸件厂抓住了这个机遇，进入了国际市场。

焦作市的各市县通过积极办乡镇企业，1993年总产值达70多亿元，已占全市总产值2/3，60万农民转变成产业工人，人均收入增加了972元。这种有点像奇迹的发展，使起步较迟的地区，在进入90年代的短短几年里，抓住开拓市场，已接近小康水平。在这样短的时间里广大农村要实现工业化和城市化，对我们来说是要做一件前人和旁人没有做过的事，所以只有凭群众的智慧和创造，摸索前进。先行者不免要披荆斩棘，千辛万苦地开辟道路；跟在后面的，只要善于接受先行者的经验和教训，从实际出发，因地制宜，紧跟前进，就比较顺利易行，这就是后来可以居上的道理。我在焦作看到的情形和十多年前在沿海地区所见的相比，就不免产生了这种感想，也因之对中部地区的迅速发展产生了乐观的看法。

由点及面向全市实现小康迈进

我的乐观情绪并没有阻碍我同时看到中部地区在发展进程中的不平衡状态。中部和沿海有差距，中部各地区间也有差距。社会经济的发展总不免由点及面，由中心到边缘地波浪式和阶梯式开拓的。从河南省城来说，焦作市看来是走在前列的一个点。而焦作市的各县市尽管有八仙过海之势，但也不是并排齐进的。每个县市中的乡镇和农村也是如此。为了督促各村各乡各县鼓劲在不同起点上加劲乘势前进，希望全市人民在进入下个世纪之前都能从温饱达到小康，焦作市领导倡议全市农村普遍开展建小康村的活动。这是一项以点带面、实现共同富裕的工程，着重以村为单位，发动群众自觉主动地奔向小康。

这项活动的内容是各村在市的领导下共同订出小康村的标准，分别根据本村的实际情况，因地制宜地发挥自身的优势，做出达标的具体规划，并由市、县、乡组织配套的服务体系，体现农村双层经营体制，促其实现。每年年终进行考核，凡是达到规定标准的，由市授予"小康村"的荣誉称号。

小康村的标准一共15条，依据物质文明和精神文明一起抓的原则，和全民共同富裕的指导思想，所规定的主要标准是：农民的人均纯收入要达到1200元，同时也规定普及九年制义务教育，建立良好村风民俗和严格执行计划生育等。1992年年底经过验收合格，实现了预计的100个小康村，占河南全省小康村的1/3。1993年又有302个村达标。第三批500个小康村估计在今年年底也可以实现。建设小康村的活动形势喜人。基本的原因我认为是在能借此发挥群众的力量，加强领导的决心和制定具体的目标，充分利用市场经济的机制，狠抓当地的优势，在集体的服务体系下发展乡镇企业。

焦作的乡镇企业有它一定的特色，用他们自己的话来说是"公司＋基地＋农户"，这种提法比我在《信阳行》所提到的"公司＋农户"中间增加了"基地"两字。这两字之增强调了由点及面的意义，就是许多农户和农村集合起来，在统一的服务体系下，即公司；形成进行同一产业的集体，即基地。事实上，这种情形在信阳也有，但我到了焦作才看到成片农村里的农户参与一个主导产业形成一个区域，他们称作区域经济。这对我很有启发。

举些例子来说明：沁阳市北邻山西，坐落在太行山麓，有十多公里的坡地具有特有的矿产资源。紫陵镇的赵寨村和五街村等都利用这些原料，先后办起以制造玻璃钢为主的村办企业几十家。随后成立了一个市级的实业公司和30个石油、化工等科研单位攀亲结缘，建立协作关系，增加了产品的品质，提高了质量。各村产值都超过亿元，人均收入都超过2000元，甚至有达5000元的。赵寨和五街等村都在1992年列入小康村，而且沿太行山麓形成一条被称为"玻璃钢王国"的地带。这一带又正处在晋煤入豫外运的通衢上，大道两侧的村子相继利用它们的地位优势，发展成数十里长的煤炭集散走廊。在这走廊里兴起了以贸易和运输为其服务的公司，得到小康村荣誉的村子连成一片。

在小康村建设过程中，我们看到了分散性强的小农经济在工农结合和个体生产集体服务的双重经营体制下迅速过渡到生命力强大的社会主义市场经济。这正是"公司＋基地＋农户"的具体内容，既符合提高个体农户收入的主要目标，又纳入了有党和政府领导的集体服务经营框架。它用集体的收入来建设现代化农业，进一步解放农村劳动力；并保证了农民的教育和医疗等社会事业和优良村风民俗的建立和发扬，有利于社会安定团结。看来这是素以农业为主的中原地区农村发展一条值得选择的道路。

建立欧亚大陆桥经济走廊的中心枢纽

我曾提出一个观点，就是焦作最好能和洛阳、郑州结合成中原金三角，作为欧亚大陆桥经济走廊的中心枢纽。这个观点是我从整个中国经济的格局着眼，在全国一盘棋中为焦作找到一个今后应当可以争取到的地位。

当前我国自从改革开放以来所形成的经济发展格局是先从沿海起步，在80年代取得了惊动世界的高速发展，然后沿长江西上，通过沿江城市的起飞，带动整个长江流域腹地的农村翻番。至于中部地区的黄淮两河流域什么时候和怎样才能跟上，目前似乎还是个值得探讨的问题。这次我到信阳和焦作走了一趟，一路想到了从江苏的连云港和徐州，通过安徽的蚌埠，河南的焦作、洛阳、郑州这金三角，西出潼关，横穿陕西的秦川三百里到西安和宝鸡，再经兰州进入河西走廊，再西出阳关，从新疆西口的伊犁出国，直达荷兰的阿姆斯特丹，有一条现在已通车的欧亚大陆桥，感到中原地区大有可为。这条横贯我们中国北部的大动脉，应当是当前经济发展较慢的华北大平原的复兴之路。

我之所以说"复兴"是因为这地区首先是中华文化的发源地，又是在海上交通发达前中西交通的要道，但由于交通工具的改变使它在近几百年衰落了。现在交通和信息工具又有了飞速进步，陆上和空中的运输在速度上超过海运，因而这地区的复兴已有了物质基础。我国如果能利用这个机遇及时发展陆空交通的基础建设，从宏观角度上看去，现在应当已是动手振兴这地区经济实力的时候了。复兴的途径就是建立一个生机勃勃的欧亚大陆桥经济走廊，目标是加快中西部广大地区的经济发展。

建立这条经济走廊的内涵是发展"沿桥"的大中城市成为其周围广大农村腹地的经济中心。焦作目前正在努力的以农村为单位的小康村建设可以认为是为这走廊打基础的工作。依靠欧亚大陆桥这条大动脉和它的支脉,四通八达,形成一个跨县、跨市、跨省、跨国的巨大流通网络。在社会主义市场经济的不断发展中,沿桥两旁的广大农村一个个富裕起来,必然会出现一个中原经济复兴的光辉局面。这是我对中原地区的期望,也是对作为复兴起点的焦作的祝愿。

信阳行

（1994年5月）

今年5月我应河南信阳地区之约去参加他们茶叶节的庆祝大会。我愿意走这一趟，是因为我自己规定今年的科研课题是怎样发展我国中部地区的经济。自从进入90年代以来，我总是觉得中西部地区和东部地区经济差距在扩大，这对全局的经济发展是不利的。我想了解一下中部地区走什么路子可以发展得快一些，所以愿意腾出一些时间去中部地区多走走。这次收到信阳茶叶节的邀请，我很高兴。信阳茶叶节大会已举办过两届，而且越办越热闹，表明这种邀请各地甚至国外的客商参加的颇具传统形式的节日庆祝大会，对推动土特产的生产和销售很起作用。一次大会据说可以做到几亿元的生意。这种新生事物值得亲身去看看，对我自定的课题很可能有所启发。结果可以说如愿以偿，所以把这次访问的体会写下来，作为我的"行行重行行"的继续。

摆脱贫困

信阳处于豫鄂边界，是河南省的南大门，淮河横贯北境，南境是大别山区，是有名的革命老区。解放后，全区9县1市中有 7 个县是国家重点贫困扶持县，两个县是省扶持的贫困县。1983 年底统计，这 9 个县的农民人均纯收入在 150 元以下的贫困户有 54.8 万户，257 万人，占全区农户和人口的 41% 左右。就是说全区大约有一半农民温饱问题没有解决。经过 10 年的努力，到 1993 年底，全区人均收入已达到 730 元，只有住在低洼易涝地区和深山或库区的 80 万人现在人均收入还在 300 元以下，也就是说 700 万人中大约还有 11% 的人没有脱贫。在过去 10 年中全区已有 30% 左右的人脱了贫。这是一件了不起的脱贫战果，也为关心发展中部经济的人提供了一个难得的实际研究标本。

摆脱贫困是群众的迫切愿望，但是怎样才能摆脱呢？看来，必须找到一条符合当地实际情况的路子。各地情况不同，路子也不尽同。比如说，长江三角洲的苏南地区走社队工业到乡镇企业的路子，在 80 年代初期已经先富了起来。珠江三角洲广州附近各县，大多走"三来一补"的路子，吸收香港工业的扩散，随着也富了起来。在中部地区，以信阳为例，90 年代初还在闹饥荒，尤其是 1991 年的水灾，竟使已经摘掉贫困帽子（年收入在 200 元以上）的 17 万户农民又"返贫"了。这个地区和其他大部分中部地区一样，没有搭上 80 年代初发展乡镇企业这班车，90 年代初又没有冲进市场经济这个浪潮，一般来说农民的人均收入 10 多年来还是在 500 元这条线上徘徊，比起沿海的发展地区几乎差了半截。可见，由于具体条件不同，尽管主观上有赶上先进、力争上游的雄心，但不从实际出发，走出一条自己致富的路子，还是不能永远摆脱贫困的。

信阳原是个革命老区，民主革命时期全区有 100 多万人参军参战，30多万人献出了生命。革命成功之后30多年来，还有近1/3农民年收入不到150元，温饱问题都没有解决，不能不引起领导上的重视。从1984年起除了信阳市以外，其他9县1市全是扶贫对象。

问题在于扶贫怎样扶法才有效？最初信阳地区和其他扶贫地方一样，把国家拨下来的脱贫款看作是救济款，分发到贫困的家家户户。这就是后来所说的"撒胡椒面"。当时对于农户来说，分到手的这几十元、几百元，就像及时雨一般。但是由于雨点小，地太旱，一下就渗入衣食艰难的生活里去了。一年过后，贫困户依旧是贫困户。这种办法显然达不到使农民走出贫困的目的。于是提出了怎样扶贫的方法问题。1986年曾经采取过用生产性的实物如牛羊等代替货币的办法，希望农民把发到家的牛羊饲养好，繁殖起来；牛羊成了群，收入就可以年年增加。两年后检查结果，只有10%的贫困户家里，发下的牛羊还活着，有所繁殖。这条扶贫之路还是不通。他们称进入了"扶贫怪圈"。

80年代末期，沿海的乡镇企业已经显示出它的生命力，这阵风也吹到了中部地区。但是中原地区公社体制已经消失近10年了，农村里的集体经济实体不再存在。办集体性乡镇企业的启动资金哪里去找呢？而这时扶贫款正在"怪圈"里找不到出路，于是在1988—1989年就找到了一条从单纯支持一家一户发展种养业转变为集中力量支持乡镇企业的路。在这期间，支持乡镇企业的贷款占整个扶贫资金的60%。由于当地缺乏经营人才，农民的商品意识尚未形成，所办的乡镇企业生命力弱，竞争力差，效益不佳，不少甚至停产倒闭了。事后检查用扶贫贷款扶持的乡镇企业，效益好和较好的只有60%。但是这一小点站住了脚跟的乡镇企业，却成了信阳地区经济发展的生长点。

治水治山修路通车

信阳的农民心里有数，穷根就在穷山恶水。信阳的地势西南高、东北低，形成一个斜坡。西有桐柏山，南有大别山，原来山高林茂，蓄得住水，慢慢在斜坡上淌下来，川流成网，湖泊成串。这片不缺水的大地，正是得天独厚的农业宝地，一度曾是中华民族兴起和繁荣的摇篮。但是这里又是逐鹿中原兵家必争之南北要隘，有利于发展农业的自然生态体系被多年兵荒马乱严重地破坏了。山上的植被剥蚀后，有雨就一泻而下，洪水成灾；无雨则川旱湖涸，土地龟裂，寸草不生。本是养育万民的黄、淮两河成了旱涝成灾的恶龙。复兴中原首在治山治水。也就是说，这种以农为主的地区要发展经济，必须先抓农田水利的基本建设。

像这样农民的温饱都没有解决的穷困地区，我们不能指望他们有积累来办企业。但是他们并不缺乏劳力和智慧，只要有贤明的领导，能把他们组织起来，集中使用这股力量，就能通过治山治水，扭转生态的恶性循环，把这片大地的活力恢复过来，成为继续向前发展的基础。信阳从1984年总结了扶贫的经验教训，发挥群众智慧，决心走上这条治山治水的道路。这是一条生路，但是一条要付出巨大劳动的艰苦之路。信阳人民连续10年真正掀起了人人动手、男女老少齐上阵的势头。总结这笔账，除了上级的支持外，群众投入3.5亿元、上亿的劳动力，完成了20余项水利工程，基本打通了淮河上游行洪通道，保证了沿淮100万亩丰产田不受旱涝之害。这些工程中仅仅为了灌渠配套，就挖通了8400公里的干、支、斗、毛渠道，新增了小流域治理面积1400多平方公里。

治水还必须治山，群众又投入了以亿计的人力植树造林，合计植树300多万亩。大办林业不仅从根本上保证了水源，而且所植木材、果树、茶桑本身就是富源。我们去参加的茶叶节就是一证。信阳自古就出产茶叶，"信阳毛尖"就是历代的贡品。由于产量少，当时只够供奉少数权贵享受。这10年信阳开辟梯田，推广种植名茶，现在据说已达35万亩，产量达500万公斤，足够销售全国，部分还出口外洋，成为全国八大茶区之一。山上富源看来还是刚露锋芒。据说大别山里革命纪念地最多的新县，有一个历来最偏僻的乡，别号是"信阳地区的西藏"，名叫卡房乡。1992年全乡所植2.5万亩的板栗丰收，收入300多万元，一年中70%的农民摆脱了贫困。这个典型传遍大别山，使群众看到了具体的脱贫致富之路，产生了巨大影响。

像卡房乡这样偏僻的山区，如果没有路，即使出产了大量板栗，板栗价格尽管怎样高，运不出山，还不是烂掉，白白欢喜一场吗！这道理山里的农民最明白，所以在植树造林的同时，就提出了"要想富，先修路"的号召。信阳10年来大力修路，主要靠以工代赈，投资超过1亿元。新建和改建公路有2264公里。到1993年止，全区不通公路的村已由1357个下降到629个，减少了一半多。在没有通公路前，各村先造简易道路和桥梁，汽车通不了，先通板车和手扶拖拉机。所以信阳已可说村村通了车，乡乡有公路。这是一件重要的农村经济基础建设。有了这个交通网络,各项生产事业就有了发展的基础。

公司加农户

"公司＋农户"是信阳的新语汇,我还是初次听说。经过用实例解释,我才明白,这是一种以某一支柱产业为基础,实行贸工农一体化、产供销一条龙的经营形式。

现在先把他们讲给我听的实例介绍如下:固始县三河尖乡历来民间就有柳编工艺的技术,1986年开始建立3个柳编公司。公司产前向农户提供种苗,指导栽插、栽培柳条,然后对农户进行技术培训,提供产品货号;产中为农民指导编织,保证质量;产后收购产品,统一组织外销。农民生产,公司服务,所以叫"公司＋农户",强调这是一种农民在公司服务下完成生产和运销的群众性企业。

我搞清楚了这个新语汇的意义后,觉得很"面熟",这不就是我在河南省民权县所看到、《重访民权》中所叙述过的、由林培玉创办的、我称它作"无墙工厂"的那个民权工艺品联营公司吗?一听使我高兴的是,这种"利用草根资源,建成的草根工业"原来是中原各地不约而同,从实际出发,分别自创的一种乡镇发展模式。

更引起我注意的是,民权和信阳走上这条路子,在时间上两地也几乎同步。1987年我初访民权时,还没有人向我介绍这个"公司"。1989年我在西安一次学术会议上建议河南省社科院的同志去民权再作调查,1991年我在《城乡协调发展研究》论文集里读到河南社科院同志复查民权模式的报告,这时才知道林培玉所办的"草根工业"。就在这一年我决定重访民权，见到了林培玉，听到了他自述开办"工艺品公司"的经过。同时也知道了，他在1985年已把民间的草编产品推销到国外去。信阳固始县的"柳编公司"据说是1986年开始建立的，两地不是都在1985—1986年之间走上这条路子的吗？这初看来似乎是偶然的巧合。但是再一想，这个巧合正说明了这个路子或这种模式是在中原地区经济发展到一定条件时才产生的。

为什么民权和信阳几乎同时走上"公司＋农户"这条路子呢？80年代后期，改革开放的大气候已经从沿海地区冲入中原地区。中原地区各地的领导和群众都在寻找经济发展的门路。但是中原地区当时存在着种种内在的消极因素，阻碍农村经济像沿海地区一样发展起来。正如我在上面所说的，当时信阳的穷山恶水和民权的黄河改道遗下的荒滩沙地一样，使当地农民被生态恶性循环捆住了。以致解放后在政治上翻了身的农民，在经济上还是翻不过身来。以信阳来说，具有革命传统的老区人民，在80年代花了近10年的时间，才取得治山治水的初步效益，把阻碍发展的自然因素挖走了。

从社会条件上看，在80年代初，束缚农村社会生产力的公社制度刚取消不久，在中原地区留下来的是一群以家庭为单位分散进行生产的农户。他们没有享受到像苏南地区那样公社时期集体兴办的企业这笔"遗产"。而靠分散单干的小农经济，积聚办企业的资金是十分困难的。加上像信阳那样远离工业发达的城市，一般农民缺乏经营企业的传统，即使由行政上用扶贫款资助办成了一些乡镇企业，也难维持巩固，更说不上发展壮大。个体农户分散经营的副业，由于缺乏生产、加工、运销上能予指导和服务的体系，也很难产出能上市的商品。由于上述的自然的和社会的条件,信阳到1985年,农户主要收入还是来自农业。据统计,全区农民的副业产值在农民总产值中占不到1/5。这种以粮为纲的局面基本上一直延长到80年代末。

90年代初出现了新气象。国家的政策一再强调改革开放,走社会主义市场经济之路。中原地区的农民以及地方上的领导干部在思想上更加明确和迫切,要改变落后状态,一定要寻找适合于中原农业地区经济起飞的路子。据当地老百姓说,"公司+农户"就是使信阳逐步富裕起来的路子。

仔细想来,"公司+农户"这个语汇,明白易懂,更易普及,即农户是生产者的主体,公司是集体性的服务体系,两者加起来,就克服了个体农户分散生产的缺陷,而集体性的公司通过产前、产中、产后的服务体系把分散性的小生产团结成以具有当地特点的拳头产品为支柱的社会化大生产。通过公司的协助生产、包销产品的服务体系,走出一条贸工农一体化、产供销一条龙的发展农村社会主义市场经济的十分具体的路子。它的威力很大,一面联系了千家万户、村村乡乡,可以充分发挥男女老少零零碎碎的广大劳动力;一头通向国内外各地的大市场。它把农村角角落落里适宜于当地生产的多种多样、形形色色、大大小小、多多少少的特产,统统网罗进市。据统计信阳全区兴办这一类的公司现在已有960多个,有大有小,纳入这个大网里的农户已达40多万家,人均年增收300多元。

个体农户生产加上集体公司的服务体系确是一条符合于原来以农业为主的广大中原地区的实际,由农民闯出来的发展道路。在当前正在由点及面地普遍推开。这一点我在过去10多年的"行行重行行"里也已经觉察到,并且已经提出来,作为一个有效的发展模式。但是这次到信阳才初学得这个"公司+

农户"的新语汇,而且听说这个语汇在河南已经推广开了。

现在回头来看这个新语汇似乎比我在民权调查中所提的"无墙工厂"和有朋友提的"草根工业",以及我在湖南洞庭湖区调查时提出的"庭院经济",都好出一筹。因为"公司＋农户"在语言上比较通俗,群众性强,大家容易懂,而且把主要关键内容直截了当地说了出来。"无墙工厂"少了农户这一方面,"庭院经济"又少了公司这一方面。我起初想,是否应说"农户＋公司"更好些,但是再想一想"公司＋农户"也反映了河南的实际情况。农民搞副业是早就有的事,而这个模式之所以重要是在由公司把分散的农户生产活动组织起来,而且事实上公司是在行政领导下组成的,站在主动地位。因之"公司＋农户"也许更能符合社会主义市场经济的实质。群众创造的语言毕竟比文人笔墨高些。

金牛山的园林经济

"公司＋农户"这条龙,一下子不易见到它的全貌,龙头龙尾可以相距千里,信阳有些公司办事处设到了国外,而且群龙起舞,千头万绪,鸡毛、大蒜都可以成龙,近千个大小公司,五花八门。说不定它将组成为一条东方的经济大龙,腾飞于世。其实我这次被邀请去参加的茶叶节,起初也是身在龙中不识龙。因此心里总有点别扭,不亲自看看这10年来农村经济发展的具体情况是不甘心的。当地的主人明白我的心意,特地抽出一个下午陪同我去金牛山实地参观他们所说的"园林经济"。其实也可以说是许多条龙的一部分结合在一个山头的标本。主人先介绍我看了一本西北大学出版社出版的《豫南明珠——金牛山》的小册子,内容很丰富也很具体,因之我想事实方面就不妨说得少些,读者如果有兴趣可以这本小册子来补充。

金牛山现在是个开发区,位于信阳北郊,离市约3公里,在107国道旁,因之从我们招待所上汽车,很快就到了。车子停在开发区管理所门前,当时我仿佛觉得回到了家乡苏州,绝不像个"衙门",而是个小小的花园。进到朱红的月亮门口,迎接我们的是那位我在那本小册子上已熟悉的焦裕禄式的人物——林荣生。他是管理区的书记,论官级还只能是个村干部,但是他的为人确是不同凡众,为金牛山的建设立下了大功,创出了他所说的"园林经济"。他见到我不久,听我的口音,就说,我们还是老乡。我说是大同乡,同省不同县,他是淮阴市涟水县人。1947年参军,和敌人在孟良固激战一场。那时他是个红小鬼,当了个号兵。1975年来到信阳,已40多岁了,下放到金牛山当时称前进公社的朝阳大队当书记。

金牛山历来是个有名的荒山秃岭,12条岗岭,99个山头,8条大冲,34条小冲,700多公顷荒地闲着不知有多少年了。山上养不活人,只在山底有60户人家,人均收入只有几十元。这位书记上任之始就花了几个月的时间走遍了这一片砾石的山岗和水沟。心中策划着怎样治山治水,并下决心一定要把金牛山变成个花果山,按群众的说法,就是要把当地传说里走掉了的金牛找回来。这时正是全国在大搞学大寨,金牛山靠近市区。1975年市里动员3万名干部和附近的农民,在林书记的带领下,按他的主意,山脊修路,路边挖沟,坡上筑田,沟头挖池,小冲开塘,大冲建库,库下修渠,日日夜夜轮班,苦战了

66天，一共出了62万个人工，这片荒山的面貌基本上按照林书记的心谱变了个样。这场苦战结束后书记本人也变了样，下山来连他的老伴见了也认不出来了。金牛山在这个基础上，坚持下来，年年植树开田，到1981年，树也成材，庄稼也长旺了，过去背井离乡的人也回来了，人口超千人。正在这时这位林书记却升官，奉令到市里去坐办公室了。但是他心里惦记的却是那张尚未实现的花果山蓝图。

1987年改革开放的浪潮已涌到中原地区，信阳市的领导又想到了郊区这座金牛山和林荣生提出的"园林经济"的思路，下决心把他又请出来，按他的想法把金牛山办成一个开发区。他手执这个令箭欣然返山。今天我在管理所门口见到他时，他已是60开外的老书记了。他重返金牛山已有7年。在这7年里他一心扑在金牛山，真的可以说把传说中失去的金牛找了回来，以这座山为名的管理区也扩大了，成为名副其实的豫南明珠。

"园林经济"是林荣生创造的名词，内涵是如他所说的"公园的外貌，科学的内容，商品的基地，服务的中心"。有人说，林书记不失为江苏人，把苏州搬到了大别山的窗口，竟是一个天然盆景。这话并不过分。我坐了旅行车在这99个山头上盘旋，安安稳稳地坐着瞭望四周，并不需在大凉山里那样跳着老年迪斯科。加固了路面的公路山里打个转就有20多公里长。公路像个大动脉，联通着大小的山路、水路，像微血管一般把山坡上层层梯田、块块林地、小塘、大库、居民住宅、加工厂房、存货仓库、贸易商店以及旅馆饭店全都联成一体。我真有一种感觉，好似自己缩小了几十倍，进入了苏州的盆景里游赏的味道。称之为"园林经济"很恰当，因为这个放大的盆景并不是仅供观赏的园林,它是个多种经营的生产基地。每年向信阳市提供蔬菜80万斤、肉类25万斤、水产15万斤,不必多列举了,只说73公顷的茶叶基地每年收入就有40余万元。这不是个"园林+经济"的开发区吗?各地的开发区我参观过的不少,但可以说没有一个比得上金牛山那样幽雅丰腴,多彩脱俗,自成一格,独领风骚,真是个多层次、多功能、多效益的开发区。我在这篇报道中所写的只能说是一个长卷的开篇,层出不穷的新人新事,留待后人去续写吧。

我在握手告别这位把半生奉献在金牛山的林书记时,脱口而出:"感谢你这位老乡,果真把传说里的金牛牵了回来,希望全国各地都能见到像你一样的牛郎。"我这一口吴音不一定使这位老乡听明白,吴音和淮音相差太大,但是从他和我握手那股劲道里,我感觉出我们两人的心已是息息相通了。

家底实 创实业

再访温州

(1995年1月12日于北京北太平庄)

八年阔别,今昔不可同日而语

1986年初春,乍暖还寒的时候,我来到温州访问,学到了当时当地搞市场经济的一些知识。我是听说有个和苏南模式不一样的温州模式以后慕名而至,想探求两者之间的不同特点。在历时9天的访问中,这里从小商品发展起来的大市场给我留下了很深的印象。在我看来,当时的温州已经在计划经济之外有了一个民间的、在小商品市场基础上起步的市场经济。回来后,我写了一篇《小商品 大市场》(又称《温州行》),记述了我初访温州的见闻和受到的启发。

那个时候,人们对市场经济是怎么一回事不大清楚,还有疑虑和争论。依我的理解,温州当时的商品经济可以看成是从传统中生长出来的市场经济的初期形式。正在温州发生的历史事实说明,市场经济是可以和社会主义结合起来发展生产力的。在短短的几年里,异常活跃的商品既打开了大市场,也带动了温州工业的发展,还给温州人带来了实惠,改变了多年来贫困落后的面貌。据统计,1984年全年净收入在5000元以上的农户已有40万户,占总户数的1/3,农民已经开始从贫困走向温饱和小康。

这个变化或许还有更值得注意的地方。温州实践再次告诉我们：市场经济并不都是舶来的、搬来的，也有中国土生土长的。它开始时可能有点四不像，但毕竟是草根经济，有很强的生命力。它既吸取传统的营养，又逢社会变革为它提供适宜的土壤和气候，一旦生长起来，就会有芳草遍天涯的前景。

当然，在市场经济的初步实践中，也会出现一些问题，这可能是难以避免的。温州模式以商带工这个特点，形成了大量的家庭工业和个体经济，在一开始处于自发、小型、分散的状态。这有好的有利的一面，即容易起步，经营灵活，群众自发有积极性，不靠国家投资而创造财富。但也有不利的一面，就是有些盲目性，规模小，技术低，质量不高，这是下一步发展要克服的缺陷。我曾在《温州行》一文里提出了"走向联合"的想法，认为当时的温州模式应当有一个不断提高和完善的过程。"提高劳动生产率的途径必须是联合经济和规模生产，只要生产力继续向前发展，温州的家庭工业就必然趋向于'联'。"

自从写下这样的想法到现在，忽忽8个年头过去了。这8年里，小平同志视察南方发表的重要讲话平息了围绕姓资姓社的争论，明确了"三个有利于"的标准，这是影响我国改革开放全局和步调的一件大事。当年在风口浪尖上的温州如今是个什么局面？8年前我写下的想法符不符合温州经济发展的实际？温州模式有哪些新发展和新鲜经验？这些问题时常萦绕在胸，重访温州也一直是一个心愿。1994年11月末，我终于又有机会重访温州。

这次访问我所看到温州的发展不光是数量上的增加和扩大，更重要的是质的变化，是新的飞跃。我这两次到温州的前一站都是杭州。从杭州去温州，8年前是坐汽车，辗转两天才到。这一次是坐飞机，40多分钟就到了。交通工具的改变提醒我，温州的基础设施条件看来已是今昔不可同日而语了。下了飞机，在从机场到住处的沿途，都能看到修筑高等级公路的火热场面。又听说温州建机场、修公路这些大项目都没有靠国家投资，主要是依靠温州民间集资干起来的。阔别8年，温州的变化之大，温州民间实力之深厚，真是令人惊叹！

从个体经济走向股份合作

个体经济是温州经济较早发展起来的基础，也可以看作温州经济发展的第十个台阶。这里有它的历史合理性。

在温州农村，80年代初期开始实行家庭联产承包责任制以后，剩余劳动力开始向二、三产业转移。温州的一大特点是地少人多，耕地资源严重缺乏，人均大约半亩田的样子。加上温州地处东南沿海前线，由于解放后多年搞备战的原因，国家的建设投资很少。从1949年到1978年的30年里，总共只有5亿多元。温州市被瓯江、飞云江、鳌江、清江等河流分成5块，直到改革开放之初，连一座桥也没有。我初访时想转一遍市区，只有靠摆渡，市政公用设施之差由此可见。

在剩余劳动力很多、国家投资很少、交通能源基础设施又很差的条件下，温州农民向非农产业转移，从事商品生产，就只能从投资少、成本低、能耗少、技术简单、流通运输方便的小商品起步。这样的起步发展商品生产，农民自己的住房成了厂房、车间，手上的闲散资金、传统技术和空闲时间都成了挣钱的本钱。剩余劳动力被家庭工业吸收了相当大的一部分，农村商品经济得到了很大发展。到1984年的时候，温州的家庭工业户已达到13万户，产值占了全市农村工业总产值近60%。这样规模的家庭工业，加上当时7.78万户个体商业、服务、修理业，还有1.58万个体运输户。温州的个体经济在整个温州经济里占据了主要地位。

随着商品经济的发展，全国不少地方都开始发展投资少、起步快的小商品生产，市场竞争比从前激烈了。竞争给一家一户分散进行的小规模生产经营活动造成了压力，也给温州的家庭工业走向联合带来了契机。

农民是聪明的，很快就领悟到要在竞争当中站稳脚跟，光维持简单再生产是不行了，出路是设法扩大规模，更新设备，提高质量，开发新产品，在技术上有新的进步。这样就需要加大投资。钱从哪儿来呢？向银行、信用社贷款吧，碰到政策因素的限制；从民间借贷吧，利率又太高，难以承受。在这样的情况下，几家几户联合起来，入股集资，风险共担，利益共享，就成了一种现实可行、大家都能接受的办法。

于是，温州经济的发展，就从第一个台阶开始走向第二个台阶——从个体经济走向股份合作经济。

温州有个名叫朱明春的企业家，在我初访之前的1984年，已经开始走向联合。他组织了86户专业户自愿投资入股，每股1000元，建立禽蛋产销联合公司。过去分散在各户的资金、劳力、场地、设备、技术等生产要素集聚组合起来，取得了比单门独户的家庭企业更好的效益，更大的市场。这个公司当年就向市场提供了35万只肉鸡，占市区年肉鸡供应量的40%，此外还向市场提供了占市区年供应量10%的鸡蛋。

瓯海县永兴镇有十几个农民，大都办过几年搞印刷的家庭企业。他们都觉得，老是一家一户地闹腾不是长远之计。1985年，他们联合了起来，集资创办一家上水平的企业，生产软包装材料。先是每人一股，每股5000元，后来每股增加到15000元，加上一些贷款。他们买来一条国内先进水平的自动生产线，产品在国内同行中属上乘，销路不愁。两年时间，产值已经达到305万元。

在了解阔别的8年中温州逐渐壮大的股份合作企业时，我注意到了它们的一般特点。一是大家自愿，以原有的个体企业作股投入集体企业，并约定遵守共同制定的协议。二是投资入股者直接参加本企业的劳动生产和经营，在资金联合的同时也是劳动和经营的合作。三是这些企业多是在当地乡镇政府和村集体支持下创办的，企业税后利润里有一定比例作为公共积累基金。从这些特点来看，这类企业既不是规范的现代股份制，也不是传统的合作制，而是兼有股份制和合作制特征的新的经济组织形式，所以被温州人定名为"股份合作企业"。我想这是温州人民在发展市场经济的实践当中从当地实际出发选择的一条既富民又利国的好路子。

群众走出了一条路子，政府的服务工作马上跟了上来，通过政策给予引导和支持，这是温州的股份合作经济得到很快发展的重要因素。

80年代中期在温州兴起的各种股份合作企业，不依靠国家投资，凭借个体经济发展时期的原始积累走向联合，既吸收了大量剩余劳动力，发展了生产力，改善了群众生活，又增加了地方财政收入。特别是县、乡镇这两级，工业产值、财政税收、外贸出口、城镇建设、公用设施等，主要是依靠股份合作企业的贡献。温州有些县没有国营企业，大集体企业也不多。在这样的情况下，政府鼓励支持股份合作企业的大发展实在是顺理成章的事情。温州市政府于1987年11月制定并颁布了《关于农村股份合作企业暂行规定》，对股份合作企业的性质、财产归属、收益分配、信贷税收、企业自主权、劳动制度以及入股、退股、开业、歇业等都做了初步规定。以后又在数年里先后制定出5份政策性文件，引导温州的股份合作企业走向制度化、规范化，健康成长。到1993年底，温州市的股份合作企业已有36887家，占全市企业总数的80%。其中股份合作工业企业24000多家，工业产值达199亿元，占全市乡镇企业工业总产值的85%，占全市工业总产值的57%，上缴税收8.8亿元，占全市财政收入的49%。这真是一项了不起的成就！

富有东方色彩的"经济结义"

股份合作企业把过去各自为战的家庭企业联合成了一个个利益共同体。这里不光有生产规模的扩大，技术水平的进步，产值和利润的提高，也有经营思想的转变和管理制度的创新，出现了具有特色的发展模式。我在访问中接触到了一家在经营管理上很有特色的股份合作企业——瑞安华光经编厂。他们的做法很有意思，效果也很好，我看了很受启发，想在这里多花一点笔墨，说得具体一些。

这个厂创办于1985年12月，由7位农民共同发起，入股投资57万元，租用了一家地毯厂800多平方米的破旧厂房。刚开始的时候，他们是作坊式的生产，产品是松紧带，起步时在规模、技术、产品档次、经济效益等方面的起点并不高,而且在经营管理上还带有温州个体经济共同的某些缺陷。

温州经济从第一个台阶上到第二个台阶的时候,既带上了个体经济时期的原始积累,也带上了原始积累过程中的一些组织经营特点。比如,温州的股份合作企业特别是乡镇企业大部分都是从原来的合伙经营发展而来。合伙经营的一大特点就是家庭或家族血缘关系密切。从合伙转向股份合作的时候,这个特点并不能一下子甩掉,所以就形成了企业股东和管理人员之间多有直接或间接的血缘关系,有的企业里这种关系还特别浓厚。对于这一点,华光经编厂的创业人是怎么看呢?厂长叶阿光认为,家庭血缘关系浓厚,这是影响企业长期稳定发展的致命伤。这样的企业往往着眼于眼前利益,以获取短期投资利润为直接目的,缺乏长远眼光,投入规模小,难以扩大再生产。办厂之初或许有一定的生命力,但随着市场竞争的日趋激烈,就很难适应,迟早会被淘汰。

从几千年的小农经济、小生产传统中走过来的中国农民能有这样的自觉的现代管理观念,是难能可贵的。但这毕竟只是少数人,更多的农民一时还没有这样的觉悟,他们又恰恰是企业生产的主力军。这就要求领头的人既能超越传统,又懂得尊重传统,借助传统。华光厂的创业人就从这里开始寻求既能排除亲属关系,又有利于调动股东和员工积极性的办法。

他们首先规定,股东本人必须直接参与企业的经营管理,股东的投资和工作实绩与企业的兴衰双挂钩。股东之间既有投资合作,又有劳动合作,更主要的是人的合作。按照厂长叶阿光的说法,他们主要"是人入股而不是资金入股"。所以他们不吸收只投资而不参与劳动的股东,也不要和股东沾亲带故的人。

其次,他们论功行赏,培养主人翁精神。股东的分红和报酬都设定底分,严格按照出勤情况工作实绩评定报酬,而且股东的底分并非一成不变,每3个月要根据工作实绩评定升降。他们还规定企业税后利润的50%用于扩大再生产,不计入股东名下,而记在华光经编厂名下,任何形式的离厂、退股人员均视作自动放弃其股份在企业财产中所占份额,以此解决目前股份合作制企业中普遍存在的资产完全私有化问题,也使企业拥有强劲的凝聚力和发展后劲。

再一点,他们设立技术股和管理股,统称"技能股",借此吸引人才,重用人才。对厂里的技术人员、管理人员和一般职工,只要主人翁思想强、贡献突出的,就给予一定名义的股份,享受股东的待遇,但不需要投入资金。像这样因为对厂子的忠诚和贡献而成为股东的,随着厂子的发展在不断增加。一般所谓股份制的企业里股东们之间只是资金的合作,需要增加资金时,招收股东就是了。华光厂的股东按他们自己的说法却是"培养"出来的,他们一开始就看重人与人的合作,要在受挫折时,有"共患难"的心劲;发达的时候,要"苟富贵,勿相忘"。他们按功劳大小排座次,论功行赏。就这样,一个个农民在他们所习惯、所崇尚的干法当中潜移默化地变成了工人,变成了股东。叶阿光厂长对此说了一句很有意思的话,"我们像国家培养干部一样培养股东"。能做到这一步,说明华光厂走出的路子是一条适合中国农民传统意识而又有所创新突破的联合之路。

如今这个厂的股东已经从创业时的7人发展到70多人,除了乡里的农民,还有城里的科技人员。其中有中国纺织大学、浙江丝绸工学院等出身的38名全国经编领域中的高工等专业技术人才。现在全厂的设备、技术、产品水平已经进入全国同行业的最前沿。真是依靠科技，工厂大兴!

临别，主人拿出一张大幅照片送给我。一看，那是我8年前在这里看他们生产松紧带的照片。看着当时的情景，再对比眼前的现实，令人感慨万分。8年前后，两个天地，一个是家庭式作坊，一个是现代化企业。年产量从4.7万米到164万米，产值从28万元到3286.5万元，利税从5万元到525.35万元，全员劳动生产率从0.6万元到15.6万元。华光厂这套独特的管理办法充分调动了人的潜力，在8年时间里创造出一个奇迹，谁能不信再过几年还有更叫人刮目相看的奇迹出现呢？我感谢温州市的主人为我安排了这个访问项目，让我亲眼看到一个从个体经济走上联合之路的生动例子。说到这里，忽然联想起《三国演义》里边的"桃园结义"，顿有所悟，华光厂不就是在股东之间形成了一种"经济结义"的关系，走出了一条适合中国农民意识的联合之路吗？日本有结合他们传统精神创造被美国称作Z式管理方法，在我眼前的这种"结义"式的经营方式，该称什么方式呢？留着这个问题让别人去答复吧。

人口出去100万，进来50万

初访温州的时候，我看到了一个靠小商品流通而形成的大市场。这个生动活泼而又似乎无形的大市场，是靠走遍全国的温州籍商贩大军跑出来的。他们每天活跃在火车上、汽车上、轮船上、飞机上，和全国各地的市场上，一直深入偏远地区，总数在当时有10多万。再加上弹棉花、理发、裁缝、厨师等手工艺人,共有20多万。我在《温州行》一文里说:这是构成"温州模式"的骨干。

8年过去了,这支长年流动的温州商业大军现在的状况怎样?这是我心里的一个好奇的问题。这次重访伊始,刚在住处安顿下来,我就赶快向市领导请教。市长告诉我,现在温州出外做工经商的人已经达到了100万,占685万人口中的15%左右,其中光是北京就有10万温州人。这100万大军在全国各地摆下了5万个柜台,还有的走向海外。在巴黎就有"温州一条街",而且名气很大,据说连犹太人在那里的生意都被温州人挤掉了。温州的工商大军从我初访时的20多万增加到现在的百万之众,经营领域也随之拓宽,挣钱的路子更多了。从前出去就是打工、经商,或是游动在街头巷尾,凭一身苦力和一份手艺挣饭钱。现逐渐有了资本积累,当年的打工仔和小商贩有不少成了小老板,有的还获有利润,变成了投资者。从打工卖货到当老板,从求温饱到求发展,从上外地挣钱到在外地办企业。这都是很值得研究的变化,是温州模式的新发展。

先说能用数字计算的这笔账。100万外出的劳动力(当小老板的暂时除外),他们的收入大致可分三种:一种是在工厂打工的收入,一种是把温州的产品四处推销的收入,另一种就是靠理发、弹棉花、当裁缝之类的收入。这三种情况中,务工和经商的收入较高,手艺人的收入相对低一些。我问到具体数目,温州领导说统计起来有困难,他们试图搞过,但很难弄准确。我从和他们的谈话里得到一个数字和一个比例,使我有可能推算出个大概。这个数字就是收入偏低的手艺人每月能给家里寄回来300来元钱。这个比例是,在外挣钱的温州人,一般是把挣来的钱的 1/3 用于日常消费，1/3 寄回家乡，1/3 用于维持下一步经营或是在当地投资。这样，用较低的标准来推算这 100 万人的收入，暂以平均每人每月挣 1000 元钱来算，一个人一年可收 1.2 万元，100 万人一年总收入是 120 亿元。按上述的比例摊开，也就是说，从温州出去的这支百万大军，每年可寄回家乡 40 亿元，成为壮大温州经济实力的一大笔财富，同时有 40 亿元进入他们务工经商所在地的消费市场，另外还有 40 亿元成为对各地经济建设的投资。这笔投资数额，相当于解放后 40 年国家对温州投资的两倍左右。由于用来推算这支百万大军总收入的标准偏低，所以我们有理由相信，这笔账在实际上会比上面推算的数目更大。

再来看一下，难以用数字计算的那笔账。每年从外地寄回温州的这笔巨款分散在许多家庭，充实了民间的资金。千千万万个家庭因此而家底殷实，既改善了生活，又具有了投资能力。近些年，温州的基础设施建设项目，例如盖学校、修机场、建码头、铺铁路、修公路等，都没有靠国家拿钱，而是自筹资金，多渠道地搞民间融资，这里就有百万大军寄回家乡的大笔汇款。

还有一笔和寄回家乡的钱数相当的资金，直接投入了这支百万大军务工经商之地的经济发展，这笔巨款成了温州人参与全国经济发展的一份力量，不是集中于某个大城市，几个大项目，而是分散在许多地方，分散为许多小数目，活跃了经济活动中最基本的单元和细胞，而且总是趋向于周转快、见效快、效益好的行业和项目。其功用不是使哪个地方冒出个不夜城，而是有益于整个经济和社会肌体的健旺和活跃。这也是无法用数字来衡量的。

再一点，就是这走遍全国的100万温州人一边挣钱，一边传播着商品经济、市场经济的意识和本领。他们在依靠勤劳苦干逐渐富起来的同时，影响和带动更多的当地人走向勤劳致富之路。除了带动外地的人务工经商，发展三产，也间接地带动温州本地农村劳动力的梯度转移。按照温州人的说法，是"平原种田的出外做工，山上苦熬的下平原种田"。更重要的是，同是种田，后者并不是前者的简单重复，而是有所发展的。既然不再都挤在田里搞饭吃了，就有条件在农业经营上走新路子。现在温州农村正在发展专业大户和股份制农场，实行规模化经营，社会化服务，机械化生产，科学化种田。温州农业从小农式的生产走向科学化、产业化，这个巨大的历史变革就更无法用数字来计算其价值了。

温州人出去了100万，融进了外地的经济活动。温州当地正在大发展，也需要人来干，于是，越来越多的外地人来到了温州打工，眼下总数已达到50万。这是一个意义很深的转变。

来温州的外地人，除少数经商以外，多数是来打工，这说明温州的工业确实发展起来了，也说明温州人以商带工的路子不光走通了，而且越走路子越宽。在温州的家庭工业兴旺时期，虽然也如火如荼，但作坊式小手工业生产方式的外壳毕竟很小，劳动力容量有限，温州自己的人力都用不完，也就没有外地人来打工的机会和位置。随着家庭工业走向联合，原有的生产规模扩大，新创办的企业数迅速增加。东方集团的一位街区企业经理告诉我，现在办新厂速度快得连办手续都来不及。温州工业发展到这样的局面，当然需要大量的劳动力来支撑，而温州人还在继续往外走，这就为众多的外地劳力进入温州提供了机会。

50万外地劳工进入温州，结束了温州劳工多年来单向外流的历史，形成了对流、交流的生动局面。以前是温州人靠外地来解决自己的剩余劳动力问题，现在温州却在为解决外地的剩余劳动力作贡献了。访问瑞安商城的时候，主人告诉我，这个现在年成交额超过12亿元的商场有4000多户，其中外来的有1000多户，占到了市场的1/4。建这个商场的1.1亿元投资全部是民间集资，所有入场户都是投标者。也就是说这里的外来商户，在温州务工挣钱的同时，也投资了经济建设，为温州的发展做了贡献。这些就是50万外来劳工中少数不单是来打工而是来参与温州企业发展的例子。

发展专业市场促进小城镇建设

起步早、发展快的专业市场，是温州一大景观。桥头镇闻名全国的纽扣市场，是1983年初经永嘉县政府批准设立的。到1986年我初访温州时看到，全镇已有700多个纽扣店、摊，人称"东方第一纽扣市场"。比它起步更早的有瑞安城关工业品市场。1981年就开设了，一上来有3100个摊位。我这次重访，参观的头一家专业市场就是这地方。经过十几年发展，这个位于飞云江畔的市场已经变为"瑞安商城"，占用面积11.8万平方米，建筑面积9.2万平方米，拥有6000个店面摊位。商城内的配套服务设施相当齐全，有自动扶梯和直升电梯各8部，供顾客上下和运送货物。有1300门电话，还有银行、邮电、展销厅、客运、货运、饮食、住宿、消防、治安、工商管理等各种服务管理机构。瑞安商城主要经营服装、布匹、鞋袜、针织品、日用百货等，吞吐量大，辐射面广，吸引了全国各地的客商和海外侨胞乃至外商，生意红火得很，营业额最高的店面日成交额近10万元。我听主人介绍情况说，1994年1至10月，商城的成交额已达12亿元。

离开瑞安商城，我到了苍南县灵溪镇。这个镇位于浙闽交界，是浙江省的"南大门"。灵溪有悠久的贸易活动历史，早在1600多年前的西晋时代，就有相当规模的集市贸易，史有"灵溪市"之称。如今，镇里的经济发展战略是"以贸易为龙头，以贸促工，贸工农各业协调并进"。全镇已经建起了五金交电、服装棉布、水果食品等22个专业市场，成为温州到福州400公里海岸线上最大的商贸中心。一个镇，每天过境车辆上万；流动人口达3万，外来经商户就有2万，平均每2.5平方公里就有一个专业市场，全镇12万人的年人均市场成交额达到万元以上，这在全国也是少有的。

乘汽车进入灵溪镇时，天色近晚。镇里大街小巷张灯结彩，人流熙攘，一派节日气氛。原来，大家正在迎接第二天在镇里开幕的1994年灵溪浙闽边贸文化节。这里商贸活动虽说历史悠久，像现在这样大成气候却还是近些年的事情。专业市场有模有样地建起来以前，交易活动都是随机而聚，以街为市，常常是店前有摊，摊前有档，档前有篮，热闹归热闹，不免闹嚷嚷的有点乱。为引导自发状态的商贸活动从无序走向有序，镇政府加强服务职能，依靠群众的资金积累，取之于民，用之于民，建起一个个规模宏大的专业市场，结束了以街为市的历史。我在这个秩序井然、以民族风格为建筑特色的市场走了一圈，和有些店铺的小老板交谈，想多知道些情况。怎奈正逢边贸文化节开幕在即，鞭炮阵阵，围观者众，颇不易从容谈话。但我仍然从一家店铺里得知，像那样一间10多平方米的铺面，正常经营状态下的流动资金，竟在百万元以上，由此也可以想见整个市场经营规模了。

从苍南回到温州市区，我还参观了一个灯具市场，又是大开眼界。走进一个高大漂亮的牌楼，三步一楼，五步一阁，让人不由想起杜牧的《阿房宫赋》。古色古香的建筑，加上间间店铺里五彩缤纷的各种灯具，真叫我这85岁老翁有点眼花缭乱。进到东方集团的会议室里边，更是金碧辉煌，如同进了皇宫。这是温州人用小商品闯大市场的心血汗水换来的洞天福地。问到这个市场的经营，主人说，1994年的交易额已达到6亿元。仅消费品市场，年成交额过亿元的有16个。同时，还建立了资金、劳务、信息、技术、生产资料和房地产等市场，形成了运转有序、成龙配套的市场体系。

专业市场的发展，活跃了流通，带动了工业，促进了小城镇建设。15年前，我在《小城镇 大问题》一文里所论到小城镇那种冷冷清清局面，已成过眼烟云了。这一页历史掀过之后，紧接着80年代农村工业化浪潮。进入90年代以后，很多地方已经开始了农村城市化时期，其重要标志就是小城镇建设步子明显加快。到1993年，温州全市的建制镇已从1987年的18个发展到137个，总人口405万，占全市人口总数的60%。在这些镇的发展当中，龙港镇能说得上是个突出的例子。

著名的龙港建镇始于1984年，当时只是5个相连的小渔村，人口总数7812人，工农业总产值540万元，其中工业总产值240万元，人均307元。镇长向我回忆当时的情况，用了

"路不平，灯不明，水不清"来概括建镇之初的样子。从县里来讲，设立龙港镇，是想搞起一个经济中心。走什么路子呢？他们确定了搞专业市场的思路，要通过大力发展专业市场，一头带动千万个家庭企业，一头借助购销员队伍连通五湖四海，促进龙港经济的发展。

建镇10年来，龙港逐渐形成了10大专业市场和10大工业加工行业。这些市场的交易十分活跃，平均每天的客流量达3.8万人，1993年的市场成交额达6亿元。专业市场的发展带动了龙港镇上塑料制品、中西服装、仪器仪表、机械五金等10大加工行业的发展，加快了城镇的建设步伐。现在全镇的总面积已经从初建镇时的7平方公里扩展到58平方公里。总建筑面积230多万平方米，纵横街道54条，总投资达7亿元。由于城镇建设资金的绝大部分来自于农民集资，所以龙港镇被称为"中国第一农民城"。

龙港人没有停步，镇长说到龙港经济结构的主要特点时，特别强调以高科技产品开发为后劲。龙港人开始向高科技要生产力了。现在每年创造10亿元以上的工业产值的龙港人，要把"第一农民城"变为"农民第一城"，这个词序上的改变，预示着中国农民在国家城市化进程中的更大作为。

温州正进行"第二次创业"

改革开放以来，温州是一块改革试验地，经过15年的大胆改革试验，带来了经济上的大发展。1993年，温州的国民生产总值、财政收入、农民收入等主要经济指标，都比1978年翻了将近4番。在浙江省的排名中,温州紧跟杭州、宁波,居第三位。经济实力的增强,加快了基础设施建设。依靠充裕的民间资金,温州近年来建起了一批重点工程。有了经济实力,对高新技术的吸收能力也大为增强。这是谋求继续发展的物质和技术基础。

我这次重访温州第一个听到的新鲜说法就是"第二次创业"。的确,这里天时、地利、人和条件都已具备。其实,善抓时机的温州人在1993年11月就正式提出了"第二次创业"的口号。为了打出温州人的新形象,敲开更大的市场,他们要走"质量立市,依法治市,科教兴市,文明建市"的发展道路。从这些提法里,不难看出温州人对刚刚走过的道路有深刻的反思;也不难看出,进入第二次创业的温州人在继续以经济建设为中心的奋斗中,对于温州经济与社会协调发展已有了自觉的追求与设计。温州在第二次创业当中的发展,不光是总量上的增长,更有素质上的变化和飞跃。

这个正在来临的飞跃,首先表现在对农村和农业发展的充分重视上面。我自己一生的研究主题没有离开过农村,对这方面的事情关心得多一些,也许是有点个人的偏好,但还不能说农业问题在温州并不重要。根据我的了解,"第三产业喜气盈盈,第二产业热气腾腾,第一产业死气沉沉"的情况,在温州的一些地方是存在的。所以,这次重访时听到温州正开始第二次创业,我急于想知道对农业是怎么个办法。

使我高兴的是,温州领导在全市部署推进第二次创业的工作时,首先讲到的就是农业,以温州的实际情况来讲,农村一直是改革的前沿,是生产力最活跃的地方,也是经济总量增长潜力最大的区域。温州人认识到,实施第二次创业战略的基础是农村和农业，区域的重点在农村，发展难点也在农业，工作对象大多数是农民。坚持把加强农业放在首位，全面振兴农村经济，保证农业的基础地位不动摇，这关系到改革大局，也关系到温州的第二次创业能不能成功。

以这样的认识为基础，温州为切实抓好农业制定了这样的方针，在完善联产承包责任制的同时，把股份合作制引入农村经济各个领域，建立土地使用权流转机制，大力推进农业适度规模经营。健全完善农村社会化服务体系，搞活农产品流通。加强科技推广，稳定粮食生产，发展多种经营，推进综合开发，加快"一优两高"农业的发展步伐。进一步加强扶贫工作，打好扶贫攻坚战，提高山区自我开发的能力，促进沿海平原和山区海岛经济的协调发展，走共同富裕的道路。

我问，这样的方针怎么落到实处？市长告诉我，他们准备采取指导性计划，指令性措施，严管重罚，一一落实。为确保农业发展，十几年来一直在探索市场经济之路的温州居然采用指令性手段，叫人耳目一新。若是这些都能落实到位，温州的第二次创业就有了坚实的基础，温州人要在第二次创业中实现的"经济发展从外延扩张向质量效益型转化，市场取向由内向型向外向型发展，农村城镇化向城乡一体化发展，人民生活从温饱型向小康型转变"的目标也就大有希望。我想，主要靠商贸和工业起家的温州人在第二次创业之初表现出的对农业的重视，对于我们整个国家在世纪之交的发展，算是一点有益的提示吧。

我又问温州的领导，第二次创业需要大量本钱，怎么解决？主人们不无自豪地说，温州现在有固定资产100亿元，可用资本160亿元。这160亿元大部分藏富于民，眼下温州人憋足了劲搞第二次创业,这是温州最大的融资优势。听到这里,我又一次意识到,温州有了过去15年的原始积累这一步,才有今天的第二步。温州人发展个体经济和走向股份合作的经验,政府紧紧跟上的各项服务,15年里积累起来的经济实力,加上温州人善于经商的传统和敢于改革的创新追求,都成了进行第二次创业的底子。在这个底子上描绘温州的未来,应该是充满乐观色彩的兴旺景象。

我想起在苍南灵溪访问专业市场时在大门处看到的大副对联:百业振兴,四海升平。温州人想的不仅是家门口的百业振兴,还有更大世界内的四海升平。他们的市场从家门直通五湖四海,休戚相关。没有四海升平,也很难有家门口的百业振兴。怀着过好日子的愿望,温州人走出家门,走向全国,要走出一条发财致富丰衣足食的路子。走着走着,他们从个体走向了群体,从家庭走向了社会,从经济走向了更宽广的领域。表示吉祥和祈愿的对联有意无意地流露出他们的心迹。"百业振业"还能理解为只是个经济意义上的愿望,"四海升平"则是一个内涵丰富得多的社会意义上的理想了。透过这一点去领会温州农民乃至中国农民的历史追求,我想是不会失真的。

后　记

这次重访温州,自问确实学到了许多新知识。这些知识来自温州广大人民在我们分别的8年里千辛万苦地创造出鲜活生动的经验。当我在话别会上想表示我衷心感激之意时,主人却向我提了个问题。他说:"你上次来访,回去写了篇《小商品，大市场》，温州人民至今还记得，心领你的指路之情。这次回去想来又会写篇文章，能否请问你，题目是什么？"其实我一路也在琢磨这个问题：用哪几个字来表达温州这8年的成绩和当前提出"第二次创业"的豪情。我就反问他们如果用"家底实、创新业"为题怎样？引起一阵鼓掌点头。题目已定，我一路和同行的张冠生同志商讨文章内容，并按我的腹稿向他口述，录音记下。返京后，我老伴久病弃世，我方寸不宁，心哀笔涩，由张冠生同志参考一路访问的记录，整理成文，经我修正完稿，特此志谢。

豫中行

(1995年4月26日)

今春"两会"期间，我从河南来的人大代表那里听说，漯河正在搞"富民工程"。实施时间不长，已经初见实效。全市农民人均收入在一年内增加387元，达到1123元，增幅为52.6%。这是个让我动心的消息。"富民工程"和我一生"志在富民"的追求不谋而合，这是一。漯河地处中原腹地，我近几年的一个重要课题就是寻找能快点增加这一带农民收入、加快中部地区发展的路子，这是二。能在一年当中帮助每个农民增加近400元的收入，漯河人用了哪些办法，值得去学学，这是三。对于河南省，从1987年初访民权开始，我采取定点追踪和重点观察相结合的方法，陆续访问过商丘、信阳、安阳、焦作、郑州等地，看了这块传统农业区内不同层次的生产力水平和在不同水平上增加收入的路子，漯河的情况可能对我有新的启发，这是四。把这些处于不同生产力水平上增加收入的路子连起来看，也许能理出一条中部地区的农民从贫困到脱贫，从脱贫到富裕，从富裕到小康的路子来，这是五。有了这五条，又有了漯河领导登门邀请，我就抽空在4月下旬做了这趟"豫中行"。

从家庭起步

访问漯河的第一站,我来到郾城县黑龙潭乡半截塔村。这个行政村辖5个自然村,16个村民组,938户人家,4010人,耕地面积4040亩。过去,这个近郊村的农民长年守着土地种粮食,经济单一,最好的时候也只是能吃饱饭,花钱一直没着落。从1992年起,他们开始搞多种经营,靠家家户户搞养殖增加收入,很快就富了起来,1994年全村人均纯收入达到1850元。在中部地区,这是上乘水平。

我问起他们刚起步时的情况。村长梁明星告诉我,刚开始的时候,群众心里没有底,怕闹猪瘟鸡瘟,怕赚不了钱反而赔本。怎么办呢?调动农民积极性的最好办法,就是有看得见摸得着的实际事例。村长拿定主意,先把队办公室腾出来养鸡,没有钱买鸡,他们就"赊鸡下蛋",赊来3000只鸡。经过细心喂养,当年除了还本,净赚5000元。这是1992年的事。

1993年,村里开始有少数农户养鸡了。年底一算账,干得也不错,多年来增加收入的梦想开始变成现实。这一下,大家的积极性都上来了。加之1994年,市委市政府大力推动"富民工程"。养殖项目很快遍及全村,出现了"户户上项目,人人搞致富"的局面,甚至出现"鸡住厅堂,人住厢房"的事情。

从村长介绍情况,到到户访问和农民交谈,"项目"这个词的出现频率很高。祖祖辈辈都是面朝黄土背朝天的父老乡亲,如今张口闭口谈"项目",可见中国农民观念的变化。我问项目的范围有多大,他们说,市里的口号是"一家一策,一户一品",会种者种,能养者养,手工编织,劳务输出,凡能增加收入达到一定数额的,都可以列入"项目"。

到我去访问的时候,全村上项目的农户已达到894户,占总户数的96%还多。上项目的总数为1392个,户均1.5个。现在村里千只以上的鸡场有48座,千头猪场有2座,50头以上的猪场181座,10头以上的养猪户265户。全村目前饲养蛋鸡14.6万只,年出栏生猪2.2万头。这些养殖项目在1994年为村里创产值2781万元,占当年全村总产值的67.5%,占当年人均收入的67.8%。分散在一家一户的养殖项目,汇聚成了这么大的经济力量,是这个村子历史上从未有过的。

半截塔村通过上养殖项目一年致富的实例,给我的触动是多方面的。我想在这里先说最主要的一点,这就是:在农民的眼光和足迹已经超越了传统的"农"业观念,走出了生于斯长于斯的土地之时,他们的劳作,他们的梦想,他们的根基,都还是以家为中心的。"一家一策,一户一品""户户上项目",这里边的"家""户"两字表达得再明确不过。为什么要从这里做起?道理很明白,家庭作为一个生产经营单位,它是农村经济的细胞。"富民工程"从家庭起步,既符合农村的实际,又符合农民的心理,从增强家庭细胞的活力入手来使农村经济肌体更有劲道,实在是传统农业地区加快经济发展的根本所在。

把眼光再放开点,从中国社会的乡土本色来想问题,从家庭组织在中国社会结构和社会变革中的稳定作用来看城乡发展,就想到了我对"摸着石头过河"这句话的一点体会。这点体会是因为看到了家庭在农民适应农村工业化、城市化过程中的作用而生发出来的。

改革开放,是前人没有做过的事。80年代的农村工业化,90年代的农村城市化,都是这件事情的一部分。相对于我们的目标说,这十几年里的巨大变化只能说是开始。发展下去,还要经历更大更深刻的变化，直到实现国家的工业化、现代化。我们一定得经历这个变化，这就是我们要过的"河"。"摸着石头过河"的意思，是说在缺少经验的情况下希望能有所依持，不至于滑倒在水里。这要求我们睁开眼睛，站稳脚跟，知道起步时站在什么地方，尊重实际，实事求是，清醒地一步步向对岸前进。

我们是站在什么地方？脚下是乡土性的小农经济。我们摸着的石头是什么？我想应该是家庭。十几年前，我们就是从农村家庭联产承包责任制开始的。这几年来，从农村到新兴城市打工的几千万民工，几乎每人都有一个家在内地。他们挣来的工钱，除去生活必需的开销，就定期寄回家去。逢年过节，有可能就回去和家人团聚。如果工厂停工，工作不再好找，他们有家可回，有地种，有项目搞，还能挣钱，心里踏实，绝大多数行为上也不至于乱闯，这有利于社会的稳定。我过去没有理会到农村里的家庭联产承包责任制在新兴的城市会有这样大的安定民工的力量。农村里现行的以家庭为立足点的制度，是对建设现代城市的有力支持。我们现在不就是摸着农村里有家可归这个石头在渡过工业化、现代化的河吗？漯河的"富民工程"是从"激活家庭细胞"做起，不也是摸着了这个石头并已开始依持它稳步向前了吗？

从传统中创新

漯河能有今天的"富民工程"，是漯河的领导注意向基层干部和农民群众学习的结果。远在"富民工程"提出之前，农民不再担心被"割资本主义尾巴"的时候,他们就自发地动起来了。利用现有的土地、场院、生产工具,运用从祖辈那里学来的本领,从传统当中自己所熟悉的地方做起,想方设法增加收入。传统里边确实有宝贝,把它找出来,利用好,就能变成财富。但是传统也有局限,小农经济的传统有分散、封闭、自给自足的一面,而现代经济则要求集中、开放、流通、规模、信息、效率等等。要在这样的时代条件下发展农村经济,增加农民收入,就既要发掘传统里的宝贝,又要克服传统的局限,有所创新。

我在访问漯河时看到舞阳县"农户上项目认定标准",标志着农民自发的致富实践已经上升为政府和干部的自觉行为。这个转变过程很有意思,可以看到传统和创新是如何水乳交融般地结合在一个事物中的。"项目"其实多是农民所熟悉的,传统里边有的。但要达到"标准",就得吸收新知识,借助新技术,增添新工具,采用新的生产经营方式,这又是传统里边所没有的。我想用一点篇幅把这份"认定标准"抄录在这里。

农户上项目的认定标准

1995年至1996年,农户上以下内容和规模的致富项目,视为标准项目:

1. 种植业:高效田2亩(亩均纯收入2000元)以上,或不足2亩的但纯收入必须4000元以上。

2. 畜牧业:养猪存栏10头以上或母猪存栏3头以上;羊存栏20只以上;牛存栏4头以上;成兔存栏50只以上;鸡

（鸭）200只以上。

3. 水产业：当年纯收入4000元以上。

4. 林果业：果园及经济林2亩以上。

5. 加工业：产值5万元以上，利税4000元以上。

6. 商贸、服务、运输、建筑业：纯收入分别在4000元以上。

不足一个标准项目规模的零星项目，不得合并认定。

本文未列出但农民已经发展的其他致富项目，其规模认定标准由乡镇随时上报县富民工程督导组批复。

这份"认定标准"看似平常，实际上大有文章。它可以被当作一个标本，20世纪90年代我国中部地区发展农村经济的很多信息都储存在上边了，传统和创新的结合也被真实而具体地记录了下来。比如，种植、畜牧，都是农民的看家本事，再熟练不过，可是要种出亩均纯收入在2000元以上的高效田，养猪养羊要达到标准项目规定的数量，这就有了规范化、科学化的要求，就是件新事情了。又比如，商贸、服务、运输、建筑这类活动，过去也有，但限于自给自用，现在要作为行业、产业来发展，也就有了新的意义。

不难看出，这些项目及其标准，一半扎在传统的泥土里，另一半连接着市场经济的新天地。而传统和创新找到了最佳结合点，就是增加农民收入。农民抱着增加收入的愿望，从他们熟悉的擅长的事情做起，政府提供必要的服务，帮他们克服困难，这样一来大多数农民在一年里增加一二百元的收入是不难办到的。他们收入增加了，劲道就更足，愿意投入更大的本钱，换来更多收入。就在这样的循环往复中，农民不知不觉就走出了庭院，走向了市场，走出了传统的局限。传统的小生产下的农民也就逐步变成了现代市场经济里的农民了。这个生动而深刻的历史变化,正在中国广大农村中实实在在地发生着。当代中国农民也在这场变革中潜移默化。

在漯河"富民工程"中我们所见到的农民"微型庄园"是从传统中创新的又一实例。

所谓"微型庄园"就是把农户的责任田和宅基地合为一处,庄园占地实行"一园两制",分别按宅基地和责任田管理。庄园土地所有权归集体,使用权归农户,长期稳定不变,可依法继承转让。园里除宅基地外,是搞"一优双高"农业的生产基地。搞什么项目,由农户自定。实际上,"微型庄园"是为农户划出一个自主经营的微型经济开发区。

舞阳县北舞渡镇有个蒿庄村,有养兔子的习惯。全村352户当中,养兔百只以上的户数有一半以上。这些农户靠养兔致富后,都想扩大养殖规模,但原来的庭院太小,力有余而地不足。他们想出搞庄园的办法,利用"三荒""四边"的闲散地块,在村南划出45亩地,每户一亩。0.25亩按宅基地管理,0.75亩是责任田。每户可在这块责任田上建标准化兔舍200平方米,饲养兔500只以上,年收入达5万多元,是原庭院养兔效益的5倍。

宅基地和责任田,都是农民既有的衣食住行所在。这两样东西一旦合为一体,就形成了生产、生活一体化的新事物,成为一种新的农村经济发展形式,而且很有实效。蒿庄村的"微型庄园"才搞了一年,全村长毛兔的存栏量就比上年增加1倍多,达到1.8万只。光是养兔一项,就使全村的人均收入比上年增加1300元,成了一个新的经济生长点。

值得一提的是,"微型庄园"的产品,基本上都是作为商品来生产的,农民手上喂着兔子,眼睛盯着市场,心里盼着科学饲养知识。这样他们得操心销路、关心行情,自觉不自觉地与市场经济建立起了密切的联系。可以设想,"微型庄园"发展到一定程度,就会形成某种产业的规模经营,出现专业村、专业乡镇乃至专业区域,促进专业市场的发育和成型。专业市场成了气候,又会合乎规律地带动运输、加工、商务、服务和中介组织等产业的形成和发展,加速农业分工,加快积累过程,最终加快农村工业化、城市化的进程。在漯河,这也许只是一种可预见的前景,但在我国经济较发达的一些地方,却已是人人可见的现实。它为漯河的发展前景提供可信的依据,也可以帮助我们更深一步地理解从传统中创新的意义。

从农业里长出工业

在我的家乡苏南,由于有社队企业的底子,乡镇企业在这十几年里发展很快,并在工业化过程中以工补农,也推动着农业的新发展。在中部地区,农村的工业基础相对薄弱,不适合走苏南的路子,而宜于先在农业里边做文章,发展种、养、加多种经营,增加农民收入,增进原始积累,逐步向工业化过渡。我把这叫作"在农业和工业之间的夹缝里找出路"。

这样找到致富路子的地方,我在别处见过一些。在漯河临颖县南街村,我又看到了一个实例。这个村有742户,3100多人,2006亩耕地,1994年全村总产值突破8亿元。在村办企业就业者达1.1万人,其中外地工占1万人。汽车在107国道驶进南街村时,远远看去,大片的现代化厂房林立,气派得很,给人的观感远不是一个村的样子,而是个现代化的城镇。

进到村里后，村委书记告诉我，他们当初是"靠玩泥蛋起家，玩面蛋发家"的。全村先在农业里翻身，大搞农副产品深加工，靠自身积累滚动发展。这条路，看着慢，实际快。不过10年时间，从1984年的70多万元增长到了1994年的8.02亿元。

"玩泥蛋起家"的意思，是说从泥土当中找路子起步，烧砖挣钱。1984年，村里有20多人集资5万元，搞起了砖瓦厂。1985年已经有了点积累，办了个面粉厂，从"玩泥蛋"走向"玩面蛋"。先是磨面，后做食品，饼干、点心、月饼之类，开始发展了起来。到1989年，已经对粮食加工有些经验的南街人看到了一个很大的市场，开始搞锅巴、方便面。这下便一发而不可收，进入大发展时期。到1994年，村里方便面厂已有30条生产线，日产方便面240吨，生产规模居全国同行业首位。食品厂的锅巴生产线达72条，生产规模也是全国同行第一。此外，还有龙须挂面、系列果茶、糕点、啤酒等，不光产量高、品种多，质量也好。南街的"颖松"牌系列食品，经国家专业机构检验，被批准为国际公认的无污染、无毒害的绿色食品，产品长期处于供不应求的状态。

据介绍，现在南街村的食品加工企业每天需要面粉500吨，纸箱12万只，运出运回600吨货物。生产需要推动村办企业拓宽领域，为满足生产所用原材料的运入和产品的运出，村里成立了汽车运输队，大型货车已有96部，标准吨位达到500多吨。另外，等级面粉厂、纸箱厂、彩印厂这些为配套而兴办的企业，也都发展了起来。用南街人的话说，是"围绕农副产品加工办企业，围绕现有企业上配套"，"加工一条龙，产品系列化"，"多业扶着一业上，一业带着百业兴"。这个村子的工业,就这么从农业里一点点地长了出来,长成了参天大树。

在中原,这样的树不止一棵两棵。去年访问焦作时,就看到了温县以高产农业为基础发展乡镇企业的成绩,给我以很深的印象。

写到这里,我想起了这次来河南前些天在江苏镇江和广东中山看到的鳗鱼养殖和加工,也是一个很好的实例。

镇江那一段长江水中出产鳗鱼苗,鳗鱼加工后在国际市场上价格很高。养鳗需要温水,要在更暖和的地方。有人动这个脑筋,在镇江买鱼苗,到广东中山去买地建鱼塘,跨省经营。更有意思的是,养鳗的主饲料土豆以宁夏西海固的为最好,他们又到宁夏去收购和组织生产土豆。鳗鱼长到一定的时候,要加工、烧烤,加工企业也建起来了。现在,从鱼苗到加工,已经形成一个大的跨地区的"鳗联集团",产品出口日本,产值16个亿。规模如此之大的一个产业,就这么从农业里边长出来了。

同是从农业里长出工业的实例,南街的食品"一条龙"和"鳗联集团"可谓相映成趣,一个是立足中原,脚不出村,就完成了从农业向工业的过渡。一个是从东南沿海越过中原直到西北,几乎横跨中国大陆,形成跨越数省、沟通不同经济发展水平的远距离合作,催生出附加值相当高的产业。我在一个月的时间里看到的这两种类型,是不是意味着在我国不同地区、不同生产力水平上、不同耕作项目中,都存在着从农业里长出工业的元素、要求和契机呢?

我由此想到,从农业里边长出工业,这样一番转化的基础,既来自于当前农村工业化的现实要求,又扎根于我国的经济传统当中。

半个世纪之前,我就"乡土重建"进行研究并发表看法时,就意识到,在中国的传统经济中,不是没有工业,而是基本工业处于分散状态,且大部分是分散在农村里边。小农制和乡村工业在中国经济中的配合有十分悠久的历史。农村是传统中国的农工并重的生产基地。为了收入多一点,生活好一点,农民与其把辛劳耕作换来的收获直接当原料卖出去,不如在可能的范围里自己加工,甚至搞出制成品出卖,这就是从农业里长出工业的开始。其实这也是中国传统农村经济的基本格式。我们今天的现代化事业是前无古人的,但我们还是要在古人留下的底子上起步,不可能凭空做起。中国农民在最近十几年里有不少新鲜创造,可任何创造都无可避免地是从既有的东西上开始。我在50年前说过:谁不想一转眼中国就有美国那样多的工厂?可我们离不开这片这样多人耕种得这样久的古老土地,离不开生产力水平和工业化、城镇化水平尚低的现实。承认限制是自由的开始。从农村里长出工业,既是中国传统经济机制提供的一种可能性,更应是我们今天清醒而自觉的选择。

从民权到漯河

从80年代初我重获调查研究的机会开始,我紧跟着改革开放以来我国农村经济的发展,看到了东西部差距拉大的现实。由此而进入对承东启西的中部地区的研究,也追踪着中部地区农民从家庭起步、从传统中创新、从农业里发展工业的步子,跑中原,跑河南。在河南这个农业大省,从1987年初访民权到1995年访问漯河,8年时间的定点追踪和重点观察,使我确实学到很多具体的知识。对传统农业地区加快发展的路子,越来越能看得清楚些,也使我现在有可能把报道各地情况时的点滴心得融汇起来,成为河南农民想方设法脱贫致富奔小康的一份较完整的记录。我年纪日大,时间日少,要学的东西却日多,在不得不让我的中部地区发展研究暂告一段落的时候,通过这份记录帮我较完整地想一想中原农民从脱贫到小康之间已经做出的成绩和还需付出的努力,于人于己都该是必要的。

初访地处豫东的民权县时,民权还是个贫困县。当地农民种泡桐树和搞葡萄酒给我以深刻的印象。种泡桐是桐粮间作,用边地头,不占耕地,却能增加农民收入。搞葡萄酒,原料出在千家万户的葡萄园,集体企业榨汁发酵,国营厂酿酒。国家、集体、农户的利益统一在葡萄的种植加工上,一荣俱荣,一损俱损,其中最根本的是要有千家万户把葡萄种出来才行。这给我一个启发,研究民权模式,有助于为中国农民找一条出路。不要好高骛远,路子就在脚下,从一家一户搞起来。农户农民走通了路子,集体和国家也就有了路子。农民增加了收入,顺着往上来,集体经济也发展,国有企业日子也好过。原料有人提供,产品有人消费,效益不就出来了吗?

1991年我再访民权,又有新发现。有个工艺品厂搞抽纱制品,分散在农户中加工。厂里发白线、布条和图样,农民领回家,利用工余时间干。一根针,一根线,不用油,不用电,随时可拿起,也随时可放下,不耽误农活,轻轻松松每人每月增加百十块钱收入。我把这种生产方式叫作"没有围墙的工厂"。这种起步容易、农民乐意、增加收入快的致富路子,是该大力扶持和倡导的。

三访民权是在1993年。虽然时间仓促了些,但看到当地的庭院经济已进入大发展时期,出现了不少专业村。林果、畜牧、蔬菜、水产、抽纱等等,景象喜人。贫困县的帽子已经摘掉。民权地处黄河故道,自然条件不能算好。但路子选对了,发展可以很快,因为起点较低。民权如此,我们国家又何尝不是这样?

1994年,我到了豫南的信阳。这个地区在1983年的贫困户还占总户数的40%左右,到我去实地访问时,全区人均收入已达到730元,告别了贫困。我问用了什么办法,走了什么路子,主人告诉我5个字:公司加农户。当我弄明白这是以某一支柱产业为基础,实行贸工农一体化、产供销一条龙的经营方式时,很自然地联系起了民权的"无墙工厂"和酿酒"一条龙"。看来,"公司+农户"是中原不同地方不约而同地摸索出的一种农村经济发展模式。

信阳地区已经脱贫的农民,下一步要从温饱走向致富,"公司+农户"的生产经营方式还会继续发挥作用,帮助农民脱贫。只是这种新型经济组织发挥作用的初步结果,无论是公司的服务,还是农户的项目,都大有提高和发展的余地。在进一步的发展中,新问题也会提出新要求,"公司+农户"的组织形式也将随之发展和渐趋完善,并释放出更大能量。

离开信阳,我到了豫北的焦作。在信阳的一些预想,在焦作已是现实。焦作在公司和农户之间加上了"基地",发展成了"公司+基地+农户"。"基地"之增,强调了由点及面的意义。从专业户发展成为专业村,水到渠成。几个专业村连片发展,规模更大,专业色彩更浓,成了某行业的基地。到了这个时候，公司对准基地，由基地接通千家万户，也是它更好地发挥服务作用的自然选择，是生产力进一步发展的需要。其结果之一，是小康村在焦作大地上的成批涌现。

焦作的小康村建设，不是硬性规定在多长时间搞出多少个，而是确定一个标准。每年按标准评比，有多少是多少，不生拉硬拽，拔苗助长，不搞形式主义。在这里，"公司＋基地＋农户"释放更大的富民能量，使农民拥有达到小康水平的经济基础。1992年，焦作的小康村已经占到全省小康村总数的三分之一，1993年又有302个村达标。1994年预计可达标的500个村是否已实现，我尚未得到确切信息，这个势头却已很能让人乐观了。

我访问焦作时，漯河的"富民工程"已经启动。到我来漯河作村访户访时，"家家上项目，人人有活干，天天有收入"已是很多农户的现实。村办企业一年里增加了一半，不少村子的人均收入已达到或超过焦作小康村规定的指标。从民权到漯河，从农户的多种经营开始，到专业户、专业村，又到专业村连片的基地，到专业服务公司，再由农业的积累兴办工业，到乡镇企业蓬勃发展，已经清清楚楚地连接出了一条中原农民由脱贫而温饱而小康的现实道路。

从漯河看中原

漯河位于中原腹地，是个平原农业市。全市人口80%以上是农民，主要资源是土地和农副产品。工业属轻型结构，主要行业如肉类食品、制革制鞋、造纸、纺织、医药、卷烟等，都依靠农业提供原料。如果农村经济不能较快发展,这里的工业经济、城市建设和其他各项事业也会失去赖以快速发展的物质基础。

漯河的这些情况,在中原地区是有代表性的。改革开放以来,实现家庭联产承包责任制,短短几年虽然基本解决了温饱问题,但是随后就出现了"有饭吃,没钱花"的情况,而且没有得到及时改善。据漯河的领导分析认为,当前农村,仍是家庭分散经营的生产方式。由于忽视了这个基本特征,农户作为经济细胞并没有充分活跃起来。这是眼下农民不富、农村不活、农业不兴的主要原因。

针对这个症结,漯河"富民工程"的主要内涵,是盯住增加农民人均收入这个目标,激活农村家庭这个经济细胞。政府要从当前农村生产力水平出发,去找农民商量,实事求是地帮农民找出路,上项目,努力实现由温饱向小康的跨越。有条件的地方就大力发展乡村集体工业,股份合作企业;农民个人完成原始积累的就搞个体私营大户;原始积累不足的农户就简单起步,多业并举,兴办以家庭为基本生产单位的高效种养业和小型个体工商户,仍缺条件可搞劳务输出。总之,为增加收入,只要力所能及,合法经营,就放胆放手干,以期形成千村百业、多种类型、立体发展的局面,促进农村生产力的提高。

我们强调漯河的情况在中原有代表性,其意义还在于要把中原摆放在国家的经济格局上看。众所周知,中原是广阔而重要的腹地;腹地起不来,沿海地区就缺乏支持和后盾。腹地怎样起来,一个重要的方面是注意落实到增加农民收入方面。漯河"富民工程"的可贵之处,就在于上下一心以高度的自觉性做这件事情。原动力在农民,推动力在政府。政府给农民创造条件，帮他们想办法，找门路，联通市场、机关职能、干部职能，自然就转变到服务经济群众欢迎的轨道上了。漯河市棉麻公司、双汇集团、外贸公司等在1994年共投入2000万元，在农村建立棉花、养猪、大蒜生产基地，向农户提供全程服务，推动了服务体系的形成。这样做符合中原的特点，看着慢，实际很快，是慢中有快。有些地方着急而不得法，用命令的办法，一上来就叫农民搞工业。可是从农民到工人需要一个过程，刚离田就办工厂，他哪里知道怎么办？没有经验，没有技术，也不知道市场在什么地方，弄不好就亏本，结果是欲速则不达。在这里，我想对过去提出的一个观点作点补充，即"无工不富"。它能被叫响，也是有道理的，有事实依据的，但是什么事不宜绝对化。把这句话放到中原，甚至山区来讲，就要有所补充：一是"有工不一定富"，厂子办不好还要赔钱；二是"无工也能致富"，在农林牧副渔里边，靠粮棉油麻、烟糖丝茶、菜果药杂、鳝鳖鱼虾、牛羊鸡鸭等等，都可以富起来。

农民增加了收入，消费总量就会增加，消费领域也会拓宽，必然在一个地区，甚至出现一个大市场。暂以中原地区有2亿农民计，如果都像漯河一样，每人一年里增加300元收入，一年就是600亿元，这个市场难道不可以称得上大市场了吗？若其中的一半吸纳工业品，就等于要拿出300亿元来办工业；另一半拿来扩大再生产，也等于有300亿元为经济细胞注入生机。如果拿去存款，银行每年因此也可以增加几百亿元的储蓄。总之，农民家底殷实了，有钱花，有存款，有投资能力，很多事情就好办了。这一点，温州的发展很能说明问题，我在前不久《再访温州》的考察报告中具体讲过，这里不再转述。

中原这块腹地起来了，东部地区长远发展的根基就坚实了。腹地发展的另一重意义,是为形成中部经济走廊奠定实力。大陆桥是这个走廊的骨架,现在早已通车,缺的是实力。这一带农民收入的切切实实增加,就是增加实力的重要组成部分。漯河以及其左邻右舍各显神通的富民办法,使整个中原的"富民工程"的大好前景已可望见。说到这里,我想给中原的父老乡亲多鼓一把劲,中原地区要比我家乡苏南的资源丰富得多,苏南最开始也是靠副业起家的,只要路子对头,把各种资源都用起来,积以时日,定能富足。

中原跟上了东部,西部地区加快发展的条件就更充分一些,实现共同富裕的理想就距现实又近了一点。由此想开去,国家从改革开放以来直到实现小康那一天所要做的所有事情,不正可以理解为一个覆盖全国、惊动世界的"富民工程"吗?小平同志作为"总设计师",设计的应该就是这个工程吧!

再访震泽

（1995年5月18日）

早在30年代，我在开弦弓村作调查时，就曾跟着村里的航船来到震泽。今天，再到震泽，已经60年过去了。瞬息间一个甲子，岁月不饶人。现在的我只能坐在车里观看市河，站在楼顶遥望慈云塔了。虽说是强弩之末，我依然在想怎样做好进一步发展震泽这篇我一直想做而未了的文章。这次先提出几个问题，算作是开头，供做实际工作的同志参考。

一

慈云塔依旧，震泽以今比昔真是另有一番风致了。镇外工厂林立，镇内房屋、道路更新扩建，正在修缮的市河石驳岸，都是近20年来乡镇企业蓬勃发展，经济实力增强的具体表现，也是苏南从一开始就提出的工业下乡结出的硕果。但是，在令人欣喜的另一面，我还觉得目前的经济繁荣之中似乎潜伏着一个值得注意的隐忧。这就是我要提出的第一个问题，即震泽在异常激烈的市场竞争中有没有特长？换句话说，震泽将靠什么去取胜，使自己立于不败之地？

就农业而言，苏南的耕地在减少，但依靠工农协调发展的政策，粮食产量有增无减。加上农产品结构的深化改革，农业方面的收入稳中有长。

从工业上看，这里的乡镇工业已经具备一定的基础，而且长势喜人，但看得远一些，目前乡镇企业承受的压力似乎过重了一些。各级地方财政要支撑，各项事业要发展，支农和农村社会福利自然也要靠它来维持。超负荷的压力能否持久地顶得住，是个应当注意的问题。另一方面，是与国际接轨的问题。我们应当看到当今世界经济结构新体系正在调整和发展中，与那些发达国家相比，无论是高精技术还是新的管理模式，我们大部分乡镇企业恐怕在近期内还难以与之竞争，更不用说胜负难料的搏斗。至于引进外资，目前是一条活路，但它究竟不是长久之计，国际局势的变动，一时还不容预料。

我在这里无非是想说明，要真正做到你们所说的致富一方，必须打好坚实的基础，那就是千方百计让每户农民殷实起来，要让老百姓自己有钱，自己长钱。这才是长治久安、日益繁荣的可靠办法。

最近几年来，我在乡镇企业不太发达的地区观察，时常有一种想法，能否在农工之间杀出一条新路来。这条新路就是建立大农业观点，在农副业上做足文章。传统副业是我们的老祖宗留给我们的财富，比如植桑养蚕，现在已经成为这个地区乡镇工业的一个重要基础。但副业这块领地还十分广阔，后人不应当只靠先辈的遗产吃现成饭，要把眼光放远些，要想一想我们将给后人留下什么。因此，我觉得第一步要摸清自己的"家底"，搞清楚本地还有什么优势。

吴江号称中小湖泊全国第一。80年代我就建议充分利用家乡水面的问题。这几年尝到了一点甜头，但是还大有用武之地。我在镇江市龙山村看到他们利用长江里的鳗苗资源，加上用宁夏的土豆精制饲料，在广东中山县开辟水田放养。鳗鱼长大烤制后，利用空运直销日本，从而打开了一个别人根本无法跟他们竞争的大市场。仅此一项经济活动就使只有几千人的龙山村总产值在几年内猛增到十多亿。利用当地特定的资源发展出来的副业产品及其加工品一般说来具有"垄断"意义，因为世上任何高新技术的制品都可以在相似的社会条件下进行模仿，而与特定的自然资源、条件相结合的产业则谁也学不像，谁也偷不去，这就是所谓的特产，这个特产一旦拥有市场就可以立于不败之地。

上述例子启发我们要迈开自己的脚步，探寻跨区域资源的合理搭配和优化组合。在这一方面新加坡的经验值得我们借鉴。新加坡这一弹丸之地却在世界经济中崭露头角，其中一个原因就是他们能充分利用他人之力。他们自豪地称，凡是在6小时的飞机航程之内都是他们可以利用来致富的地方。特产和经济发展的超出国界，搞经济飞地，这也是日本的做法。可以说这是世界经济发展的老经验和新趋势。回头看我们乡镇企业在起步时期不也是把城市的技术和人才资源、把自己与各地的原料以及边远地区的市场结合在一起，才有了今天的局面吗？那么我们不妨可以把这套做法应用到开辟新的副业项目方面来，闯出一条新路子，开拓一个新局面。

二

现在让我们再回到慈云塔，提出第二个问题。中国的县城大多建塔，有塔无县的实属罕见。在不太远的历史上，震泽的确是一个县。即便后来撤了县，它还是一个重镇。50年代吴江县的七大镇中震泽的排名大概不次于盛泽镇。可是近年来震泽的经济发展相对迟缓，名次在朝后挪，不说盛泽、芦墟这两个大镇，就连原先排不上名的梅堰也快赶到了震泽的前头。各镇地位变化的原因究竟是什么？

与其他镇相比，震泽人同样勤奋，干部也在努力发展经济。那么问题出在哪儿呢？我以为根本原因在于震泽作为一个镇的功能发生了变化。通俗一点说，震泽传统的商业服务体系在新的历史时期原有的优势没有保住和发挥，以致震泽经济相对地落在别人的后面。

震泽传统的商业服务体系可以作为一个专门的课题去研究。我在60年前看到的印象大致是乡村的农户、航船和街上的商家构成了一个适合水乡交通体系的有效商业网络：农户和商家同时既是买方又是卖方。这种买卖关系是通过航船这个中介建立的。那时，买卖双方都从商品交换中满足了需求，获得了利益，发展了农业区的乡镇经济。在这个网络里，各方获利的一个重要保证就是航船主。为农户和商家负责的一致性如同生产中不断投入的资本产出服务利润，从而使航船主具有强烈的服务意识和主动的服务行为。

记得50年代我在开弦弓村相熟的四位航船主，从前一天晚上到出发前的清晨，从他们服务的农户家里收下许多瓶瓶罐罐，下午从镇里回来便将打来的油盐酱醋一一送往各家。我当时佩服航船主那种惊人的记忆力，如此繁杂的油酱居然不做笔记而丝毫不出差错。其实，除了熟习外，是他们的生产性的服务意识在发生作用。就这样，每天有来自镇周围十余里的几十个村庄的上百条航船塞满了震泽的市河。航船是可以看得见的，服务的意识却无法触摸，而正是这种意识才是震泽商业体系的精髓。换言之，这种服务意识和行动把镇与乡联结起来，既保障区域内人们的生活，又使区域内经济得以顺利运行和繁荣发展。

我想到抗战之前震泽镇上航船之多，正表明了这个乡镇接合部的乡脚之广大。有几十甚至上百的农村，日常的消费品和各个季节的农副产品在震泽这个镇上流动。这是震泽之所以成为吴江的名镇，而且名居前列的一个重要原因。

50年代初，农村供销社的建立取代了原先的航船。然而，新的商业体系及其随后的官商化只是建立了垄断性的买卖关系，传统体系中可贵的服务意识没有继承下来。在生产性的服务功能丧失的情况下，震泽与它四周的村庄脱了钩，乡村的贫穷和市镇的萎缩是城乡人为隔绝的两个必然结果。久而久之，甚至出现镇与乡、街上人和乡下人的对立和冲突。

70年代开始兴盛起来的乡镇企业改善了镇乡隔绝的状况，企业中面向市场的一批供销员开始冲击僵化了的商业体系。但那只是在局部恢复早先的商业体系，服务的意识还常常因受到市场、计划混合体的种种弊端的影响而发生变形。

回顾这段曲折的历史，面对当前经济发展的严峻现实，我希望我们在选择振兴震泽的方案时再放开一点思路。一方面深入研究这个镇的传统优势，认清流通服务是作为一个镇，特别震泽镇的最根本的性质，丢了这一传统，就有可能在经济运行中失去重心，处于不稳状态。另一方面，要深入理解关于流通服务是比第一、第二产业更重要、更迫切需要大力发展的第三产业。就震泽而言，要拓展使千家万户都富裕起来的特色副业,这种第三产业将起到不可或缺的资源组合和调配作用。从这两点认识出发,震泽能否尽可能地恢复原有的乡脚,建立起一个以周围农村为基地,真正为农民服务的商品流通机构。凡是农民生产所需要的商品,凡是农民生产的商品,都可以在镇上买卖、流通。我相信有质量的服务会产生出众多的需求。当然,今天商品的复杂化并非旧时代所能比拟,我们也不能简单地搬用过去的老办法,我们需要总结航船的基本原理,使之现代化。总之,建立为农民服务的商业体系的新试验应当从震泽开始,震泽有潜力,有必要获得新经验,并在这一过程中为镇的发展注入新活力,重振昔日的雄风。

说到这里,我想再一次提到村、镇、城市等概念上的区分问题。无论是下一个世纪的人口布局,还是现实经济发展的资源配置,尤其是服务体系这一第三产业的分工和层次,都需要我们按照实际情况对上述概念的不同职能作合理区分。同时,作为我的第三个问题,是关于各级政府,包括像震泽这样的镇政府的职能将在未来的分工体系中如何转变的问题,它涉及的面更广,内容也更深刻,只能留待以后研究了。我年事已高,上帝也不会答应再给我六十年时光,因此我希望年轻一代的学者面向实际,脚踏实地将我们这一辈的未竟事业继承下去。

天津献策

(1995年6月16日)

昨天刚来到天津，今天参观了一些地方，听了大家的情况介绍。因为时间短，了解不够，本不该下车伊始就发表意见，但是天津今后发展的目标问题，可以说多年来我一直放在心里，早就想跟天津的同志一道研究，趁这个机会和大家交换一下意见。

前几天，我刚从贵州北部的毕节回北京，昨天乘汽车沿京津塘高速公路到这里。这条高速公路与从贵阳到毕节的公路相比，一条是平坦的、管理和设备高度现代化的公路，另一条现在还是坑坑洼洼的车路。在短短的一个星期里，我的感受就像经历了两个不同的时代，同时也体验到中国巨大的变化，令我振奋，也让我感到我们的任务还是很重，我们的事业还要付出多么大的艰苦努力。

不到5年，20世纪就要过去了，这个世纪的一大特点就是发生过两次世界大战。这两场大战打下来，结果是世界"缩小"了，用现在流行的说法：整个地球成一个小小的村子，一个"地球村"，也就是说现在的世界已结成了个息息相通的世界了。这就迫使我们不得不考虑和世界其他国家打交道的问题。这就要求我们关心世界上发生的变化，要找到我们在这个世界格局里所处的位置。我们要做些什么、要怎么做？这些问题已经成为当今世界上人们不能不考虑的大问题。

国际上的大气候和国内建设的繁重任务，使我在晚年特别感到紧迫。结合自己的专业，我要争取为人民多做一些工作，坚持多观察、多思索，因此这15年来除了西藏和台湾以外，我在全国各省区几乎兜了一圈。

我是从研究中国农村经济开始的，从一个村到一个集镇，然后扩大到一个县、一个市，最后发展到了区域经济发展的研究。21世纪即将到来，我们对中国经济发展总的格局要有一个设想。历史发展到今天，中国经济发展的格局，我们看到的轮廓大约是这样：华南和华东经济区已初步形成，华北、东北、西南、西北还在为形成经济区创造条件。

先说以珠江三角洲为主体的华南经济区。1997年香港回归以后，它将进入这个经济区，实际上香港现在已经与华南经济区紧密地结合在一起了，起着中心城市的作用。香港经济实力强大，有很强的辐射力。1985年，我曾到香港访问，当时我看到自从落实改革开放政策以来，大门一打开，香港的经济力量正在向大陆扩散，珠江三角洲将成为华南经济区的基础。这是经济规律在起作用，因为那时珠江三角洲的劳动力要比香港便宜10倍。那些从广东跑出去，现在已经成为小老板的香港人就回家乡来办工厂了。香港的辐射力继续在向周围扩张，华南经济区还在扩大。华东这一块地方，也已形成一个经济区。以上海为龙头，江浙为两翼，苏锡常通杭嘉湖甬八员大将簇拥着的长江三角洲，以此为基础，现在正在向整个长江流域发展，可能形成中国经济的脊梁骨。一个经济区的形成是要具备一定的条件和经济实力。它要有一个中心，一个具备吞吐能力的港口，还要有广大坚实的腹地，也就是它所笼罩的消费市场和生产基地。经济区域是经济现代化的产物,区内交通发达,通讯便捷,城乡经济共同繁荣,城市依赖农村,农村依托城市,两者密切相联,相辅相成。这个区域里要有丰富的资源,高度的生产能力,畅达和快速的流通以及繁荣发达的市场。在这一系列经济因素发展中,逐步形成为经济上密切联系的一个整体。经济区域是依照经济规律发展形成的,并不是由行政划定的。

改革开放以来,我们能够比较清楚地看出中国正在形成华南、华东两个大的经济区。同时也出现东西部经济差距的问题。东西差距问题已经引起人们普遍的关注,然而南北差距的问题人们还提得不多。

为消灭和缩小南北差距,我逐渐认识到我国的北部也应该有一个总的发展战略方针。就当前的情况而论我们只能说:如果这个地区的现代化经济继续发展下去,也可以形成我国北方的若干经济区:如华北、东北、西北等经济区。成为一个经济区,就必须要有一个中心,起到龙头的作用,天津是华北经济区最好的候选对象。为什么说是"候选对象"呢?那是因为目前天津的实力还不够,但是天津具备许多优势,可以成为经济实力发展的生长点。

天津在历史上曾经是我国北方沿海的商贸和金融中心。天津和上海一样是五口通商的口岸大门,是帝国主义列强打开中国的一扇大门,但天津和上海又不完全一样,上海这扇大门被打开以后外国和买办资本趁机侵入,形成买办资产盘踞的中心。但是同时兴起了上海及其周围的民族资本势力,也有相当的实力。他们有资本、有产业,办了工厂,势力范围相当大,一直达到常州一带。这些人里出现了不少著名的代表人物。解放后国家又投入了相当大的力量发展上海的工业,国营大中企业一直是上海经济的基础。天津的情况怎样呢?对这个问题,我没有深入研究。看来天津这扇大门被打开以后,外国资本也涌了进来,开设了不少洋行。但是天津离北京这个政治中心近在咫尺,北京的那些达官贵人从清末起就利用权力到这里办工业。但是这些官商的企业在经营上似乎跟不上现代化经济的要求,实力不易强大起来。解放后国家固然也下了不小的力量,在天津建了不少国营的大中型企业,但是由于种种原因,似乎还是形不成辐射天津周围的经济中心。所以直到现在天津周围的石家庄、保定、唐山、沧州等大中城市都没有建立起强大的工业,基本上还是个农业地区,比起上海周围的八员大将显得相形见绌了。

近年来,我一直比较关注我国中部这一大片农业地区的发展。我曾到河南、河北、湖南、湖北的村、县和小市镇里去考察,跑了不少地方。经过几年的观察,我强烈地感觉到,中原大地上的农民身上存在着一股要求发展的巨大力量。他们走的道路却不同于苏南农民办的乡镇企业,而是在不脱离农业这个基础上发展庭院经济,尽力从农业里边长出工业来。他们靠庭院经济,发展手工业和副业,逐步发展起农产品深加工工业,走上农村工业化的道路。

最近我到河南漯河的南街村访问,这个村"靠玩泥蛋起家,玩面蛋发家",开始是从烧砖起步,赚了钱,然后办面粉厂,做饼干、点心,1989年搞起方便面、锅巴。到1994年,村办的方便面厂已有30条现代化生产线,日产方便面240吨;锅巴生产线72条,同时还发展了龙须面、果茶、啤酒的生产。与之配套的等级面粉厂、纸箱厂、彩印厂、汽车运输队都发展起来了。这个村 1994 年总产值突破 8 亿元。

我讲这个例子的意思是说，我国中部传统农业地区的农民，已经找到一条由脱贫而温饱而小康的道路。中原地区的经济实力正在逐步增强。这个形势正在呼唤一个能配得上这发展需要的经济龙头，从而形成一个华北的经济区。天津在这个正在形成中的经济区里是大有作为的。

当前天津的干部和群众都有很高的积极性，干劲很大。天津地理位置优越，资源丰富，交通、通讯发达，有港口，有较强的工业基础，成为华北经济区的龙头是具备良好条件的。而且应该特别指出的是天津作为我国北方高等院校和科研单位最集中的城市之一，有丰富的智力资源，特点比较突出。为了强调这一点，我可以举个实例。1992 年我去沧州青县的后董景村访问，这个村以当地盛产的玉米做原料生产淀粉，又对副产品和下脚料——蛋白粉、玉米皮、胚芽和浸泡玉米的废水进行开发利用。这些都需要一定的科学技术，后董景村的老乡就请了天津科研单位的专家去指导，生产的产品销到天津，这个村一下子就富起来了。后董景村与天津市发生了密切的联系，就成了天津腹地中的一员。从这个小小实例中，我想到了当前华北赶不上华东，也许就在广大的腹地没有和龙头挂上钩，也就是说一旦华北这一大片农业地区能有个经济中心为它服务，就能形成一个广大的经济区而发挥出巨大的经济潜力。

昨晚我又想起了一件往事，大约在 1917 年前后，我的一个舅舅，他是胡适在清华时的同班同学，后来又一起到美国留学。毕业以后，他从美国带回了几部纺织机，到天津开了一家海京洋行，办了纺织厂。到 20 年代初，逐步发展起来，产出了有名的"抵羊"牌羊绒毯，成为天津的名牌产品。日本侵华以后，他才离开天津。这位舅舅从美国学了技术，带来机器，从内蒙古购进原料，在天津加工制作，然后出口。这件事表明，至少在一个世纪以前，天津和内蒙古已经有非常密切的经济往来，资源丰富的内蒙古早已是天津的经济腹地。今天天津更要把眼光投向这些"远亲近邻"，努力为他们服务，这些地方就是天津的腹地。谁是龙头、谁是中心，这不是什么人说了算，也不是什么领导单位批准的，而是要靠自己经济实力创造出来的。看来天津有责任为华北地区的经济发展发挥它条件已具备的龙头作用，把这个经济区域的中心和腹地紧密地联系起来。

听说，最近有人主张京津两市的发展和城市应当分工合作。北京作为政治中心，天津发展成经济中心。如果我们同意，不妨考虑先走一步，加强京津冀二市一省的经济协作，在条件成熟时成立一个经济协作机构。京津冀二市一省，从地理上讲是互相交织在一起的，你中有我，我中有你，经济上从来就是休戚相关，来往密切。在当今经济建设的大潮中，京津冀除了按照各自的特点发展以外，应该从区域经济的观点出发，增进了解，在互利互惠共同繁荣的基础上，开展多方面的合作，先把联合的架子搭起来。我建议京津冀二市一省的有关领导同志，在适当的时候，共同研究一个办法，成立协作机构。开始的时候不妨选几个容易操作的项目进行协调和合作，再逐步扩大，最后将整个环渤海地区联系起来，形成一个与华南、华东相对应的华北经济区，并实现天津在这个经济区域的中心作用。

让我们为了中国人民早日富裕起来，使中国能在21世纪的世界上成为一个强国贡献我们的力量。

三访赤峰

（1995年7月25日）

1984年8月，我曾到内蒙古赤峰市（原名昭乌达盟）调查过一次。今年7月我第三次访问赤峰，其间相隔11年，事前我了解到在这段时间里，赤峰的经济有显著的发展。单以工农业总产值说，1994年已达96.5亿元，比1983年增加了5倍多，而且工业产值已超过农牧产值，达到6比4的水平。因此，我很想亲自去看看这个边区的发展情况。

这次访问虽因年老力衰，跑的地方比上次少了，但还是得到不少新的知识。下面就四个方面提出一些体会：一是恢复生态，二是农牧结合，三是乡镇企业，四是发展前景。

一

第一个是生态问题，我在第一次去赤峰访问时已经注意到，当时这个地区生态破坏的情况很严重。我生平初次亲眼看到一片片生命已被消灭的流沙。我记得在车上望见有人躺在沙丘上睡觉，觉得很奇怪，一问才知道，在沙丘上连蚊子都没有，是个不受任何打扰的好地方。当然没有生命的地方是养不活人的。

后来苏赫同志告诉我赤峰附近发现了红山文化遗留的文物，那是五六千年前的东西。这样远古的时代，赤峰这片土地上已有农耕而且已有村落。接着他带我去参观文物展览馆，我见到了纪元前16世纪的铜器，大概相当于中原夏商时代，这里的居民已经有了中原水平相当的文化。如果这个西辽河上游地区自古就是一片荒凉的沙漠，我想是不可能有那样发达的红山文化的。从考古学上的实据来看，大约在春秋时代，这个地区曾经发生过社会文化的很大变动。很可能从那时起，北方的民族引进了牧业。可是从有文字的记录中还可以看到在1000多年前的唐宋时代赤峰还是松林茂盛的风景区。契丹民族在我国北方建立的辽王朝（907—1125），其政治中心上京和中京的故址都在现在的赤峰地区。当时这个地区不可能是个沙化严重的区域。看来这地区生态破坏是其后1000年中的事，甚至是在20世纪后期的几百年中发生的。

新中国成立以来，制止边区生态破坏，一直是国家的重要政策，尤其是在改革开放之后，胡耀邦同志提出的种草种树成了当时切中要害的急迫措施。

赤峰市是治沙的先驱。早在60年代中叶就成立了专业的研究所，开始切实地探索治沙的措施。经过了有十多年，到80年代初我来赤峰访问时，就看到了初具规模的太平地林网建设。这对我印象极深。1959年时生活在一片沙化土地上的4个村54户人家，在1965年已成功地营造了大面积的农田防护林，把整片土地划成了70多个网眼，每个网眼有200亩农田。这个林带对林网内的农田起了防护作用。1982年赤峰遭到11级暴风，全市灾情严重，而太平地却太平无事，赢得了附近人民对林网的信誉，从此不断扩大，今年我再次去访问太平地时，车子在林网里穿行，远远望去，看不到底，像是进入绿色海洋。前两年又从远处打了深井，用水泥渠道引水进网，扩大了几万亩农田。同行的同志还跟着向导到网边的沙区去观看正在兴建的新网眼。这是说林网的建设正在不断扩大中。这使我感到十分欣慰，因为我上次访问后曾说过，赤峰已找到了治沙的路子，但是路子必须延伸出去才能成为大道。现在林网建设在太平地推开了。但是我希望这个经验还应当推广到更大的范围里去，不仅在赤峰各地推广，在国内推广，还要推广到国外去。听说联合国已经注意到太平地的成效，我非常高兴。

据联合国环境规划署最近说，中国北方土地的荒漠化每年高达 21 万平方公里。可见我国沙化面积还是在增长中，这条危害的沙龙还没有制服。我曾到内蒙古的阿拉善盟，在沙丘中坐车颠簸得坐不稳，两手紧握住拉手，身子还是在跳迪斯科舞。从沙丘顶上四望，看不到一棵树。治沙的工作还只能说刚开始，想起太平地的这一点经验，更觉得十分宝贵。

治沙应当看成件大事。我几次来赤峰，印象也越来越深。这是一项人类在地球上求生存的搏斗。回顾人类的文明史，人类制服自然的力量固然在近百年来有了飞跃的发展，但不能否认，就在这近百年来人对自然生态的破坏也是越来越严重了，甚至有人提出警告，如果还不即刻恢复生态的良性循环，这个地球已经不断在发出"养不活人类这样生存下去"的警告了。这是为什么近年来联合国已经把环境问题列入 21 世纪的重要课题的原因。

当然赤峰在治沙和恢复生态平衡方面除太平地外还有很多好的经验。每个年代都抓住成功的典型在推广。在 60 年代开始的太平地的速生农用防护林之前，有 50 年代已开始的当铺地乡的农田保持林。其后，有 70 年代城子乡的丘陵山区农田保持林，80 年代敖汉旗的大面积植树种草、巴彦他拉半干旱沙化草场的改良建设。到 90 年代，在喀喇沁旗农区、翁牛特旗半农半牧区、巴林右旗牧区又创造了不同类型地区多元化的经验。如结合三北防护林的大面积生态治理工程中注意到经济效益问题，在山区推广生态经济沟，搞的是两松戴帽、两杏缠腰、瓜果梨桃遍山坡的立体生态建设。在牧区的小草库伦建设中，正在试点五荒（山、沙、沟、水、地）资源拍卖，提倡和动员一切集体和个人的力量，甚至动员外国投资者都来投入生态治理和经济林的建设。他们的做法既注意生态效益，也重视经济效益。

11 年前的巴彦他拉苏木草原站提供了半干旱沙化草场改良建设的经验，他们建设了水、草、林、机四配套的基本草场，种树林网化，种植优质牧草和青贮，同时还采取了草原围封的措施，今天这些经验正在不断推广。

这次我没有机会再去一一访问这些地区，但在考察期间，看到了《赤峰日报》关于巴彦他拉苏木连续七年牧业大丰收的报道，他们大小畜总数、总增率、出栏率、牲畜改良率、小畜总数和山羊总数均为全市第一。其基本经验还在于重视了畜牧基础建设，生态条件的根本改善和坚持科技兴牧，使畜牧业走上了稳步发展的道路。

在乌丹和大板时，我去看了在城镇附近的生态治理防护林建设工程。这是以机关干部和职工大会战方式，义务劳动完成的。他们利用春秋两季完成整地挖坑，第二年春天栽树，有松、杨树、山杏，还带上沙打旺，其规模和效益都是前所未有的。

我在此受到鼓舞的正是干部和群众积极进取的精神。在边区和少数民族地区较为艰苦和困难的条件下,他们在与自然作斗争中始终保持着积极性,不断创造新经验,并推广取得成效。现在赤峰每年治理土地面积达 200 万亩,其中造林 100 万亩,水土流失和退化的面积每年也是 200 万亩,已经达到了损益相抵的好成绩。按现在的形势发展下去,治理的速度将占上风。所以我说 11 年来的发展,真正值得称道的是这种变被动为主动的进取精神。我希望赤峰的同志们再接再厉,开拓推广这种制服沙龙作恶的道路。这点成绩来之不易,是多少人 30 年辛勤劳动的成果,值得珍惜,但远远不够,还要向前再提高,再前进。

二

我在初访赤峰后所写的《赤峰篇》里把地区的民族问题联系上了农牧业的矛盾,因为赤峰过去的一段历史使我看到这地区的民族矛盾的根子是在农牧矛盾。而农牧矛盾的根子是在争夺土地资源。当农业和牧业都处在初级阶段时,两者要利用同一块土地时会发生相互排斥的矛盾,不是你来我去,就是你去我来。这个往复循环在这地区的历史上可能已发生过多少次。

牧业的初级阶段是指逐水草而居的放牧形式,就是牲畜依靠天然草地来饲育,牲畜自己在天然草地上找它的饲料。一块草地上的草吃完了就去另一块草地找草吃,就是所谓"逐水草而居"。牲畜跟饲料走动,人跟牲畜转移,形成了不能定居的流动放牧的生活。

农业的初级阶段就是粗放经营,放火烧林,利用原有地力广种薄收。一块土地的地力消耗尽时,换一块地再重复这种方式,即一般所谓刀耕火种。土地的肥力竭尽,地就抛荒,抛荒的土地就是最易沙化的土地。所以凡是这粗放耕植过的土地常留下一片沙化地,寸草不生,原来长草可以放牧的草地就这样被破坏了。因之这种开荒的农业是破坏牧场的力量,所经过的地带成了排除牧业的荒沙。赤峰在民国年代军阀混战中,成了生态的牺牲品。不少现在还没有恢复的沙化地带就是这样造成的。

解放后,这种破坏行为是停止了,但有限的并已在退化中的牧场,由于政策上鼓励增加牲畜数量,很快出现超载的情况。超载就是一块草场上的草不能负担过多牲畜的给养。超载的结果是草场退化,牲畜死亡。这种情况发生后,为了使草场能够有所恢复,只能设法限制牲畜在退化了的草场上放牧。所以一般都采取把部分草场围起来的办法,限制牲畜进入,就是所谓"草库伦"。这是我在11年前看到的普遍情形。

这种草库伦其实是一种不得已的消极措施,等待草场自然恢复它的供草量,时间上是漫长的,基本上靠天长草,草长大了再放牧。这是并没有改变牧畜靠自然生长的草作为饲料来养活的传统方式。

为什么人不种植饲料来喂育牲畜呢?这是个根本的改革。我在60年前在英国学习时,在他们的农村里看到用小块土地种植萝卜,划地分界让所畜的羊在指定的范围里去啃食萝卜。羊群、饲畜、所植萝卜和土地都有一定的比例,预先做好计划。按计划供应牲畜饲料,牲畜也按计划育肥,一直到供应市场,屠宰后供市民消费。我从这个例子里才明白牧业可以从放牧发展为舍饲，从初级牧业向现代化牧场发展。

在中国我还没有看到过上述英国的那种企业化的牧场。但是在我的家乡，江苏太湖流域，却通行在农民家里把羊关闭在羊圈里由各家的孩子去割草来喂育的方式，每家喂育的羊不过二三头。但由于各家都养，牲畜的总数也不少。这是一种我称之为庭院舍饲的方式，比放牧的方式是提高了一步。

我在初访赤峰时，还去参观过由联合国支持的韩丁兴办的示范牧场。在这个示范牧场里我看到有大片种植玉米的土地。这片土地上长的玉米就是用来喂牛的精饲料。这个示范牧场为附近牧民所养的牲畜催肥。牧民在牧场上草长得好的时候放牧，秋季之后草场的草不够养活牲畜时，送到示范牧场里去催肥，就是用玉米地里所长的精饲料喂育、催肥之后卖走。我把这个事实上相当复杂的过程，浓缩作放牧和舍饲接力的方式。这启发我想到农牧是可以通过这个方式结合起来的。

后来我到甘肃临夏去访问时，看到在我们传统的办法里也有这种接力方式，只是地域间的接力。在青藏高原上放牧的牲畜到秋季不断赶到平原上来，在临夏一带的农村里，把牛卖给农民，各家农民分别买几头牛在自己家里用玉米秸秆喂育，到牲口催肥后，在年终宰了在市上出卖。

这种放牧和舍饲的结合，其实就是农牧结合。符合中国的传统，而且可以在草场日益退化过程中，减少牲畜的数量对草地的压力，即减轻超载的负担，同时使牧区附近的农民田上的秸秆得到最好利用，增加农民的收入。这种接力方式是值得推广的。

三

这次访问赤峰北部的大板镇时,看到当地正在推广的"小草库伦"。这和上面所说用来保护草地的草库伦不同。用来保护草地免得牲畜在已经退化的草地上再去吃草是一种消极性的措施,大板所见的"小草库伦"是另外一种新创造,实质上是牧区的庭院经济。每户圈出一定数量的土地,成为一个"草库伦"。这户牧民就定居在建筑在这个"草库伦"里的土房里,包括这户的住所和他畜养牲口的牛栏和羊圈,而且还有为冬天接羔用的暖房,用薄膜盖顶的可以加温的羊圈。在房屋和圈栏的四周,有一片十多亩的农田,用来种玉米。我们去访问时牛羊都不在栏圈里,据说放到公共草场去吃草了。"小草库伦"里的玉米长得很旺盛,主人告诉我这些玉米就是用来为牛羊过冬时作饲料的。我当时就想到这不就是联合国资助的示范牧场缩小了的具体的基本"模型"吗?夏秋公共草场上有草时牲口放出去,公共草场的草不够了,就回到"小草库伦"里靠精饲料喂养。我参观的时间有限,没有详细了解这种放牧和舍饲结合的具体办法,但是原则上是一致的。如果一旦公共牧场退化到不能供应这许多"小草库伦"里的牲畜自由放牧时,势必加重牧民在自己圈定的土地上想法增加饲料的供应,不是会一步步走上英国式的萝卜喂养的企业性质的经营了吗?

小草库伦是几年前才开始的一种牧民的新创造。就巴林右旗总结的经验看,小草库伦的主要作用表现在:一是适应家庭经营机制。每处投资 3000 元左右,国家投入 500 元,用于水利配套,其余由个人投工和自筹。投资少、见效快,"国家投得起,群众建得起",管理也方便,最重要的是牧民把它当成是自己的东西。二是有防灾抗灾作用。一处小草库伦就是一处"旱涝保收田",一处可靠的防灾基地,使畜牧业生产增加了稳定性。三是小草库伦不仅能保证牧民的温饱,而且容易增加积蓄和促进再投资的积极性,加快脱贫致富。四是它改进生态的作用。一处小草库伦就是一个小生态圈,一片小绿洲,对改变局部地区生态环境有着十分积极的意义。如一处按15亩计算,可产饲草料1万公斤左右,可节约天然打草场100亩。五是小草库伦实行水、草、林、机、料五配套,是集约经营的开始,促进了畜牧业和种植业的有机结合,协调发展。牧区种植业的发展,促进了畜牧业经营方式的变革。在抓好畜牧业的基础上,相应地抓青贮、加工、调制、饲喂等一系列配套措施。当地老百姓称之为"引种入牧",即把种植业引进畜牧业。相应地在农业地区引进牧业称作"引牧入农"。

如果说11年前农牧结合还是一种设想,今天这里已作为一项致富工程在实施。市里规定农牧结合户要达到羊20只、牛5头、猪10口,家禽200—300只,牧业收入要占到总收入的50%。翁牛特旗在推行此项工程时,根据本旗的实际,提出了东部大种、西部大养的发展战略,利用各地的资源优势,引种入牧,引牧入农,不搞单一经济而搞多种经营。实现东种西养,做到在牧区繁殖,农区育肥,实实在在走着农牧结合的路子。1994年翁牛特旗农牧结合户达11600户,占全旗农牧户的40%左右。农牧结合户的人均收入比过去增加一二百元是没有问题的。

1984年我曾访问过该旗半农半牧地区的黑塔子嘎查,总结当地群众改变农牧并存的状况,走农牧结合的道路的经验,提出"退耕还牧"的设想。以后我一直很关心他们的发展情况,北大研究所的师生曾做过追踪调查，这次随我一起去的同志又去了解情况。他们看到近几年黑塔子的做法，一是利用贷款打了两眼机井，解决了耕种问题，使全村口粮得以自给；二是借用政府项目贷款把沙化的3000亩荒坡围封种草，若干年后可用以发展牧业；三是开办多种经营，利用低地开辟了一个鱼塘，每年可以收益40万元，这样稳定了这个嘎查的经济。从这个例子来看"退农还牧"的路子，在资金筹集、劳动力利用等方面困难是不少的，而且处处要依赖政府支持，短期间更难见成效。如果和上述的"小草库伦"相比，优劣是显然的。当然像黑塔子一类地方能否推广"小草库伦"还是要进一步加以研究。

在去翁旗乌丹的路上，我们参观了远大肉牛产业开发公司，他们现代化屠宰加工厂经过8个月的施工，即将验收投产。这是国家扶贫办所属的中国远大发展总公司下属的扶贫企业。他们总结多年的经验，把扶贫款集中使用，投资大的项目，这个项目是以肉牛屠宰加工为龙头，通过屠宰加工厂、饲料加工厂、育肥牛场、皮革加工厂等系列化项目建设，促进当地农牧结合，带动五六个旗县的千家万户农牧民，连片发展，以期根据国家"八七"扶贫攻坚计划实现富民富县的目的。我深望这个目标能够实现。

回过头来看，赤峰市坚持不懈地开展以水利为中心的农田草原基本建设，防沙治沙、绿化造林和小流域综合治理，不断改善生态环境，发展农村庭院经济和牧区小草库伦，搞好放牧与舍饲的接力，牧区繁殖和农区育肥的接力，再有远大公司现代化畜产品加工企业的配合，加速牧业现代化进程是很有希望的。

四

赤峰怎样发展乡镇企业对我还是一个新的课题。我记得上次访问太平地时曾一再提出如何利用林网的木材进行加工，发展小型工业的问题。这次访问中很兴奋地看到太平地木材加工的企业已经办得很有成绩。他们不仅出售建筑业需要的各种初步加工的木材，而且有专门制造三合板的工厂和用三合板再加工的家具工厂，并且把伐木时和木材加工时得来的废料磨成木屑，加工压成薄板，作为家具的原料。总之，在林网上已做出了不少乡镇企业的文章。这是十分可喜的。

但是太平地的居民还没有想到田里的玉米，除了粮食之外还有秸秆一项，如果和牧业结合就大有文章可做。当我问他们玉米的秸秆如何处理时，他们的回答是"都烧了，当肥料"。我就接了一句："你们把它变成了牛再烧，不是滋味可以更好吗？"后来我在巴林右旗看到了"小草库伦"，恨不得回去要太平地的农民一起来看看。大板是以牧业为底子引种了农业，他们称之为"引农入牧"。太平地不妨以农业为底子引进牧业，"引牧入农"。在赤峰这个农牧交差的地区，正是个引农入牧、引牧入农的好地方。

在我们访问赤峰前几天，内蒙古自治区正在召开发展乡镇企业工作会议。他们把乡镇企业提到发展内蒙古经济的重要地位。我听了当然心里十分高兴，因为我在11年前来访问时，在边区似乎还谈不上乡镇企业。90年代我听说赤峰开始重视乡镇企业了，这是个好消息。这次来访自然要看看乡镇企业。但是由于时间太紧，只能选择重点进行初步了解，留着这个课题给今后去深入研究。

我初步的印象是赤峰的乡镇企业起步较晚，真正起步是在90年代这五六年中。由于起步晚，没有赶上国家大力扶持乡镇企业这班车。尤其这几年国家财政紧缩期间，发展较晚的地区，在资金上受到的制约就显得更大。所以大家感觉到国家在政策上一刀切，对边区不够优惠，我很能体会各级干部的心情。我们可以把边区的实际困难多作反映，争取能得到一些比较宽松的条件，但是我个人估计从这方面去打算是有难度的，不如思想上从依赖国家扶持，转到自力更生上来比较实际些。

不论怎么说，赤峰在发展乡镇企业上是有成绩的，在自治区内一直占有前列的地位，而且这几年发展也比较快。经过这次访问我得知赤峰全市1994年乡镇企业总产值已达到85.4亿元，比1985年增长17.7倍，总产值超过10亿元的旗县区有4个，总产值超亿的乡镇有22个、村8个。在产业结构方面，制造、建筑业和交通运输业三大主导产业总产值占全市乡镇企业总产值的86.7%。

乡镇企业近年来的增长速度高于市国民生产总值增长速度约10个百分点。乡镇企业的入库税金约占地方财政收入的15%左右，乡镇企业就业人数占全市农牧区劳力比例达到了30%。农牧民人均从乡镇企业得到的收入近300元（农民人均收入1018元，牧区1092元）。元宝山区、松山区、红山区、宁城县和喀喇沁旗都创造了很多好的经验。我这次访问过的翁牛特旗和巴林右旗也有很大的变化。

从已看到的情况来说，赤峰的乡镇企业向市场经济方向转变的苗头已经出现。和过去相比较，纯属原材料粗加工的企业已逐渐向一般消费市场制造商品的方向转变。引起我特别注意的是赤峰郊区和元宝山矿区正在发展的小型制造业已经以市场为导向，改变了乡镇企业发展初期的"三就地"形式。"三就地"就是利用当地原料，由当地劳动力来制造供应当地农民消费的商品的形式。也许这种初级形式在开始发展乡镇企业的阶段是不可避免的。自从发展社会主义市场经济方针的提出和普及，乡镇企业很快扩大市场取得发展。

元宝山在全市是乡镇企业发展得最快的地区之一，产业结构已经明显地从依赖当地自然资源的阶段上升到原料深加工和依靠科技发展新产品的多元产业结构。它利用煤矿和热电厂所集中的城市人口的消费需求，发展了一系列食品、运输、医药等服务行业，而且利用这些大企业里的科技人员，发展了高科技的企业。在比较短的时期里，出现了好几个亿元村，和超出依赖当地原料的轻纺、医药、化工、电器等产业门类。使像我这样一别十年重游旧地的人，有一种新旧面貌突变的感觉。又使我感觉到起步晚固然是会吃亏，但同时可以是件好事，因为起步早的地方走过的弯路可以不再重复了。元宝山从矿区里分出来的新建区还不到10年，而现在已是个边区少见的具有相当现代化面貌的小城镇了。居民的住宅和社会服务设施甚至可以说超过了苏南的老发展区的小城镇。

我曾特地走访宁城老窖酒厂。它原本是50年代建成的老企业，但是到了80年代走上了开拓市场的路子，很快地打开了国内外市场，依靠它产品的质量和效益，在全国轻工业系统中列入了先进行列。据酒厂的老板告诉我，他出的酒90%是销到外地去的，远到台湾和香港。他的拿手好戏是"创名牌"，就是充分利用信息世界的现代传媒把名牌亮出去。他说在广告上花1块钱可以在销售上收回10块钱。这种重视市场的意识，我在其他西部地区的乡镇企业家中见到的还不多。

在这里我不得不回想到在太平地参观纤维板厂时看到他们储存的成品几乎塞满那个相当大的仓库,当我问及产品的销路时,我得到"还好"的答案。两种经营意识,决定两者的发展能力。大家可以明白,不用市场作导向的企业是不会有广阔的前途的。但是要具有宁城老窖的"创名牌"的思想也许还要有相当长的时间。

我最近几年着重调查中部农业地区的经济发展情况,从中得到一种启发。在发展乡镇企业之前必须先使千家万户的老百姓身边有钱。储存在老百姓口袋里的钱是发展乡镇企业最有效的资金来源。在我听取赤峰关于发展乡镇企业的讨论中,感觉到当前还有不少人把国家的投资不足看成是边区乡镇企业一个重要的制约因素。我是主张国家应当对边区做出特殊优惠政策的人,但同时觉得边区要发展乡镇企业更重要的是和中部地区一样,要千方百计使千家万户富裕起来,使老百姓身边有余钱。这是发展乡镇企业最可靠的资金。

怎样使老百姓口袋里有余钱呢?我在中部地区看到的办法就是切切实实发展庭院经济。各个地方总是有老百姓熟悉的传统副业和熟悉的简易手工业。从这个基础上帮助他们发展以家庭为单位的副业,养鸡、养鸭、编织、刺绣,会什么,做什么。只有一条,不使家里的劳动力浪费掉,一点一滴都要变成生产力,变成商品,变成钱。从一家开始,推到一村,更扩大到一个地域。即所谓一村一品,一地一个拳头产品,形成某种商品的生产基地。这个办法简单易行,富得最快。一个地方找到可以推广普及的家庭副业,在充实庭院经济的基础上,联村成片,建立适当的服务体系,在产前、产中、产后为各家各户进行所需的服务,特别是打通市场,实行农副工贸一条龙的结合，在一两年里每人平均增加三四百元收入是不难做到的。我不必在这里多介绍这种在中部各省正在实行的以庭院经济为基础的"富民工程"，因为在赤峰巴林右旗的大板我们所看到的"小草库伦"就是这种性质的尝试。如果在大板的"小草库伦"里再引进一些家家户户熟悉的家庭副业，加上集体的服务和有组织的流通，就成了现在中部地区正在推行的"富民工程"。我们不妨想一想，如果太平地林网里的玉米秸秆能变成牛羊精饲料，由各家各户去舍饲，一年能增加多少收入？这笔钱用来开办乡镇企业，不是比到北京去"跑部前进"可靠得多吗？

五

最后，我想对今后发展赤峰市经济的战略作一些初步探讨，因为这个问题也是我在这次访问期间才提出的，还很不成熟。在这里讲一讲，可以让大家注意到这个比较大的问题，多作思考和讨论。

具体说，我是在大板时去看新修成的集通铁路时想到了赤峰在自治区全局中的地位。我还记得初访赤峰那年，大家正在议论从集宁到通辽的集通铁路。我当时就认为这是一条沟通自治区内部的经济大动脉。作为一个自治区，从包头或呼和浩特要来赤峰现在除了已通空航之外，必须绕道北京。这是不很方便的。东西之间有一条直达的铁路线可说是必要的。今年我来赤峰，听说这条集通铁路已经在过去的10年中修成了，对我来说是一件等待已久的消息，所以我特地安排个机会亲自在正式通车之前去看一看这条铁路。

内蒙古自治区的地域，东西横跨我国北部边区，东接黑龙江省，西接新疆维吾尔自治区。这个地形必然发生区内地形复杂经济多元的状态，区内交通成了一个大问题。过去用东林、西铁、南农、北牧来描述内蒙古经济的多元状态是很生动和符合实际的。因此在今后的经济发展中必须应用经济区域这个概念，同时要强调不同区域间的流通以达到互补协作，所以首先要解决交通问题。

据说乌兰夫同志生前促成了草原列车的实现，尽管要绕道北京，东西两端之间（除了阿拉善）已有了铁路的通道。这是件大事。现在集通路已经建成，通车后，东西两端在区内已经有铁路联接了，这又是一大推进。

如果单独从赤峰这个范围看，集通铁路是从东到西横穿赤峰的北部，它在赤峰的中心站，就是巴林右旗的大板镇，从大板镇再向东到哲里木盟的首府通辽市，在通辽市就和草原列车接上了。这条路并不通过赤峰市（原昭乌达盟的首府）。大板镇和赤峰市之间还有一段大约190公里的路程，现在只通公路，没有铁路。如果在大板和赤峰市之间修一条不长的铁路，集通路也可以在赤峰市和草原列车接轨，南下通到北京和天津。从大板到赤峰市这一段交通正是使赤峰全市区的经济联成一体的关键性的空白。现在以公路来填补是远远不够的。

我在大板时已听到修筑大板到赤峰铁路的呼声，因而进一步考虑赤峰市在自治区全区经济中所处的地位。

作为一个经济区域来对待一个地区的发展的话，必须及时做出相应的规划。一个经济区域，按我的看法，必须具备一定的条件。经济区域内要有它基本上一致的或互补的经济基础。在这基础上必须有相互联系的交通设施，可以说是区域的流通系统，靠这个系统使这区域的经济基础联成一个经济体系，进行互相流通。经济基础是由从事生产和消费的单位形成的。当前是广大群众的家庭（在农村里是农户，在牧区是牧户）。这许多家庭可说是这个经济区域的细胞。细胞之间通过经济分工合作、交流和服务而聚合成不同的社区集体，在行政系统里即村和嘎查等。若干社区集体中涌现出常说的第三产业如贸易、金融、餐饮、修理等服务性行业，即成为经济较发达的各个层次的中心，一般称作市镇。一个经济中心拥有它所服务的许多细胞，这些就是它的腹地。经济区域是有不同层次的，越发达的经济中心，它的层次也越是往上升级，它包括的地域也跟着扩大，拥有的腹地也越大，包括的基本经济细胞也越多。

从这些构成经济区域的条件来看具体的赤峰市，要进一步发展，交通设施是首先要加以推进的重要条件。通过比较先进的交通设施才能把已经在自然经济里形成的经济细胞，即农户和牧户，联成具有适当服务体系的社区集体，更把它联系成更高层次的市镇，在这些市镇中发展工商业和第三产业，形成一个地区更高一级的经济中心，相当于现在的拥有几十万人口的中等城市。当经济发展再进一步时，可以预期在自治区的范围内会出现一个拥有百万人口的大城市，成为自治区的经济中心。

赤峰市今后在这个经济区域的格局中取得什么地位，要看今后能达到什么样的经济水平。以我个人初步猜测，在自治区的东部地区可能形成一个一定层次上的经济区域。至于这个经济区域的范围多大和它的中心在哪里，现在尚难预测，但是现在的赤峰市，如果上述的铁道系统能够实现，可能是这个经济区域中心的优先选择。

还有一个问题应当及时考虑的是内蒙古自治区作为一个经济区域来看,还需要找到一个为它服务的出口海岸,就是一个向外吞吐的港口。从赤峰市打算,能越靠近这个港口越有利。究竟怎样选择这个港口则必须从国内的总格局来研究。在目前我只能提出这些问题,以供研究和及早考虑,还不能做出具体的建议。

我是一直关心边区,特别是少数民族地区经济发展的。这次来赤峰访问,一方面得到了很多新的知识,知道了以前不知道的事实,更重要的,受到深刻的教育,就是发现了许多我还无法作答的问题,推动我进一步研究和思考。我个人不容否认的是已经接近衰老了,能继续从事调查研究的机会越来越少了。但是我感到高兴的是已有年轻的接班人可以继续在我提出的问题上更深入地进行研究。我们一定会更加努力地工作,为边区的经济发达做出进一步的贡献。

毕节行

(1995年8月)

一

毕节是贵州省的一个少数民族聚居的地区。地处黔、川、滇三省交界的深山区,是个出了名的穷地方。这里居住着汉、彝、苗、回、布依、仡佬等30多个民族,少数民族总共160万人,占地区总人口的26.36%。

对毕节,我应当说"早有所知",这是因为刚建国不久的时候,1950年,我作为中央访问团的成员到过毕节,把这个地区跑了一遍。大方、织金、纳雍、水城、赫章、威宁等地都去了。那个时候,毕节一带荒凉得很,汽车在路上跑半天,也难得看见一个人。地方偏僻,人穷,是我们国家穷苦的少数民族地区之一。穷到什么程度呢?我记得很清楚,没有吃的,我们带着米进村,分给村民吃;也没有穿的,访问团慰问演出,放电影,从山上下来看电影的人,不少妇女都没有衣服穿,我们访问团赶快用布给他们做衣服。耳闻目睹这种缺吃少穿的贫困情况,我心中很难过。从那时起,毕节这样的地方怎么能快点发展起来,一直是我的一桩心事。

转眼间40多年匆匆过去了,毕节现在怎么样了呢?80年代以来,我又到贵州去过两次,因为日程紧,从贵阳去毕节的路又不好走,没有实现再去看看的愿望。好在民盟中央已经把毕节地区作为定点的扶贫地区,每年都去人,我还能不时听到些消息,知道一些那里的发展情况。但这毕竟是听说,而不是看到。我历来的调查习惯是去做实地观察,要亲眼看到,直接问农民和基层干部,听他们讲,心里才踏实。所以,一直很想再去毕节。直到今年 6 月初,终于有一个机会,使我实现了重访毕节这个多年的愿望。

二

从北京到贵州省会贵阳,2000 多公里,坐飞机用了不足 3 个小时。从贵阳到毕节,200 多公里,坐汽车去,竟用去一整天时间。这个对比,加上我回想起 40 多年前去毕节行路的难处,使我想到,要解决少数民族地区的贫困问题,第一就是要解决交通和运输问题。

由于历史的原因,少数民族被挤到了深山区里。山川阻隔造成的闭塞,在历史上固然保护了少数民族的生存,现在却限制了少数民族的发展。要想富,先修路,这个道理在平原行得通,在山区更是重要。逐渐打通少数民族地区通向外界的道路,在条件比较成熟的地方加快打通,这实在是开发少数民族地区第一位的大事。

回头看看历史,这一点也很清楚。诸葛亮为什么能在西南一带站住脚,和中原地区的力量长期对抗?我认为因为他很看重交通,首先解决的就是交通问题。没有这一条,别的都谈不到,有力也使不上。诸葛亮动员很多人力在山上修栈道,这是他的一个创造。位于贵州西部的关岭县境内的关索岭上，至今还保存着较完好的5公里大栈道。《徐霞客游记》中记载道，"索为关公子，随蜀丞相诸葛南征，开辟南道至此"。除了修栈道，诸葛亮还发明了木牛流马。那时说的木牛流马，我认为就是今天的独轮车。栈道是道路，独轮车是运输工具，配合在一起，解决了军需给养这个最大的问题。在克服交通困难的同时，诸葛亮还注意妥善处理民族关系，化解矛盾，让人口服心服，增强自己的力量，从而打出天下。我觉得诸葛亮最大的历史功绩就是这两条，一是解决交通问题，二是促进民族团结。

想起这段历史，我又联想起另一个历史人物，就是生于600年前的奢香夫人。她在历史上的功劳恰巧也是这两条，一是修路，再一个就是民族和睦。我知道彝族历史上有这样一个奢香夫人，我也尊敬这类为民造福的人，就在去毕节的途中专门去看了看奢香夫人墓，增加了对她的了解。

奢香夫人是元末明初人，她的彝名叫舍兹，在当地很受族人尊敬。奢香开始摄理贵州宣慰使一职时，刚满20岁。她深明大义，仁厚而有魄力，面对当时乌撒（今贵州威宁）、芒部（今云南镇雄）等地的土酋勾结、屯兵黔境、阻明军入滇以割据西南的局面，奢香夫人审时度势，亲赴乌撒、芒部，力劝诸土酋退兵，晓之以理，动之以情，终于使明军顺利进发云南，维护了国家的统一。

当时，明廷派驻贵州的封疆大使马晔，出于大汉族主义的偏见，骄纵蛮横，残害彝族人民，并视奢香为"鬼方蛮女"，总想开罪于她。一次借机挑起事端，"不分情由指令壮士裸香而笞其背，企图辱香激变，俟其反而后加兵镇压"。奢香属下四十八部头人得知奢香受辱，发动造反雪耻，奢香却极为冷静地当众揭露了马晔逼反的恶毒用心，避免了一场殃及贵州各族人民的战祸。后来，奢香夫人又远赴京师，即今南京，向明太祖朱元璋面陈真相后，约定回贵州刊山凿险，开置驿道之事。有了道路，朱元璋"经理南荒"就有了便利，也能促进彝族地区的发展。回到家乡，奢香就率各部上山开路，一条向西，经贵阳，过乌撒，达乌蒙（今云南昭通）；一条向北，经草塘（今瓮安县境）到容山（今湄潭县境），沿途设了龙场、陆广、谷里、水西、奢香、金鸡、阁鸦、归化、毕节等9个驿站。这两条驿道纵横贵州，打通了和云南、四川、湖南的通道，有利于民族交往，稳定了西南的政治局面，推动了社会经济文化的发展。毕节通向贵阳的路，就是奢香在当时开出来的。驿道加驿站，形成交通的系统，解决了毕节通往外界的交通问题。所以我觉得，毕节能有今天，奢香夫人应该说是第一功。

诸葛亮和奢香夫人，一个打天下，一个治理地方，都抓住了两个最关键的问题，解决好这两个问题又是相互联系的。在历史上曾经处于隔绝状态的地区和民族，只有开通道路，才谈得上交往，人和人交往，物资和物资交换，思想观念也随之交往、交流，这样才有利于相互团结，有利于民族地区的发展。

说到底，民族关系不是空的，要从眼前的、脚下的事情一点点做起来，从人对人的具体帮助做起来。在战争时期，首先要帮助少数民族建立安全感，尤其是在冲突起来时，要力避伤害。当年刘伯承将军四渡赤水后折返贵州，进军安顺，就遇到有误解的彝族同胞，抢去枪支，还扒走战士的衣服。刘伯承为帮助他们了解红军，除了要全军保持秋毫无犯，还与彝族沽基部落领袖小叶丹叔侄歃血为盟，结拜兄弟，留下了一段民族关系的佳话。在建国时期，安全感已不成问题，就要帮他们发展经济，改善生活。在交通还处于闭塞状态的地区，最重要的就是帮他们修路，为当地创造同外界接触、交往和合作的条件。

这次到毕节，第一个让我高兴的事就是当地的乡亲们已经自己干起修路的事情了，不是小打小闹，而是大干，一上来就修高等级公路。我从贵阳到毕节，走了一天的公路，路面既不平，路宽也不够。临近毕节的时候，公路宽阔了起来，虽然还只是铺筑了土基、石基，尚未来得及压好路面，车子只能慢速行驶，但是这段高等级公路已经有了大致的模样了。同行的当地领导告诉我，这是当地群众自己出钱修的，一共集资5000万元，可修40米宽的公路20公里，是毕节有史以来通向外界的第一段高标准公路。他们在还较穷困的情况下，尽最大努力修起这段路，再往前实在没力量了。他们"希望能感动上帝，国家能帮助接着修下去"。

除了修公路，毕节的群众和干部也在为修铁路而努力。有一条国家拟议中的隆黄铁路，北起成渝铁路的隆昌站，南接贵昆铁路的黄桶站，在贵州境内要穿过毕节。毕节的群众懂得这将是沿线人民的温饱之路、造福之路，为了争取能使隆黄铁路列入国家"九五"计划，他们节衣缩食拿出钱来支持前期考察、勘测和论证工作。在少数民族地区、偏远地区、贫困地区，老百姓舍得减少吃穿，自己省出钱来找科研单位，帮助国家有关部门拿主意，这是不多见的。听到这些情况，看到毕节人民的干劲，我心里很不平静。我想，少数民族地区的经济和社会发展，党中央和国务院历来非常重视，毕节的少数民族同胞这一番诚心可鉴的艰苦奋斗，是应该而且能够感动上帝的。

毕节人民的发奋图强，既表现在修公路、修铁路上面，在生活当中也有了初步的反映。我去毕节市郊访问观音桥办事处塘房村的时候，就实际看到了少数民族同胞在生活上的提高。在苗族同胞家里，我看到他们已经住上了瓦房，屋里边墙上干干净净；锅里煮着猪食，是从前人才吃得上的东西。村里有个人办起了工厂，带动了一片，1994年的人均收入到了1200元，超过了贵州的平均水平。这个企业是用老办法造砖，发动大家把劳动力变成物质财富。原来零零散散的劳动力组织起来，很快就增加了农民的收入，其中既没有很大的资金投入，也不需要很高的科学技术。这可以给我们一个启发：现代化是目标，可是又不能一步到位，这就要求我们从实际出发，不脱离现在的生产力水平，找出群众能接受的、现在就能动手干起来的事情，把现有的资源变成财富。造砖的泥土，山上的石头、特产，零零散散的劳动力，这都是资源。我们的本钱还是在老底子上边，从这里起步，一步一步向现代化目标走过去。在这方面，增加劳动产值的潜力很大，但要都靠老百姓自己去想，他不一定想得好。这就需要政府出面，干部带头，出主意，想办法，为增加老百姓的收入提供服务。

三

说到资源问题，这是考虑毕节经济发展的一个重要方面。我在文章开头时说毕节是个穷地方，这个穷字，主要是指收入偏低，衣食住行的条件有待提高。如果说到资源，那就要用"富"这个字了。

水能资源——乌江水资源梯级开发规划的洪家渡电站就在毕节，东方电站的一部分也在毕节；

农业资源——毕节是全国四大烤烟产区之一，还盛产生漆、杜仲、天麻等，畜牧业也有优势，是国家南方畜牧业基地；

旅游资源——有被誉为"高原明珠"的威宁草海，有集世界岩溶之大成的织金洞，有举世罕见的百里杜鹃林带，都是当今旅游者所热衷的自然景观。

有这么丰富的资源，为什么至今仍有较大的贫困面呢？依我看，原因主要有三。一是生态条件差，山高坡陡，河谷深切，土地贫瘠破碎，自然灾害多，农业生产水平低下；二是社会发育程度迟缓，人口增长率偏高，教育程度偏低，经济文化落后；三是基础设施建设严重滞后，最突出的就是交通，一无铁路，二无水运，公路等级又低，致使毕节丰富的资源迄今为止还处于基本未开发状态。这样的状态，当然要严重制约经济发展。毕节地区1994年末人口总数为620万人，其中贫困人口200万，几乎占去1/3。这200万还生活在温饱线以下的毕节同胞，能不能随着"八七扶贫计划"的实施在本世纪末脱贫？我注意了毕节过去10年里的脱贫进度，算了一笔账，看来还不能不担忧。

1985年的时候，毕节地区8个县中有6个贫困县，贫困人口412.28万人，占6县农业人口的91.4%。到1994年，还有5个贫困县，贫困人口200万人，10年当中减少了212万人，平均每年脱贫21万多人。按这样的进度计算，毕节地区的彻底脱贫还需要10年时间。可是从现在到本世纪末，只有4年半不到的时间了，要如期完成"八七扶贫计划"看来是要大大加强扶贫力度，加快扶贫进度。我们要有足够的紧迫感，针对上述阻碍毕节经济发展的主要原因，扎扎实实地做工作，而不能有丝毫懈怠。

要克服这三个方面的困难,需要做全面的努力。尤其是改善生态条件,提高社会发育程度,更是一个长期积累才能见效的过程。相比起来,现在更急需做,有可能做,并且做了就能牵动全面进步的事情,就是大力加强基础设施建设,首先解决交通问题。有了交通,毕节的资源可以开发,特产可以运出去,就变成宝贝,变成财富了。能把当地的资源变成钱,就有了自我发展能力,就可以进入良性循环了。

我想,在农业时代一直因交通闭塞、地处偏远的少数民族聚居区,蕴藏着在进入工业时代过程中后来居上的巨大能量。一旦打开山门,铺上通途,这类地区将在国家的工业化、现代化事业中发挥不可低估的作用。

时光流逝,离下个世纪越来越近了。我曾经说过自己有望在有生之年看到中国人民彻底告别贫困的话。希望犹在,这次毕节之行,却更增加了紧迫感。我一生志在富民,努力不懈,垂暮之年,更要奋力。然毕竟八十有五,腿脚渐趋乏力,真希望通达毕节的火车早日开通,也好免我汽车颠簸之累,能乘火车再访毕节,再为毕节的经济和社会发展,为当地同胞脱贫尽我一臂之力。

黑龙江行

(1995 年 11 月)

早就听说位于黑龙江牡丹江上游的镜泊湖是避暑的好去处,但是一直没有机会去。去年应省里朋友的盛情邀请,决定到那里躲避几天京城的炽热,静心读几本书。趁这次北上的机会还访问了辽宁铁岭市,了结一笔欠账。一路上有机会与当地同志共同探讨一些问题,从中学到了不少新东西。

避暑回来,按照我的走一趟写一篇的老习惯,把这一趟暑期的黑龙江之行的一些思考拖到冬季才写下来。

一

众所周知,黑龙江省是我国位置最北、纬度最高的省份。北部和东部隔黑龙江、乌苏里江与俄罗斯相望;西部与内蒙古自治区毗邻;南部与吉林省接壤。

从现状看,全省人口 3672 万人,土地面积 45.4 万平方公里,大体是"五山一水一草三分田",人均占耕地 3.7 亩,列全国首位。这里是世界著名的三大黑土带之一,土质肥沃,盛产大豆、小麦、玉米、水稻、土豆等粮食作物和亚麻、甜菜、烤烟等经济作物。黑龙江拥有全国最大的林区,地下还埋着丰富的矿产。大庆的石油,鸡西、鹤岗、双鸭山等地的煤早已闻名遐迩。

从历史上看,黑龙江省历来是我国一个非常重要的地区。在我国民族大家庭里曾经干出过一番大事业,建立过强大政权的民族,有不少是出自东北。公元前1000多年前,满族的祖先肃慎人已经和西周王朝建立了密切的关系。隋朝肃慎人更名靺鞨。到唐朝大祚荣统一靺鞨各部,建立了渤海国。渤海国存在了229年,在东北历史上占有重要的地位。全盛时期的疆土东至日本海,南接新罗(今为朝鲜),西邻契丹,北抵黑水,西南与唐毗邻。渤海是臣属于唐朝的一个地方政权,与中原地区经济文化联系极为密切。

五代时,契丹族兴起,终于灭渤海国建立了辽朝。其时,靺鞨人改称女真。到12世纪初女真灭辽,征服北宋,建立了大金。之后,北方的蒙古族兴起,统治了整个东北地区,在灭金和南宋后,出现了统一的元王朝。17世纪中叶,满族强大起来,清朝统治者入主北京,确立了中央政权。这些都是大家熟悉的历史。我个人也有幸在几年前亲自到过契丹人早期居住地大兴安岭的嘎仙洞。北魏建国之后曾派专使到这发祥地来祭洞拜祖,刻石立碑。这次又有机会参观了渤海上京遗址博物馆,看到了大量的渤海国的出土文物。

一个民族能够发展壮大起来,没有一定的经济文化基础是不行的。我们从赤峰发掘出来的"红山文化"就可以看到,大约在公元前3000年时,这里的居民已经具有较高的经济文化水平,相当于中原同时的殷商的铜器时代。到15世纪初,明朝政府开辟了6条从辽东通往东北各地的交通干线,据史书记载,万历年间,辽东的"马市"已有四五处,几乎日日开市，每次入市少则数十人，多时可达数千人。明朝输往东北各地的货物中，主要是耕牛和铁制工具，这表明那时东北地区的农业生产已有了很大发展。后来，这片资源丰富的东北地区，由于民族间频繁战争，生态环境被破坏，经济和文化衰落了。特别是近两百年来，遭受帝国主义列强的侵入，最早是俄罗斯帝国。它步步东进，不仅霸占了西伯利亚的中国领土，还进一步企图吞并我国的东北大地，建筑了从满洲里到海参崴的中东铁路，沿路的广大森林几乎破坏殆尽。日俄战争后，日本帝国主义先控制了辽河流域，继之扶植伪满傀儡政权，占领了这块宝地。

这两个帝国主义入侵我国东北地区主要的目的是掠夺资源，包括森林、煤铁矿产和大豆、高粱等农产品。它们尽管曾经长期占领这个地区，但撤走时并没有留下任何重要的工业。可以说，东北地区的现代工业建设实际上是解放后才开始的。

东北各地现代工业建设的初期不能不归功于前苏联在我国第一个五年计划时所援助的项目。但是这些大中型国营企业是按照苏联的计划经济模式建立的。改革开放以后，这些企业在体制上已经不能适应社会主义市场经济的要求，在一定时期内不可避免地成为东北各地较重的包袱。但是只要我们坚决落实改革开放的各项政策，困难是一定可以克服的。我在牡丹江市就看到了很好的例子。这个市利用一厂多制、多种经营、外引内联、引资嫁接、资产重组等多种办法，使2/3的国有企业有了出路。1994年与1993年相比，国有大中型企业完成的产值、销售收入、实现利税分别增长8.9%、38.3%和21.5%。

该市以生产轮胎为主的桦林橡胶厂，其前身始建于1938

年，是1950年由沈阳迁到牡丹江的老厂。1990年利税仅6250万元，还背了2亿元欠款的包袱。1991年初，省市政府对该厂实行投入产出总承包的政策。他们抓住机遇，以"主动建设永远不倒的市场"为中心，转变观念，加强管理，开拓市场，提高产品质量，经济效益连续大幅度提高，当年就创利税超亿元。1994年生产轮胎190万套，实现产值11.7亿元，销售收入10.4亿元，利税1.97亿元。去年1—7月份已生产轮胎120万套，实现产值7.1亿元，销售收入6.8亿元，利税1.36亿元，出口创汇1200万美元。从1993年开始，以这个厂为核心组建了"桦林集团"，目前合资、控股、参股的公司已达35个，形成了以轮胎工业为主导，多业并举，科工贸一体，跨国、跨地区、跨行业、跨所有制的大型企业集团。目前，全厂继续深化改革，努力探索自我减轻负担、自卸包袱的新途径，积极开辟第二战场，大力发展第三产业，建立了桦林民营科技园区，以保证改革、发展与稳定协调推进。

还有一家1971年建起的电视机厂，建厂20多年来一直处于微利或亏损状态，到1992年各种债务达7000多万元，资不抵债。这年年底这个厂与深圳康佳集团合资，组建了牡丹江康佳实业有限公司，1993年初投产，当年生产彩电7.6万台，销售收入1.35亿元，利税2503万元。1994年生产19.9万台，销售收入2.52亿元，利税3226万元，彻底摆脱了困境。最近，康佳集团又同该市电冰箱厂签订了合资合同，并继续探索新的合作领域。

目前，国有大中型企业虽然还面临着种种困难，但是我相信，只要思路对头，政策、措施得当，通过"化整为零"、充分搞活，最终还会"集零为（集）团"，继续成为我国现代经济的巨大动力的。

二

1983年,我曾到哈尔滨参加一个关于医学社会学的讨论会。与这个讨论会不搭界的另一个课题也引起了我的兴趣,那就是当时人们称为"盲流"的人口流动问题。

据了解,1949年黑龙江省人口有1014万人,到1979年达到3169万人,30年增长了2.13倍。这3000多万人口中,大约1/3是建国前原有的居民,1/3是建国后出生的人口,另外1/3则是外来的移民。这些大量的外来人口当中有一部分是有组织的来黑龙江参加工农业建设的。例如"一五"时期,国家曾一次派驻几千名复转军人在完达山南北建立大型国营农场。到1957年全省这样的农场已达70多个。以后又有大批的知识青年来到"北大荒"开发边疆。随着松嫩平原、三江平原农业新垦区的建立和大小兴安岭林业的开发,加之60年代初大庆油田的发展,黑龙江省外来人口大大增加了。除了这部分有组织的移民之外,还有大量从关内迁徙来的农民,可以说这是历史上"闯关东"的延续。我曾听说,60年代时关内有整村的农民集体迁移到东北的事例。改革开放后,农村劳动力得到解放,农民可以外出从事各种生产活动,从而引发了80年代初开始的农村劳动力的大流动。我又听说黑龙江有关方面花费了大量的人力物力,将"盲流"遣送回原籍,但今天送走一批,明天又来一批,效果并不大。这里边实际是反映出我国自70年代中期以来,人口压力越来越大的问题。我国农村经过十年浩劫，生产效率大为降低；另一方面人口却不断增长，农村中大量的剩余劳动力被迫出来另找出路。东北地广人稀，土地肥沃，又有"闯关东"的历史，自然就成了移民的热点。由于当时人们对人口大量迁移还没有足够的思想准备，如何因势利导，妥善安置缺少办法。一味采取简单的收容、遣返并不是一条好的出路。

虽然从40年代末到70年代末这30年间，黑龙江人口增加了2倍多，过去北大荒人烟稀少的状况有了一些改变，但是这里大片的土地资源远未被充分开发，我们完全可以有组织、有计划地引导、吸收内地的移民去开发那些处女地。这样做不仅仅是为了解决"盲流"带来的压力，而且应该看到这是一项加速开发黑龙江，增强经济实力，为今后参与发展东北亚国际竞争准备实力，具有长远意义的措施。但我的这些想法，没有成为当时地方领导的共识。

这次在黑龙江我听到主人介绍，他们正在努力要把一个农业大省建设成农业强省、富省，在战略上首先要打破过去的封闭模式，建立多元投入机制来开发荒地。黑龙江省后备土地资源占全国的1/10，有待开垦的宜农荒地2460万亩。他们把国土资源的开发和利用作为战略突破口，制定一系列优惠政策，努力吸引农民、工矿企业、省外和国外资金来共同开发。据说这一项措施已经取得了可喜的初步成效。例如绥化市两年来已有3850户农民到三江平原垦荒70万亩；哈尔滨史丹克公司投资4700万元买了1000亩荒地筹建10万头养猪场；近年来韩国、日本、泰国及港台客商，还有国内的广东、江苏等十几个省市都看中了黑龙江的土地资源，纷纷前来洽谈投资开发。最近深圳好威实业发展公司与黑龙江一些公司共同投资3

亿元，对虎林县的38万亩荒地进行综合开发。北大荒长年沉睡的千万亩黑土地日渐苏醒。

三

1991年，我到吉林省延边朝鲜族自治州访问，这时的国际形势发生了巨大变化，东北亚将成为21世纪经济发展的热点越来越清楚地摆在了人们面前，这将是一场经济实力的竞争。在珲春的时候，我乘车经过夹在俄罗斯和朝鲜两国之间一条狭窄的小路，到达边防哨所访问。这里离日本海仅有15公里，边防战士说，晴天能见度好的时候，在瞭望塔上，可以看到茫茫的日本海。而图们江就从瞭望塔下流向大海，那里就是东北地区的一个重要的入海口。我国人民在图们江通航有着久远的历史。清末民初，当地居民一直可以通过图们江出海捕鱼、通商，清政府还在珲春设立商埠，设海关总管。后来，在与俄国订立的北京条约的划定边界中保留了我国从图们江的出口权。只是到了1938年，由于日俄冲突，日军强行封锁了图们江口，从此中国人民被迫中断了沿图们江出海航行达半个多世纪。在我那次访问珲春时，高兴地听说我国已经开始恢复行使图们江的出海权，我们的船从珲春通过图们江进入了日本海，这对今后开发图们江口地区具有重要的意义。

这次访问牡丹江我了解到，该市与俄罗斯接壤的边境线有200多公里；市区距边境线仅130公里，距俄罗斯远东重要基地海参崴340公里、距扎鲁比诺港500公里。辖区内有绥芬河、东宁两个国家一级口岸，与虎林、密山和吉林的珲春等地构成东北北部口岸群,牡丹江市是这些沿边口岸群依托的中心城市,在21世纪我们参加东北亚竞争的时候,这里正是这场竞争的桥头堡。为此,我们对东北地区的社会经济发展,要有一个战略性的全盘考虑,及早做好准备。除了要行使中国在条约上有规定的图们江出海权之外,还应该根据牡丹江市的特殊地理位置和自身条件,积极扶持,把它发展成一个与海参崴实力相当的工商业城市,并应加强中俄间的友好合作,充分利用海参崴已有的港口来促进我国三江平原的发展。

如果我们把眼光再扩大一些,从区域经济的观点来看,黑龙江省资源丰富,有强大的工业基础,交通通讯发达,腹地广阔。省会哈尔滨是全省的政治、经济、文化、科技中心,是东北部最大的城市。哈尔滨在本世纪二三十年代就是一个著名的国际商埠,曾有16个国家在这里设领事馆,28个国籍的侨民在这里从事贸易、金融活动。解放后"一五"时期奠定了该市现代化工业的基础。经过几十年的建设,特别是改革开放以来,综合经济实力显著增强,成为东北北部重要的工业和商品粮生产基地以及最大的商品集散地,这就构成了它在东北北部的经济核心地位。

我在哈尔滨听说,全市正在积极准备条件,争取把哈尔滨市建设成为一个"内陆港",为东北北部营造一个具备进出港口功能的内陆城市。这一点和我对形成一个经济区域必须有村镇腹地、流通网络、中心城市和对外出口的想法是一致的。在哈尔滨建立内陆港,不仅能加快实现把哈尔滨建成东北亚重要的国际经贸城的战略发展目标,而且能够大大促进东北北部经济区的形成,从而提高我国北部边境地区的综合经济实力,为我国在21世纪参与国际上共同开发东北亚时,能占有与我国国际地位相称的一席之地做好准备。

四

解放以来,国家在黑龙江投入了很大的力量,建立起了雄厚的现代化工业基础,但是由于历史的原因,并没有在全省形成强大的经济综合实力。黑龙江省还是一个农业大省。当前摆在黑龙江省广大群众和干部面前的任务,就是怎样尽快地从一个传统的农业地区走出一条工业化的路子,简单地说就是:怎样从农业里长出工业来呢?这也是我一生在努力研究、探索的课题。

近几年我花了不少时间到河北、河南、湖北、湖南、安徽等地区去考察。在这些传统的农业地区,我看到了许多迅速富裕起来的乡村。在湖北孝感有靠养鹦鹉、养甲鱼发财的村子;在河北沧州有靠玉米深加工,发动家家户户养鸡养猪富裕起来的后董景村。最后在河南我又看到漯河市的南街村,从建砖瓦厂烧砖起步,积累资金,然后利用本地区产粮优势,大搞粮食深加工,建起了几十条方便面和锅巴生产线。经过 10 年的努力,这个村围绕农副产品加工办起了汽车运输队、等级面粉厂、纸箱厂、彩印厂等配套企业。1994 年全村产值超过 8 亿元。村委书记风趣地说,他们是"靠玩泥蛋起家,玩面蛋发家"的。

从上面的这些例子里我们可以看到,在中部传统的农业地区,已经出现了许多摆脱贫困、奔向小康,逐步走上工业化的乡村。他们从一家一户的庭院经济起步,扩大到一村一品、一品多村，联片发展，形成基地，开辟市场，在发展中组织起为产前、产中、产后服务的公司，出现了"农户＋基地＋公司"的局面。他们用自己的智慧和力量，把农村里所有的劳动力通过老百姓熟悉的手工业、副业生产，充分地转化成生产力，使家家户户增加收入。当农民富裕了，口袋里有了钱以后，他们就进一步办起乡镇企业，逐步扩大，形成实力强大的企业。可以说他们已经在农业和工业之间广阔的领域里，找到了一条加速发展的道路。

黑龙江省提出要用15年左右的时间，建成农业强省，这里很重要的一个方面，就是要尽快使广大的农民富裕起来，黑龙江是有其独特的优势的。这里土地辽阔，农业资源和矿产资源都很丰富。1991年我访问吉林时曾经提出一个想法，东北的广大农村历来有"猫冬"的习惯。有半年的农闲时间，如果我们能够想办法解决这半年闲，那么一户农民每年增加几百元收入是不困难的。这次还高兴地听到，近年黑龙江大力推广塑料大棚和其他技术，已经有不少农村在冬天也能生产蔬菜，取得很好的经济效益。我想如果再加把劲，引导家家户户的农民在手工业和副业生产上，多闯出几条路子，那么用不了几年，黑龙江的农民就会走上富裕之路。

我这次在阿城料甸满族乡西华村访问农民石万山家时，女主人告诉我，现在全村老乡都能吃上大米、白面，肚子是吃饱了，就是没钱花。我问她为什么不多养几头牛？她说饲料不够，玉米秸秆都烧火用掉了，因为没有钱买煤，水费、电费、化肥、农药涨价太厉害了。我们作为人民的公仆和掌握科学技术的知识分子，应该有义务和责任帮助农民减轻负担，把科技知识送到农民兄弟手里，为他们服务。

黑龙江省已经制定了把农业大省建设成为农业强省的规划，方向明确了，路子也有了，现在就要我们埋下头来，扎扎实实地苦干，让老百姓尽快富裕起来。在人人有余款，家家有积蓄的基础上，让农民从农业里走出来，向发展工业的方向前进，使黑龙江不仅是农业的强省，而且是个以现代化工业建立起来的实力充沛的强省。

浦东讲话

(1996年3月30日)

上海浦东新区的领导十分重视发展浦东,浦东新区管委会、民盟上海市委、上海社会科学院联合举行了"进一步开发开放浦东座谈会"。会上,上海市副市长、浦东新区管委会主任赵启正等同志向大家详细介绍了浦东社会开发的问题。我听了十分高兴,即席发表了题为《浦东呼唤社会学》的讲话。我说道:

5年前我来浦东的时候,这里还是一幅老上海的面貌。今天浦东完全变了样,水、电、路都通了,到处是现代化的高楼大厦,这里的基础建设基本完成,浦东新区已初具规模。变化之快令我吃惊。

我很小的时候就来过上海,那时我住在吴江县松陵镇,听大人说要到上海来,就兴奋得几个晚上睡不着觉。在镇上我们算是"城里人"。但到了"十里洋场"的上海,就成了"阿木灵",就是北方人说的"土包子"。上海在很早以前就是全国的一个经济中心,同时也是东亚地区的一个国际贸易中心。但是自从抗日战争以后一直到80年代,由于种种原因,上海的地位发生了很大的变化,不再是国际贸易的主要城市了。香港迅速崛起,取代了上海的地位。解放后,国家投下大量资金,把上海建成了以国有企业为主的工业城市。上海为我国的社会主义建设做出了很大贡献，但是没有力量重新改造自己的城市，背上了很大的包袱。

改革开放以后，小平同志提出要再造几个香港，后来又提出要恢复上海的地位。这就是要求我们重新认识上海在全国经济格局中的地位，同时也要看清楚上海在整个亚太地区的经济地位。台湾已经把手伸出来，提出了"运营中心"要在台湾搞出一个国际贸易的中心来和香港竞争，这实际上是针对我们的。所以现在我们的任务更重了，更紧迫了，必须赶在他们的前面，在上海建立起一个金融、贸易、信息、科技的中心。

要把上海建成大陆上的香港，这个"香港"在浦东这块土地上能不能站得住，这要有一个通盘的考虑。你们提到现在形势发展太快，压力很大，感到有点"跟不上、配不拢"。这个提法对我有很大启发。要把浦东建设成一个国际中心，就会碰到通常人们说的"硬件""软件"的问题。外国人来了，要吃、要住、要做生意，这些条件必须达到国际水平，必须迎头赶上去，赶起来很吃力，因此感到"跟不上"。这地方的管理需要大批懂得现代知识的人，需要有相关的管理办法，人们需要有相适应的思想意识，这些又让我们感到"配不拢"。你们提到的"城乡"问题就是一个具体例子。

上海要恢复它过去在东亚地区的地位，建立一个在中国主权管辖范围内的、具有中国特色社会主义制度下的经济中心，这是对外开放的要求，所以必然是一个国际城市。现在正处历史的转折点上，任务繁重，形势逼人，时间紧迫。我们必须尽快赶上去，但是又不能超越我们的能力，一步就到位，这个矛盾确实不容易解决。怎么办呢？只有按照小平同志的办法，发动群众，从实际工作中总结出我们自己的经验。外国的经验要学，但不能叫外国人替我们做。前苏联请了美国哈佛大学的一批经济学家，搞出一个"休克"方案，结果实际行不通，我们要脚踏实地，根据中国的国情来办事情。

中国经济要发展，必须要充分发挥长江三角洲，以至整个长江流域的力量．这个力量在哪儿，这是我说过的一句老话：力量在老百姓中间。要靠存在于民间的、普遍的、真正的实力。要想一个办法，把长江三角洲这块地方的力量联合起来。上海周围的苏锡常通杭嘉湖甬八员大将，实力都非常强，上海必须积极主动地联合这八员大将，这股力量是了不起的。这一点我要重新提一提：上海除了吸引外国的资金之外，要以积极态度，开展对内的联系，在互惠互利的基础上吸引内地的实力。

要把浦东建成一个大陆的香港，这一点大家已经有了共识，这样一副重担落在浦东这块土地上，浦东能不能担得起？这块土地的"风水"够不够，依我看还应当再扩大一些，要把崇明岛包括进来，这样局面就开阔了。黄浦江的港口并不理想，水浅、沙多，要另外开辟个港口。

这次我来浦东，不仅看到了地面上的建设已经有了相当的规模，特别令我高兴的是你们提出了对社会、对人需要加强研究的问题，也就是你们感觉到怎样使生活在这社会里的人，跟得上这个新兴现代化都市的要求，还没有把握住。这个问题抓得很好，同时也看出了这些问题是人的问题，是一个城市建设中的软件问题。你们说：浦东呼唤社会学。我很高兴，你们找到了对象。我是学这一行的人，相信研究人的社会学能够为你们服务，为国家做贡献。但是由于种种原因，从50年代起，中国的社会学被取消了，直到80年代中期才得到恢复。一门学科可以"挥之即去",却不能"招之即来",要重建社会学就不那么容易了。当前的情况是我们社会学力量还不够。现在社会上到处需要用社会学的知识解决问题,但是供不应求。真是急病碰到了慢郎中。怎么办?我看还是老办法,靠我们自己组织个队伍,开动脑筋,集中力量,一个问题一个问题地摸索、研究。在这里我想起了有人说过,我们要摸着石头过河。这句话我有我的体会,首先是我们是在做一件前人没有做过的事。以浦东说,前几年还是一片稻田,现在已经高楼大厦。前几年还是在耕田的农夫,现在要求他变成现代工人、现代都市的市民。这种变化不但我们历史上没有过,其他国家也找不到的。我们一定得过一条河,就是一定要经过这个变化。那就要摸着石头,那就是有所依持,不能滑倒在水里。同时不能盲目,不能闭着眼睛摸石头,而要睁开眼睛,踏稳脚跟,向前看,清醒地一步步向着对岸前进。那就是说实事求是,总结经验,探索道路踏稳了举步。

举个实例:这几年大家看到巨大的民工潮,几千万的民工从内地涌向沿海比较繁荣的城市,这也是创纪录的人口流动,很多人很担心。但是至今没有引起混乱,那是外国人难以想象的。我曾推敲这个原因。我看到了一个稳定的因素,那就是在新兴城市打工的民工,每人几乎都有一个家在内地。他们得到工资后除了生活必需的开销之外,定期地寄回家去,过年过节有可能的就回家去呆上几天。如果城市里找不到工,如果停工了他们有家可回。有工做,心里踏实,工停了也不用着慌。我过去没有理会到农村里的承包责任制在新兴的城市也会有这样强大的安定民工的力量。换一句话,我没有估计到农村现行的制度是建设现代都市的支持。我们不就是摸着农村里有家可归的石头在渡工业现代化的河吗？

把现代都市建设依靠大量民工的劳动力的供应，联系上中国当前的实际情况，看到农民有家可归的社会基础，就是以农户为基础的联产承包责任制和我们中国特别密切的传统家属关系，发生着西方人士所不易理解的社会保险的巨大力量。这是从中国实际情况里总结出来的社会学知识。这一类社会学知识使我们能体会到为什么我们能比较顺利地承受着改革开放过程中相当紧张的生活压力。摸着石头过河的人，也许正需要这种知识使自己的头脑可以清醒些。所以我认为为什么浦东呼唤社会学。

浦东将发展成全国的经济中心，需要大批的人才，除了自己培养以外，还要靠全国各地的支援，怎样能做到既吸引了外地人才，又不会引起地区间的矛盾，这必须要有一套好的办法。浦东名声越来越响，慕名而来的人会越来越多，压力会越来越大。你们这个城市究竟能容纳多少人口？周围的居民点有多少人口住在一起？他们做什么事？在哪里做事？这些人需要多少供给？随之而来的还有社会保险、福利、老年问题等。这些都需要我们加以调查、研究，做到心中有数。浦东还是一个国际性的社区，许多外国人会来这里，这些外国人和我们不一样，和他们交往又会发生什么问题？怎样解决？

总之，中国传统的农业文化与现代工业文化，古老的东方文化与现代的西方文化将在这里发生强烈的碰撞，这是一个世界文化融合的大问题，我想这也是下个世纪世界上将要碰到的大问题。我以为我们应该未雨绸缪，做好准备，迎接新的挑战。

吴江的昨天、今天、明天

(1996年4月15日)

今年是公历1996年,如果用旧俗干支纪年来说正是我出生后第二个丙子年。今春清明,我返乡时又去江村访问老乡。他们扳着手指向我说:"这是你20次来访,刚好是一个花甲。"我一听猛然惊觉,我的初访江村已是60年前的事了。初访江村是我这一生学术道路上值得纪念的里程界标。从这里开始,我一直在这一方家乡的土地上吸收我生命的滋养,受用了一生。冯唐易老,弹指间已是一个花甲了。我自己固然须眉皆白,但是养育我的家乡,如今却长得更年青壮健了。我面对锦绣似的家乡山水,心里却领会了为什么苏东坡要在孔子的"逝者如斯"后面加上"而未尝往也"这半句话。流年似水原是一般人都易生的感叹,但不知自从世界上有了人,人一代代地劳动生产,把时间变成了积累的基础,日日、年年、代代的创新,在人文世界里留住了岁月流光。我的祖祖辈辈在家乡育养了我,我虽则已由老而衰,但我没有忘记家乡,有生之日总想为家乡这片土地上多加上一点肥料,能长出比我这一代更有出息的子子孙孙。生命和乡土结合在一起,就不会怕时间的冲洗了。

这次返乡,我打算利用这段休闲,编出一本近年来所写的有关家乡的杂文集,称之为《爱我家乡》,作为给乡亲们的一点小小的礼物，表示我对他们育养之恩的报答。编完后，还觉得缺了个结尾。临行前，有一些老朋友前来告别，我就留下了一部分人开个谈话会，请他们就吴江的昨天、今天和明天谈谈感想，帮我把这本小书作结。

参加这次谈话的都是长期在吴江工作和生活的老朋友。有已经退休但还在为家乡出力的老县长，有正在任上的自称"吴江的末一个县长，第一个市长"，有先后在江村所属的庙港乡、镇任职过的5位书记，有江村现在的当家人。他们是于孟达、张钰良、朱士声、周玉龙、周正华、庞启剑、徐胜祥、沈志荣。下面是我根据他们的谈话记录综合写成的本书最后一篇结语。

我建议大家从我的三访江村的1981年说起。这时候正当吴江开始落实改革开放的政策。这是我国农村生产关系的大变革，生产力开始逐步提高。中央连续发了5个1号文件，总结并进一步推动农村的改革。分田到户，联产承包，大大提高了农民的生产积极性。

吴江干部群众对改革措施的认识，也在这个过程中不断深化。一开始也有不太理解的地方，觉得分田到户是"辛辛苦苦几十年，一夜退到解放前"。有人提出这样的疑问：苏州是人称"天堂"之地，安徽凤阳是出名的受穷要饭的地方，是该天堂的地方学要饭的地方呢，还是该要饭的地方学天堂的地方？

事实最能教育人。一些疑问逐渐被家庭联产承包责任制带来的好处化解掉了。吴江实行联产承包的方式并不是机械地照搬其他地方的办法，而是根据家乡的特点有所发展，宜分则分，宜统则统，统分结合，双层经营，分了土地，保了工厂。

用他们自己的话说,鱼有鱼路,虾有虾路。这样一来,人的脑筋活络了,致富渠道开通了,很快就改变了"一块田里出工,一本簿上记分,一根秤上分粮"的情况,再也不会多做少做一个样、干好干差一个样了。农业随着兴旺了起来。据新近出版的《吴江县志》记载,吴江的耕地面积在1980年是96.56万亩,1985年减少到93.19万亩,粮食产量却从1980年的44335万公斤增加到1985年的48451万公斤,油菜籽产量更从1980年的1886万公斤猛增到1985年的4304万公斤。

农民生产积极性提高的结果,不仅是农业生产的增加,还在于产量增加的同时解放出了大量的剩余劳动力。这些剩余劳动力的出路在什么地方?吴江的干部和群众一道动起了脑筋。这个时候,苏南一带在70年代陆续形成的社队企业发挥了大作用,曾经一度变得冷清和衰落的小城镇也成了大量吸纳剩余劳动力的地方。在新的历史条件下,社队企业既有量的增加,又有质的飞跃,"草根"长成了大树,形成了被称为"乡镇企业"的农村工业化主力军。

乡镇企业的大发展在反哺农业的同时,也促进了小城镇建设,出现了农村城市化的苗头。乡亲们依靠大中城市的辐射,利用廉价土地、廉价原料和廉价劳动力,就地取材、就地加工、就地销售,进入了市场经济,增加了收入,较快地摆脱了"五百斤粮五块洋"的贫困状态。

接着又进入一个新阶段,提出了"起步起得更高,一上来就得有洋枪洋炮"。这可以看成是乡镇企业开始上档次的一个标志。乡亲们借助在"三廉价""三就地"时期形成的积累,借助已经培养起来的商品意识和参与市场经济的本领,引进现代化设备和技术,改造传统产业,提高劳动生产率,既扩大了总量，也提高了质量。现在吴江这块土地上，产值超亿元村办企业已有70个，销售收入超亿元的村办企业有26个，还形成了一批乡镇企业集团。乡镇企业在80年代到90年代的吴江经济中，一直占着主要地位，起着骨干作用，是吴江集体经济的代表。进入90年代以来，乡镇企业这一块在吴江经济中已占到3/4的份额，可谓劳苦功高。乡镇企业的发展反过来又推动了农业种植养殖业的大发展，也进一步加快了小城镇的建设。这个生动而富于创造性的过程，我在《行行重行行：乡镇发展论述》一书中有比较详细的记录，收进本书的《九访江村》和《小城镇 大问题》等文中也可以看到，老朋友们亲自的回忆，十分生动，由于篇幅有限，只能割爱了。但从昨天到今天的变化不妨用我这次回吴江访问七都镇时听到的一件小事来表达一下。这些在吴江历来算是偏僻的小镇搞流通的人，当年是靠肩挑、手提、挤公共汽车开展业务的，现在则是坐飞机满天飞了。据说这个镇上现在平均每天有10个人在天上飞，这件小事也许可以作为说明吴江从昨天到今天的一个带有象征意义的实例。

从全国目前的经济格局来看，说吴江一带的经济发展今天已进入起飞阶段，想来还不能算是言过其实。不过要想飞得更平稳、更顺利，却不能不注意问题的另一面，不能不注意"负重"的因素。比如，乡镇企业经过十几年的发展，创造了很多财富，也出现了一些问题。问题出在什么地方，我曾经讲过一些。这次回家乡，了解得更清楚了，尤其是在乡镇企业的困难方面加深了认识。

乡亲们告诉我，眼下是乡镇企业面临问题最多、最困难的时期，吴江也不例外。根据统计，现在乡镇企业产品滞销现象严重，收不回货款，欠账达到37%，效益下降。同时，面对各种经济成分（如个体、私营、三资企业等）的竞争，却由于乡镇企业丧失了税收、廉价劳动力等方面的优惠而无力应付，市场打不开。再加上内部机制发生不利变化，甚至出现"厂长老板化，实权亲属化，行为短期化，分配两极化"。这样的极端现象，虽属少数，但有些企业确是"厂长负盈，企业负亏，银行负债，政府负责"。而且各种名义的摊派收费，加在一起竟有五六十种。再加上乡镇企业的先天不足、科技含量较低、管理缺乏经验等因素，造成了今天的困境。虽说这样的困境只是暂时的，虽说"面临问题最多、最困难的时期"这样的话只是和过去一路顺风的这些年比较而说的，但是问题毕竟出来了，摆在乡亲们面前了。对我这个特别关心乡镇企业的人来说，也是一声响亮的警钟。这些问题是值得注意的，要想办法通过进一步的改革加以解决。发展中的困难，还要靠新的发展来克服。希望乡亲们千万要保住这发家的宝贝，尽快走出新的路子。其实所谓明天的新路子在吴江今天也已经产生了，只是还需要快点长大。

改革开放以来，对家乡的变化我是紧紧追踪着几乎每年亲自来看的。小平同志视察南方讲话以后这几年，可以说发展最快、变化最大。过去所说的吴江七大镇我都跑过，七大镇以外的小镇也看过一些，但还有比较偏远些的小镇没有来得及去，一直是我的心事。这次回吴江，在老朋友和乡亲们的帮助下，原来没有跑到过的几个小镇特地去补了一课。看过后有个总的印象，就是起步较慢的发展却较快，很带点后来居上的势头。不仅是快，而且新，有股新风气，在布局规划上也更有步调。站在今天的古镇上，也许较容易让人想起昨天。站在今天的新兴镇上，则会更多地看到了明天。古镇新镇合在一起，整体地来体察家乡的变化，昨天、今天、明天就联结了起来。

昨天的努力造就了今天的局面，一是既有的成绩，这是明天取得更大成绩的基础。二是有问题，这是明天迫着我们前进的警钟。今天的问题一旦解决了，困难被克服了，明天也可以更上一层楼。在 2010 年之前，我们得集中力量，多想点办法，包括前人留下的财富、本钱和我们从昨天继承过来的好的传统和经验，从小康奔向现代化。

我首先想到，家乡的先民靠着太湖水、运河水的滋养和利用，才赢得了"天堂"之誉。水是"天堂"的本钱。吴江的明天，照样需要我们多注意利用这个本钱，下力气整治太湖，开发太湖，整治运河，利用运河。

昨天的好传统、好办法要认真坚持和发展。比如我姐姐费达生在 1929 年和农民一起成立的开弦弓生丝精制运销合作社，不就已经摸索出一条贸、工、农一体化，产、供、销一条龙的路子吗？这"一条龙"使昨天变成了今天。为了明天，就得使这条龙在天空里多翻几个身，从一条龙变成几条龙的企业集团。乡亲们告诉我，按农业部的评定，全国现有 300 多家乡镇企业集团，其中吴江就占有 11 家，我们不是在这方面已走上了企业规模化、集团化的这条新路子了吗？

我常想我姐姐怎么会成为现在吴江农民们心底里敬爱的"费先生"的呢？还不是为因她在 70 年前学会了改革养蚕制丝的科学知识。她把当时新的科学技术带到了吴江，在江村改良了养蚕和制丝的生产技术，又把集体工业带下了乡，才使我们吴江的乡亲们在昨天带头搞出了"乡镇企业"。今天我们还是要不断用科技来提高已有的企业，还得用新科技来开拓更新的乡镇企业。

我这次下乡只有几天,对我来说真是开了眼界,我初次看到了你们正在采用新科技开拓新企业,比如你们已有了制造电讯用的光缆,已办起了人工哺育的养鳖场,已在制造国际市场上走红的仿真丝产品。这些不就是引进了新科技的实例吗?从这些现场的实物上,我从今天的吴江看到了明天的吴江。

在座的老朋友听了我插入的这番话,大家点头称是,那位在任的市长接着用吴江口音随口说了下面这句话:"总结昨天,干好今天,看准明天"。这句话正好为这次谈话会做了个总结。

我这本《爱我家乡》也可以到此完成了。我从这一生的第一个丙子年一直关注着我的家乡,已到了第二个丙子年了。最后我还是想借用我去年在北京举行的一次全国小城镇建设展览会上的江苏馆里写下的未免带有一点偏见的题词来结束此书:"我看,还是我的家乡好。"

重访徐州

（1996年6月）

今年6月，在徐州召开"淮海经济区成立10周年庆祝会"，主人热情地邀我去参加。本来打算趁这个机会多花几天时间，再到苏北其他几个市、县跑跑，无奈公事缠身，安排好的日程只得临时改变，在庆祝会后从徐州出发经沛县，访淮阴，抵泗洪，然后折返徐州，历时6天。这次虽为"乘车看花"，但通过和地方上同志们的讨论以及一路所见所闻，也使我了解到近几年，特别是"八五"期间，这里所取得的巨大成就。同时强烈地感受到，当地干部群众在面临大好形势时所表现出的热情和趁势赶上的紧迫感。这股蓬勃向上的气氛令人振奋。

一

1984年4月我开始了对苏北小城镇的调查访问，第一站就是徐州。徐州是苏北地区一个重要的经济中心，由于地理及历史的原因，历来是以农业为主。除了劳动密集型的采煤业比较发达之外，其他技术含量高的工业都比较薄弱。所以我在《小城镇 苏北初探》里说过：徐州的产业结构与上海及其附近中等城市不同。徐州采煤工业比重较大，一般只提供原料，不进行加工。在技术上带不动附近的乡镇工业。徐州的这种状况在苏北是有代表性的。当时苏南和苏北比较，大体在农业上是北6南4；农业产值各占一半，但是工业产值和工农业总产值是北3南7；乡村工业和财政收入则是北2南8。

自改革开放以来，苏南的农村依靠自己办乡镇工业的优势，迅速发展起来了。但是有一条长江与苏南分开的苏北却发展不大，可以说是一边穷一边富。苏北与苏南的差距就把整个江苏省的全面发展拖住了。从江苏省南北差距的问题上促使我对如何缩小我国东部、中部、西部发展的差距做了一些探索，从而产生了区域经济的概念。10年来我就一直在如何为缩小地区间的差距问题进行考察和探索，并在调查研究的基础上提出自己的一些看法。

令人高兴的是，经过10多年的努力，特别是在"八五"期间，徐州和苏北地区的经济建设取得了显著的成绩。以徐州为例，10年来，农业继续保持了全面发展的势头，"八五"期间全市粮、棉总产分别稳定在400万吨和5万吨左右，建成了商品粮、优质棉、银杏、蚕桑、芦笋、板栗、山羊板皮、瘦肉猪、肉牛、肉兔等10多种农副产品生产加工基地。1995年全市农业总产值达到102.7亿元，比上年增长了17.8%，农民人均纯收入达到了1800元。

这次"乘车看花"正是麦收的时节，从车里向外望去，公路两旁麦浪滚滚，满目金黄。陪同我们的当地同志说：今年又是一个大丰收年。

10年前比较薄弱的工业和乡镇工业也有了长足的发展。1995年徐州市完成工业产值634.4亿元，比上年增长45.9%。

创出了不少像"徐工"机械、"天宝"汽车音响、"维维"豆奶这样全国著名的企业。全市有4家企业进入全国500强的行列，有50多个产品产量居全国或全省同行业第一位。工业经济正由劳动密集型向科技密集型方向发展。

1984年初访徐州和苏北时，坐汽车大概要走七八十里地才能看到烟囱，说明这里只在县城有一些企业，乡镇工业发展还不够普遍。当时我曾提出经济上不要搞"独生子女"，还是"多子女"好。如今这里的乡镇企业壮大起来了。徐州市1995年乡镇企业实现产值520亿元，比上年增长57.1%，"八五"期间年均增长54.5%，乡镇工业产值在全市工业总产值中已是"三分天下有其二"了。

在这次访问中，徐州市坚持优先发展基础设施所取得的成绩，给我留下了深刻的印象。这些年来，围绕着"路、水、电、站"等方面，全市投资80多亿元，建成了一大批牵动经济建设和人民生活的基础设施重点工程，1995年市、县一级公路全部建成通车；徐州观音机场正式开工，机场路已竣工，明年即可通航⋯⋯

10多年来徐州市从一个比较低的起点，经过艰苦奋斗，取得了今天这样的成绩，全市干部群众为此付了极大的努力。

二

徐州是一座历史名城，它和整个苏北地区曾经有过光辉灿烂的过去。从隋炀帝开运河到清朝初期，1000多年来贯通苏北全境的大运河造就了这一方土地，从徐州到扬州这一带成为当时经济、文化最繁荣的地区。明清两代大运河是南北物资交流的大动脉,"食以漕运为本,漕运以河渠为主",大运河的作用是明显的。由于运河的通畅,带动了沿河地区的繁荣。乾隆皇帝几次下江南走的就是这条水路。前不久,我听说聊城的古运河两边,还可以看到当年各省商人建造的会馆,其中有一幢山西会馆,保存得还很好。会馆就相当于现在的办事处,可以起到招待客商、联络同乡、获得情报、传递信息的作用,可见当时这一地区经济繁荣的程度。

我初访苏北时,走访过《西游记》《水浒传》《儒林外史》《镜花缘》这些文学巨著作者的故居。当时我说,16世纪以来,文人荟萃于这个地域,决不是偶然的。古人说"人杰地灵",用现在的话来说,必有其物质基础,就是以繁荣的经济作为底子的。

后来海运发展起来,皇粮不再走运河而改海路。北方的天津崛起了。1911年津浦铁路通车,运河的作用就更小了。近百年来频繁的战乱、水患又给这里带来无穷的灾难,时过境迁,这一地区就逐渐衰落了。

我在苏北访问的时候,听说有一个由徐州等市发起、由苏鲁豫皖4省接壤的17个地市组织起来的"淮海经济协作区",后来又知道晋冀鲁豫4省接壤的15个地市也有一个"中原经济协作区"。这件事引起了我的兴趣,因为我感到这是改革开放以来,地方上工作的同志在市场经济大潮中,由于实际工作的需要,在"平等自愿、互惠互利、扬长避短、共谋发展"的原则下,自发地组织起来的经济协作组织,是他们有意识地试图走出条块分割,联手发展的一个尝试,是值得关注和倡导的新生事物。

10年来,这个经济协作组织取得了令人鼓舞的成绩,为地区经济发展起到积极作用。值得高兴的是,今年初,全国人大通过的《国民经济和社会发展"九五"计划和2010年远景目标纲要》里,很明确地提出了要引导区域经济协调发展,促进全国经济布局合理化。同时,要更加重视和支持中西部地区的发展,积极朝着缩小地区间差距的方向努力。国家花了两年时间修建的京九大铁路全线贯通了。京九线经过的正是中部地区,包括淮海经济协作区和中原经济协作区在内的欠发达的老区、山区、贫困地区。

京九线通车了,另一条东起连云港,横贯亚欧大陆直抵荷兰鹿特丹的新亚欧大陆桥也日益繁忙起来。近年来我国政府与沿"桥"各国对如何充分利用大陆桥加强合作的问题,进行了多方面的讨论,并取得了积极的成果。今年5月,国家计委、国家科委和外经贸部在北京举行了"新亚欧大陆桥区域经济发展国际研讨会",12个国际组织和36个国家和地区的200多位代表应邀参加了会议,盛况空前。我手边的一份材料表明,为把连云港建成亚欧大陆桥上的前沿阵地和国际性枢纽港,该市目前已建成码头生产线4000米,万吨以上的泊位21个,年吞吐能力超过2000万吨。到2000年,港口设计吞吐能力超过3000万吨,将建成第三、四代集装箱泊位,年通过能力达40万标箱。大陆桥过境集装箱达10万标箱。"东方丝绸之路"上就会热闹起来了。

前不久,我国与俄罗斯、吉尔吉斯斯坦、塔吉克斯坦、哈萨克斯坦5国首脑,在上海签订了关于边境地区加强军事信任的协定,为我国向西发展开拓了更广阔的空间。

当前,中央加强了对中西部发展的支持和对区域经济协调发展的引导；大京九全线通车、新亚欧大陆桥贯通；国际形势的变化……都为包括徐州在内的中西部及欠发达地区的腾飞，提供了一个千载难逢的机遇。

三

今年5月份，我曾随中共中央统战部组织的民主党派领导人京九铁路考察团，沿京九线跑了一趟。每到一地，大家都在谈"机遇"，普遍认为这下好了，铁路从家门口经过，我们可以靠铁路富起来了。这话不错，但是靠路吃路还得会吃路，仅仅通了路，不一定就能富。我经常用陇海路和连云港做例子，陇海路从1925年通车到现在已经80多年了，但是连云港和陇海路沿线的大部分地区一直没有发展起来，我用"酒肉穿肠过"来比喻这些地方并没有把路上的"油水"留下来。

机遇来了，还要我们花力气、下功夫才能抓住，就是要有一定的经济实力才能抓住。换句话说，你这个地方要有丰富的产品和较强的购买力。产品通过"路桥"运出去，再从"路桥"上留下需要的东西，这样有出有进才能活起来。这话说到底就是要最大限度地调动群众发展生产的积极性。

这次京九考察，第一站到了"淮海经济协作区"成员之一的商丘。商丘的民权县我比较熟悉，从1987年起先后访问过4次，也就是从访问民权开始，我用了较多的时间来研究我国中部传统农业地区如何能够更快地发展起来。我从民权葡萄酒厂的成长经过里，看到他们找到的一条农业和工业相结合的路子。还从民权工艺品联营公司，学到他们怎样利用当地原料，建起"没有围墙的工厂"，使几万农民每户每年可以增加几百元收入。1992年起，我比较多地到湖北、湖南、河北、河南等地去访问，在这些地方我学习到了许多农民创造的致富经验。比如在湖北的孝感我看到有的村养鹦鹉、养甲鱼发了财；河北沧州后董景村，利用老玉米加工淀粉，又靠高科技进一步将加工淀粉的副产品进行深加工，增加了附加值，并且发动家家户户养鸡、养鸭、养猪，增加收入，全村农民已经走上富裕的道路。在河南临颖县南街村，我看到他们从挖土烧砖起家，积累了资金，然后利用产粮优势，找准市场，大搞粮食加工业，粮食加工业又带动了整个村的运输、印刷、包装各业的兴旺，"一业兴，百业旺"，一个过去的穷村，变成了现代化的小城镇。1994年，我去访问的时候，看到进村的路上真是车水马龙，村里现代化厂房林立，村民住的是和城里一样的单元楼房，房间里电视、电话、冰箱、收录机一应俱全。

考察团又来到了安徽省的阜阳，阜阳也是"淮海经济协作区"的成员。当地同志为我们放映了一段蒙城养牛的录像。1994年我曾到蒙城访问过，我有生以来还没有看见过这样一个牛的世界，那里养牛的壮观景象确是让我大吃一惊。牛浑身是宝，肉可吃，皮可制革，骨头和牛黄是名贵中药。更重要的是牛吃的是稻、麦、玉米秸秆，不与人争粮食。现在蒙城养牛存栏300多万头，每年上市活牛100多万头。当年我提出的蒙城"念牛经，发牛财，做牛王"的希望，看来现在已经做到了。京九考察团的成员看了录像后，大家都很振奋，这天的话题都在谈牛，有人讲在国外看到的科学化、集约化养牛业，更有人算开了账，算算蒙城养牛还有多大潜力，如果每天从京九线运一车皮活牛去香港，每年可以出口多少头牛；再继续开发牛的深加工，还能增加多少收入。

这些年来，我从中原传统农业地区，学习到了许多从发展农民熟习的副业、加工业入手，使千家万户富裕起来，然后逐步办起乡镇企业的路子，看到怎样从农业里长出工业来。我也看到，只要到老百姓中间去寻找，致富的办法很多，关键是怎样把富余劳动力变成生产力，生产出商品，创造出财富。路子找对了，几年就可以大变样。过去我常说"无工不富"，看来这话不全面，应该加上一句："无工也可以富，种、养、加照样发"。我把农村里这类既不属于第一产业，又不好算第二产业的、农民熟悉的家家户户都可以搞的家庭副业、加工业称作1.5产业。发展1.5产业是最适宜以农业为基础的、工业基础相对薄弱的地区走的路。

我心里想，淮海、中原两个经济协作区，人口达1.5亿，资源丰富，地处大陆桥和京九线的中段，战略地位十分重要。这两个传统的农业地区如果能够联手发展，加强1.5产业，使千家万户每年能增加几百元收入，那就是几百亿的大市场啊！这是一件具有重大意义的大事。因为它不仅仅是使老百姓富裕起来，而且也是在为"路桥"营造坚实的腹地，成为东部经济力量向西部辐射的"二传手"。更重要的是，这个地区老百姓富裕起来以后，可以使东部发达地区获得持续发展的动力。这个问题我已经呼吁了多年。我的家乡吴江市的盛泽镇，以出产丝绸而闻名天下，它的丝绸在世界上很有市场，产品主要是出口。这个镇的"东方丝绸市场"前几年的营业额就已经接近了百亿元，但是他们没有注意开发国内市场。我很早就提出来，盛泽要"两面开弓"不能单打一，要开辟国际和国内两个市场。果然，近年来国际上丝绸市场不景气，直接影响到盛泽的丝绸业，收入减少了，发生了困难。最近吴江在北京举办的丝绸展销活动，加强了开拓国内市场的工作。是不是以前他们一直没有要打开国内市场呢，不是的，主要的困难是因为丝绸价格贵，国内市场小，买不起嘛，说到底还是大多数老百姓不够富裕。所以一方面吴江要生产出适合国内市场需要的丝绸，另一方面要尽快使得中西部地区的老百姓富裕起来，有了钱才有购买力，东部发达地区的产品才会有更大的市场。

四

徐州地处江苏西北部，全市面积11258平方公里，人口145万。北接山东，南临安徽，与河南东部联系密切，历来是这一地区的一个重要经济中心。由于京九铁路和大陆桥的开通，使得沿桥沿路区域性经济活动空前活跃。

一个经济区域大体上应该具备一个对外的出口，使区域和区域之间能吞吐和出纳自如；还要有一个经济发达的中心城市并以众多的农村和市镇为其腹地，进行生产和消费。腹地和中心、腹地内部村镇之间要有四通八达的交通网络。中心城市、村镇腹地、流通网络、海陆空的出口是构成经济区域的基本内涵。

从大陆桥和整个沿桥经济带的格局来看，徐州市应该成为新亚欧大陆桥东方起点上的一个桥头堡。但是在这个历史重任面前，徐州现在的经济实力就显得单薄了。徐州的干部群众清醒地意识到自己肩负的历史使命，决心继续抓紧"交通""流通"两个关键，实施"两通"战略，突出"科教兴市，外向带动，城乡一体"的发展思路，做到强农、重工、兴商、富民，力争尽快使国民经济整体素质和综合实力跨入全国发达地区行列。

淮海经济协作区已经搞了10年，打下了基础也积累了经验，现在有了这样好的条件，又遇到这样好的机遇，经济区的工作应该趁势更上一层楼。徐州市应该带个头，花些力气好好研究一下，这个地方老百姓有哪些致富的本领。我们干部心里要有人民，要动心思去发现这些本领，然后动脑筋加以总结、提高、推广。徐州市要走出徐州看徐州，从苏南的发展可以看到自己的差距；从河南、河北可以学到他们从发展1.5产业，使千家万户农民增加收入的办法。此外，要充分发挥协作区的组织力量，加强各地、市之间的交流，互相学习，作为中心城市的徐州，怎样和连云港这个出口相互配合，因地制宜地发挥各自的优势，实现优化组合，发挥最大效益。写到这里，想起我经常举的一个例子：镇江龙山村的4位干部，开始的时候，他们将长江里产的鳗鱼苗放到发电厂的水里去养，因为养鳗鱼需要水温较高。后来搞大了，发电厂的水不够用，他们就到广东中山建鱼塘。鱼苗养到一定程度，再放到中山去养。为了解决饲料，他们又到出产优质土豆的宁夏西海固那个穷地方去，在那里生产出优质的鳗鱼饲料。最后在深圳将合格的鳗鱼加工、烤制，当天就空运到日本。现在他们已经发展成了一个跨地区、跨国界的鳗业集团公司，他们的烤鳗打入了日本这个大市场，每年可创汇上亿美元。从这个例子里，我们可以得到一些启发，龙山的那4位同志开动了脑筋，把本地鳗鱼苗、广东的温水塘、宁夏的优质土豆、深圳的特区政策这几个地方的优势组合起来，发挥各地最大效能，最后落实到日本这个鳗鱼的大市场上，创造出很大的经济效益，这里边市场是个重要的关键。

当前，我们面临着一个千载难逢的大好机遇，这个机遇来得似乎太快了，超过了我们的实力，我们的思想可能还来不及跟上这个形势发展的要求。历史上徐州曾经有过光辉的一页，后来由于种种原因，脱了好几班车，因此落在了后面，这次决不能再错失良机了。所以我们要团结起来，为老百姓真正增加收入想出些办法，在老百姓富裕的过程里，我们的经济实力也就不断地增长起来。徐州在本世纪最后的5年里，能不能取得更大的成绩，再上新台阶，要靠我们在实践中扎扎实实做好每件工作。

再话浦东

（1996年9月25日）

1995年春，我到浦东新区考察时，上海市副市长、浦东新区管委会主任赵启正同志对我说，他们呼唤社会学。这表明他们在领导浦东新区开发开放的工作中感到了对社会和对人加强研究的迫切性，也意味着他们相信能真正研究社会和人的社会学可以为他们服务，当时我很动心。在我看来，浦东新区是中国农村社会最早在很短的时间里和在较高的起点上直接接触了最新现代化经济的地区，它的变化方式、它的发展路子，以及它所面临的各种挑战的微妙性和它所碰到的经济、社会、人的问题的复杂性，与其他特区乃至香港都不同；它的预期目标的实现对于中国进入21世纪国际市场的能力形成更具有意义。因此，我说研究浦东新区的开发开放很重要，是我们社会学应当做的课题。

可是，我没有很快满足赵副市长提出的要求，一方面因为我的年纪和其他条件的限制，不能常住浦东，另一方面由于我没能马上找到做这件事的人。之后，我想到了我过去的一位上海学生叫李友梅，她刚从法国归来，她是我介绍出国留学的；在我的朋友 M. Crozier 先生那里学了现代组织的管理理论和决策分析方法，并获得了巴黎政治研究院的博士学位。她在西方学得怎么样，学得的知识能不能在中国派上用处，我还没有考过她。1995年5月,她来江苏吴江看我时,我提出希望她去浦东新区,对该区开发开放以来发生的变化做些实地调查研究,算是我对她的一次考试。她很乐意做这项研究,当时我给了她一张我签了名的名片,介绍她去浦东新区联系调查研究之事。回沪后,她就开始此事的联系工作,在浦东新区政研室的帮助下,她于这年底接到由赵启正副市长提出的以"浦东新区开发开放中的农民问题"为主题进行调查研究的批文,便带着一个研究小组首先去了金桥出口加工区的所在地金桥镇进行调查研究工作。他们在那儿住了6个月,采用文化人类学的实地观察法和面对面的访谈法,具体地了解并记录了被访者(其中有该镇原属的川沙县的领导、镇政府的各级干部、乡镇企业的经营管理者和当地农民)对本土开发开放的认识、参与和适应的情况,同时还查阅了有关金桥镇的社会、经济、文化等方面的历史文献资料。据他们说,当地的干部和群众对他们的调查访问工作给予了很多的支持,双方之间的信任也越来越增加,这样看来他们掌握的第一手资料是比较扎实的。

我在今年7月份收到由该研究小组完成的题为《浦东新区开发开放中的农民问题——以金桥镇为个案研究》的初步报告的初稿,我读了之后得到不少启发,更进一层地理解了浦东新区的领导为什么呼唤我们社会学,是因为他们碰到了许多史无前例的问题,尤其是那些在以农业为主、小农经济为基础的中国乡土社会里生活惯的人一下子变成现代化工业社会的市民时提出的问题,以及要使一个农村在一两年里走过几个世纪变成新兴的现代化大都市时提出的问题。初稿的内容很丰富,也很生动,提出了我们中国必须要理解的,而且只有中国人自己才能更深刻理解的问题,我觉得社会学跟上了这一段是到了尖端了，当然初稿还有待进一步完善，原因是要全面透彻地阐明生活在现实社会中的各种人的真实想法及其之间关系的性质是很难的事，这需要很大的力量。初稿的撰写者使自己进入社会和人的生活里，去体会、认识，然后再将自己理解的变化讲出来而且可以使别人懂得这个变化，这种研究方法正是我所提倡的。人家说我的文章容易读懂，其实我的话基本上是农民的话，农民的话讲给农民听，他们就容易听懂，另一种方式说，是因为我使用的素材能贴近社会生活。现在有些文章用外国的新概念来表达自己不熟悉的内容，就连我们也看不懂，也有些文章的话语是造出来的，不是出自社会生活，我不主张这样做学问的路子。

初稿清楚地反映了金桥镇在浦东新区开发开放中碰到的新旧体制的衔接问题、当地农民对新体制的接受与消化的问题，以及乡镇企业的力量怎么发生作用的问题。川沙县的撤制和金桥乡改为镇，这个变化不是农村行政机构在名字上的变化，实际是接受一个符合现代化工业经济需要的行政体制，这个变化因此包含了很多内容。将一个符合现代化工业经济要求的行政体制安在一个农村经济基础之上，我把这个问题简单概括为，一张"皮"加在另一张"皮"上，这里存在怎么加的问题，是排除原来的一张还是两张合在一起。从目前的情况看，由于加上去的一张"皮"脱离原来的那张"皮"，使得一大批人出来了，这批人怎么进入新制度和新制度怎么安排这批人又引出了一系列的问题。浦东新区原来不是一张白纸，我们不能想画什么就画什么，这个概念首先要转变过来，要认识到我们是在一个经过长期的公社制度、多年的改革开放、乡镇企业发展较好的基础上画画。我对浦东新区的体制没有好好研究过，但就政策而言，我知道浦东新区除了享有其他特区都有的优惠政策，还有中央另外给的新政策。这些政策不是从原底子上长出来的，是根据其他开发区的经验制定出来放到浦东新区的，那么问题就产生了。浦东新区一成立，外国就来投资了，接着出现了大公司、大集团，它们是加在浦东上面的，但没有中间过渡，既不是下面长出来的，又不是上面渗透下去的，它们是与浦东农村的经济基础突然碰上的。而与这两种体制相遇的是同一些人，他们不是别的地方新来的人，而是祖祖辈辈生活在浦东的当地人，因而涉及产权、观念等方面的问题就无法避免。初稿的提供者因为接触了当地的工业、当地的干部和群众，发现了这些问题，并把这些问题讲清楚，也做了一些分析，引起了我的很大兴趣。我自己虽没能来实地研究，但我在想这些问题，我觉得以浦东新区为对象的研究可以解决我们理论上的一些问题。实际上，正在改革开放中的中国面临着一个急速的变化，这个变化带来的许多问题需要我们去认真研究，从中央开始都在考虑如何解决这些问题，我们叫作过21世纪的关嘛。对于解决这些问题，外国没有一个成套的办法，要我们自己创新，而创新要联系中国的实际情况。再进一步说，浦东新区与深圳不同，深圳是比较白手地起家，而浦东新区是在一个已经有过一段较好的发展，而且比较富裕的地区起家，作为浦东新区开发开放的川沙县曾是郊县财政上缴全国名列第二，金桥乡的经济也是不错，富裕地区的开发与穷困地区的开发不一样，所以联系中国实际不应是笼统的，应基于具体的分析之上。

现在，新制度加了在了浦东新区的上面，但还不等于已经进去了，因为当地人在接受给他们的办法时，即在消化这个新制度上还存在着不少问题。新制度进入的关键在于使当地人及其思想同时发生变化，而且要看这个变化能不能与新制度相适应，新制度要深入到这一层才能真正解决问题。这是一个很不容易做的任务，因为要在短短的几年里把几千年造成的农民意识和农民生活方式改变成上海式的市民。这样的变化不是单凭行政指令可以促成的，这要求摸清楚农民的基本想法，比如农民最初以为他们被划入开发区，外国的大企业进来了，他们可以发财了。可是，开发区和大企业开始运行了，他们的就业问题没有解决，而且土地也被收去，每月领200多元钱，一比较上海市区的人，他们的思想马上就发生变化，对新制度看法就出来了。我们在这方面的研究还刚刚开始，需要进一步从实际下手，希望地方上的领导支持和帮助我们的研究工作，使研究者明白你们的目的，这样有的放矢的研究结果才能有助于具体问题的解决。我们研究者要把群众的意见真正地反映出来。现在，上级领导已注意到了这个重要的实验，要从这个实验里找出一条中国现代化的道路。关于这方面，江泽民同志已讲了不少话，注意到精神文明和思想意识了。如果我们不了解实际，就不会知道农民为什么有这样的看法和为什么要这么做。我们自己离开农民式的生活已有相当长的一段时间，已是不完全的农民，那么我们现在再回到农民里边去时就不能根据我们现有的观念来判断农民的问题，我们应该深入到农民的实际生活里去。

我从初稿中看出，乡镇企业这个力量怎么利用的问题没有及早地发现。我认为不能穿了新衣服，旧衣服就扔掉了，我们要考虑将旧衣服变成新衣服，换句话说，乡镇企业这个力量还得用。就全国来讲，也不可能都成为浦东开发区一样的以外资为主的企业，因此还要考虑如何依靠这批原有力量。外国企业来的时候是以洋为主，它们想入土不容易，洋要入土得经过一番变化；要使土能够嫁接洋。外国人不懂得这一套，不要以为外国的都是科学的和先进的。外国人来中国发展的主线，是以我为主，以洋为主。美国表现得很清楚，它追求的是"你听我的"。苏联请美国最有名的经济学家（哈佛的）来帮助解决它的转变问题，这批经济学家给苏联搞了一个"休克"疗法，其结果使他们在苏联碰了一个钉子。为什么？因为他们是用他们国家的经验和理论为苏联设计转变的方案，这是不行的呀！以洋为主，但洋要解决入土的问题，否则就会产生土接不上洋的问题，苏联为此花的成本很大，付出了大代价。我们中国人要发挥自己的特点，小平同志的精神是勇于面对现实，必须把根本的东西搞清楚，包括原来中国几千年的传统文化和历史。我们现在的引进要结合中国的实情，从实际去吸收洋的东西，在吸收的过程中会出现许多问题，浦东新区将是一个焦点，你们浦东新区的干部能不能应付，会不会"烧焦"，要看你们的本领。这种本领的形成光有高等教育的知识不行，还要经过真正的社会实践的锻炼，我们需要外国的东西，但要消化，不能直接就用。前一段时间，我们在上海检查教育法实施的情况，看到上海高等教育的基础建设没有搞好，现在培养人才很难，我们要提高对这方面的认识，上海若培养不出高质量的合格人才，那么到哪里去要人才呢？

我们的研究者接下去的调查将涉及到人的变化，这一问题的研究需要的时间长一点，也更难、更深一点。所以更要接触实际，从实际生活里发现各种人的不同看法和他们在思想和行为上的变化，不能只从年龄、文化程度来分类。让研究者再做一段时间，从实践里摸索点经验出来。我也想再来实地看看。希望你们要给他们条件，督促和帮助他们，你们要时常检查他们的工作，到实际里去看是不是这样，我们是讲实际，没有什么秘密。你们自己也参加进去，大家一起来研究和思考问题，这对你们也有好处。

我昨天晚上在想，浦东新区政策研究室要算几笔账。你们开发区是新的事物，要让人们认识它还得拿出一些数量的东西，使人们了解究竟开发区给中国创造了多少新产业和带来了多少财富。这可以计算，算出其中有多少是我们付出的代价给外国人的，因为人家已经提出"你们给外国人赚钱赚够了"的问题。我们收获的也用现金来算一算，有些是不能用现金算的或一时也算不出来的（主要指人才、管理等方面的变化）。但我们可以进行比较，这是一个大的事业，比办学还重要，比如参加到外国公司里做事的人必然受到严格的管理，外国公司不会让他们马马虎虎地工作，因为这样它们会赔钱的。所以外国公司会想各种办法在雇佣的中国人中培养它们的干部，这个培养办法可能比我们现在学校里的教育培养办法好，我们就要去了解外国企业家是怎么培养人的。同时要进行一些比较，比如他们培养技术员、机床操作工、管理和会计人员花多少时间，我们要花多少时间，通过这个比较发现学得好的与不好的，然后再来看这个差别或差距里的原因所在。从我们自己方面开始算也可以，比如金桥镇假定不搞开发区，它发展的速度是怎么样的；现在引进了新体制，外国人也来了，这些条件是否加快了它的发展速度；加快的过程中出了哪些问题等。你们看问题不要怕，做事业总要花钱的，没有不花钱就解决问题的。可是，我们要清楚问题是怎么出来的，所以我要你们先做一张资产对照表，其中包括经济和社会的，要化成可计量的任务是比较重的，现在外国也不敢这么做。我们可以试一个小区，搞点研究，这样可以说服人。

一般来讲，大家看到很多高楼就认为是发展了，但究竟发展了多少，没有概念。很多房子在那里没人来住，卖不出去，这不能说是好的发展，我们希望的发展是真正落实在生产力上的发展，这个概念不是空的概念，是要可以计量的。实际里提出了许多问题，我们要找到贴切的解释。对于怎么接近实际，你们可以提问，让我们的研究者去实地调查研究，经过一两个星期，你们与从事具体工作的人员听他们一次汇报，这也叫考试，然后通过我们大家集体一同研究和总结，看看浦东开发区能不能找出一些新办法来。

这次我们在上海的奉贤县检查教育法时看出，我们取消了乡镇企业的教育附加费，现在发生了很大的影响，因为取消时我们并不知道乡镇企业交的教育附加费到底占多少比率。引进了外资的乡镇企业我们要考虑还是交教育附加费，因为外国人赚了钱，而职工孩子的教育没有人管了，这就产生了不公平的问题。这种反应在香港、台湾也同时出现了，台湾的资金通过各种渠道往内地流，李登辉说不挡不行了，要把资金投到台湾来，因为台湾的资金再继续往外流对他"总统"是不利的。可是挡不住的，现在这个世界是国际经济，再说大陆的乡镇企业有很多吸引台湾企业的有利条件，比如大陆的工资低、土地便宜。我们有三个大的概念：地大、物博、人多，我们正在把这个劣势变成优势。沿海地区的乡镇企业能引进外资也反映出它们有了较大的变化，现在对这个变化有各种不同的看法，所以我们要深入实际去调查研究，也可以与上海被殖民和租借时的外资投入比较一下，看有什么区别；要把这个区别讲清楚。以前我们说乡镇企业由土转洋,现在看来这个说法只看到了一面,我们还要看到土是怎么消化洋的过程,所以我称之为嫁接。我们要以土用洋(学洋的好处),以土为本,以洋为用。土离不开洋这一点要认识清楚,我们要进入国际市场,眼睛就要看到国际市场,作为浦东新区的干部还要更快地具有能够参加和进入这个变化的本领,你们如果不赶快使自己学会和掌握这个本领,等到21世纪就太迟了,从某种意义上说,开发区会有变成殖民地的危险。

我们要使国家和人民富强起来,就需要从接受洋东西的同时又发展我们自己东西的做法里理出一套基本的看法。中国特色社会主义的概念很不容易解释清楚,这个特色里包含着洋的东西,可不是直接的洋东西,是换了装的,适应于中国的洋东西。在具体做的过程中会碰到很多问题,要花很多学费,要出很多代价,天下没有不出代价的事情,但谈价钱要有数目,所以我说要算笔账。你们金桥镇假定没有外资进来,你们能发展多少,可以根据速度估计出来;外资进来了,你们实际增加了没有,如果没有增加就可能有问题了,有的不是马上能见效的投资在一段时间里没有经济增加不要紧,可是总得要增加。我们碰到了国内增产总值在合资企业里怎么计算的问题。你们要从实际里弄清楚:开发区多少是全出去,多少是半出去;多少是表面出去,实际还在里面;老百姓得到了工资,工资以外还有许多好处也要算进去;就GDP到GNP而言,也有很多文章好做,这一点在浦东开发区最突出,你们仔细地算一算,可成为一个贡献。现在,外国对我国经济的发展有各种算法,每个算法都有些道理,美国也说我们强大了,出现东方威胁论,弄得大家都糊涂了,所以你们要拿出一笔说服人的账。我们要加深对中西文化嫁接问题的认识和研究,总之,我们不能吃亏,最后的立场是中国要强大起来,人民要富裕起来。我们的研究不能太急,要脚踏实地,一步一步地做。我希望在你们金桥镇开发的每一段过程能通过实地调查和访问记录下来,作为中国历史的一部分。这是一篇社会学的大文章,但不是社会学研究者自己做出来的,而是现实生活里的人都在做的文章,它不仅是反映浦东人民所碰到的问题,而且也是每一个中国人都会碰到的问题,因为是一个有几千年传统文化的中国要进入国际市场共同的一个新社区,也就是人们所称的"地球村"。外国人不可能将这篇关于社会和人的文章写出来,因为他们不可能真正地理解到中国农民的想法,以及他们的困难、希望和他们的出路。我希望我的学生和我的下一代深入到实际生活中,亲眼看到这篇文章是怎么构成的,并把它写下来,使全国人民都认得,这是一件对历史上有意义的事情。我很兴奋,我觉得你们大有希望,大有发展,大有前途。

再话天津[*]

（1996年10月21日）

天津的发展问题，我已经思考过相当长的时间了。最近几年，我利用在各实地调查的机会，有意识地偏重于了解一些有关黄河以北一带的情况，特别是在环渤海地区跑了一圈之后，我心里老是挂念着天津这个大城市在全国经济格局里应占什么地位的问题，因此我主动争取参加这个研讨会，是抱着向各位专家们学习的目的来的。

早年我在苏南搞农村调查时，从一个村子起步，了解一个地方的发展和它周边地方的关系。到现在刚好是60年。在这60年里，我从一个村庄的调查一步步地走到了区域发展的课题上来了。在这个过程中学到了很多实际知识，这些知识都是从老百姓的生活中直接观察到的。事实告诉我们，农村的发展，必然推动小城镇的发展，进而必然推动中等城市和大城市的发展。这就引出来了一个区域发展的问题。区域发展从局部到全面，从地方到全国，这个发展并不是人为的设计，而是经济和社会发展必然出现的结果。最近10多年来，我在实际中亲眼看到了国内一些各具特点的经济区域正在一步步形成，最后

---

[*] 本文是1996年10月21日在天津迈向21世纪发展战略研讨会上的发言。——编者

势必构成一个全国性的统一体。

在研究过程中我也日益觉得研究一个地方的发展问题，决不应孤立地只看这个地方。比如天津的发展，就不能孤立地就天津讲天津，应把天津放进一个更大的区域里边去观察。这一点，可说已经成为研究社会经济发展的人的共识。我去年来天津已经从这方面讲过一些自己的想法。这次来，一路上也在想这个问题。午休时我习惯要少睡片刻，其实脑子还在动。一觉醒来，心头就冒出了20个字，叫作"联合京冀，强化腹地，利用良港，创建北方经济中心"。

一个经济中心的兴起，决不是天上掉下来的，也不是人们自封的，而是一个地区的经济发展到一定时候，客观条件具备时，中心就出现了。

我们讲城市是一个地区的经济中心，是从它在经济上所起的作用而说的，对内，它起着商品集散的流通作用，对外，起着商品出纳的吞吐作用。通过这些作用启动了它所服务的范围也即工农业的生产力。而它所服务的范围就是它的腹地，中心离不开腹地，是因为在相当程度上腹地的生产力发展水平，决定了城市层次的高低。

天津原来是华北地区的大城市。在我国现代工商业兴起的初期，已是沿海五大通商口岸中的一个。再说它又靠近北京这个全国的政治中心，历史上相当长的一段时期全国漕运都要经过这里。从更大范围看，华北各地包括黄河以北大片宜农土地和关外的广阔草原都是它的腹地。在现代工商业兴起之前，几百年来天津确是东亚宝地，具备着成为全国经济中心的条件。但是不知是历史亏待了天津，还是天津没有利用好历史机遇，在这个世纪快要结束时，算笔总账，天津这个大城市在全国却没能达到屈指可数的地位。到明年香港回归后，更要相形见绌了。

天津之所以处于当前这种境地，从根本来说还是在华北这个腹地的经济实力赶不上拥有长江三角洲的上海，在区位上更赶不上这半个世纪多以来曾经在相当长的时间里成为我国东亚这片大陆唯一出口的香港。要使天津今后成为第一流的城市，看来必须从发展华北这片资源丰富的大地上着眼。这就是说天津要把自身的开发和强化腹地的中心作为推动力。

腹地的开发和强化，关键是让老百姓发展生产，增加收入，他们口袋里有钱，就买得起商品了。天津的腹地很大，可以就地做起，天津附近的农村就可以依靠天津先富起来。我前些年在河北沧州调查，在青县的后董景村就看到了这样一个例子，那里的农民就是从天津找到技术，请到能人，帮他们搞粮食加工厂，把玉米制成淀粉。村办工业的产品卖了出去，集体先赚一笔，村里的公共设施就有了财源。淀粉厂的下脚料当饲料，供应村里家家户户喂鸡养鸭，又赚一笔，农民也富了起来。这个穷村子就这样被救活了，充满生机、欣欣向荣。我看今后像这样的地方，会更紧密地依靠天津的。同样的道理，可以适用于更广大的地区，其实各类农产品都能像玉米一样，进行深加工，增添附加值。

最近几年我把如何加快中部地区的发展作为一个研究的重点题目之一，从河北到河南，去过多次。今年5月去郑州，我就想，中国下一步的大发展，需要开辟一个真正的大市场，找到一个大出路，欧亚大陆桥的文章要好好做一做。东边有出海口，为从东边出海我们确实花了很大力量，经过很多年的努力。但是要看到东边既有出路也有拦路虎，一个是日本，还有东南亚的几只"小老虎"。我们要和这些拦路虎竞争一番才能出得去，这套功夫我们还得勤学苦练一阵子。再说从东边出海，面对的是一个发达的世界。根据国情，从现在到21世纪初期，中国还是一个发展中国家。因此像我们这样一个国家发展的空间，宜于选择一些经济发达程度比我们低一些的地方。这空间就在大陆桥的西边。正巧，不久前，我国和中亚四国签署了一个条约。我觉得这是个大好机遇，东紧西松的局面，十分有利于我们向西边发展，打开一条路子。西边的市场大得很，那里也非常需要我们的轻工业产品。中国应该充分利用大陆桥来发展自己。

中部地区的农民收入，眼下只有我家乡苏南农民的一半。好在中部地区的农民已经找到了发家致富的路子，大搞庭院经济。搞点编织、种点菜、养点牛、养点羊，什么都值钱。把劳动力用起来，就是财富。我到安徽阜阳去，看到蒙城家家户户养牛，一个县养了几百万头牛。稍微加点工，就可以卖很多钱，农民收入很快可以提高起来。他们那里不是十年翻一番，好的地方是一年翻一番。我想，一个地方如果能找到一行适合那里干的专业，抓住不放，形成规模，深入到千家万户去搞，很快就能见到实效。农民口袋里有了钱，市场就出来了，乡镇企业就办起来了，腹地就强化了。

我到河北的广宗县去扶贫，见到一个小学校长，在自家院子里挤一块地方，搞塑料大棚，第一年就挣了一万多块钱。农民比我们这些人有办法，虽然人均土地不多，在土地上打主意的办法却多得很。中国发展生产力，当然要搞高新技术，可是也不要忘了我们的底子还不算厚实，还得靠广大农民。如果他们利用身边的东西增加收入，还是个容易见效的路子。在中西部地区的一些地方一上来就搞乡镇企业条件有限，而发展庭院经济却是个好办法。从农业里发展出庭院经济，从庭院经济里发展出乡镇企业，是一条适合中部地区农民的顺路。比如蒙城，先不离农业，家家户户养牛，有了牛，农民就能增加收入，积累点资金，就可以搞加工，如制革厂、皮衣厂、皮件厂等等。中部地区的乡镇企业就是这样搞起来的。所以我主张在中部地区发展庭院经济，多搞"没有围墙的工厂"，把所有的劳动力都利用起来，创造财富。农民家家户户有钱了，人均收入达到4000元时，就上升到另一阶段了。我认为这是一条天津可以利用来强化广大腹地的路子。

天津发展的另一个好条件，是有个良港。正在建设滨海新区，搞成什么样子，怎样搞法可是个先决问题。上海搞浦东新区，一开始有人想搞成深圳的样子。我认为上海不必走深圳的路子，而应该发展成一个香港水平那样的一流大城市。天津的新区怎样搞法，可以讨论，是否可以在我国北方也搞个香港呢？如果这样提是否有点高攀了？不妨谦虚一些，提出"追赶上海，追赶浦东"作为发展滨海新区的目标。

要像浦东那样搞，天津现在的实力似乎还不太够。但是联合上京、冀，让三家力量联起手来，力量就大了，就有条件形成浦东那样的气候了，也就有希望成为华北的经济中心了。

我前面说"利用良港"，不仅是指天津港，渤海湾里的港口都可以尽量利用。都在同一个经济区域，大家都是兄弟，既有竞争，又要合作。成了中心，有利于大家发展。把华北带起来，有利于缩小地区差距，实现南北平衡。我过去对东西差距讲得多，很少讲南北差距。黄河、长江、珠江这三个流域之间的差距，也是需要重视的。华北要赶上来，大家要共同努力，使华北能够同华东、华南相比，相平衡，我们国家的整体发展也就会走上一个新的台阶。

附 录

新德里讲话

对"美好社会"的思考

非常感谢这次英迪拉·甘地国际学术讨论会为我提供今天这个机会,能在素来尊敬的学者座前陈述我对"美好社会"的一些思考,并听取各位的赐教。

在20世纪行将结束,21世纪即将来临的时刻,提出"重释美好社会"的课题,让赋有不同文化背景的学者交流见解,是一件对今后人类发展具有重要意义的事情。我能参加这次讨论感到十分荣幸。

我是来自中国的人类学者。由于我的学科训练,我不善于从哲学或伦理学的立场来探讨今后人类应当对"美好社会"做出怎样的理解。我只能从人类历史发展的事实出发,对具有不同文化的人和集团所持有的"美好社会"的意念,就其产生、变化和引起的社会效果,并对今后在全球社会形成过程中这种意念会怎样发生变化试做初步思考。

事实上,自从人类形成群体以来,"美好社会"总是群体生活不可缺少的意念。它是表现为诸如神话、传说、宗教、祖训、哲学和学说等多种多样形式的价值信念。总之,它是人类社会意识中必备的要素。它不仅体现了组成群体的各个人生活上追求的人生导向,而且也是群体用社会力量来维护的人和人相处的规范。它是个人的主观意识和群体社会律令内外结合的统一体。

"美好社会"的内涵是各群体从不同客观条件下取得生存和发展的长期经验中提炼出来，在世世代代实践中逐步形成，因之它属于历史的范畴。所以，不同的群体对"美好社会"可以有不同的内涵，各自肯定群体共同认可和相互督促的理想。"各是其是，各美其美。"它是群体的社会行为准则的基础，是各群体社会生活所赖以维持的价值体系。具有"美好社会"的意念是人类社会的共相，而所认定的"美好社会"的内涵则是各群体不同历史条件所形成的个性。

在群体能够在自给自足的封闭状态下生存和发展时，各个不相关联的群体尽可以各是其是，各美其美，各不相干。但是，在人类总体的发展过程中，这种群体相互隔绝的状态已一去不复返了。群体间的接触、交流以及融合已是历史的必然。因此在群体中不仅人和人之间有彼此相处的问题，而且群体和群体之间也有彼此相处的问题。价值观点的共同认可使人和人结合成群体成为可能，而群体之间价值观点的认同使群体相互和谐共处进而合作融合，却是个更为复杂和曲折的过程。价值观念不同的群体之间相互往来中，协作是经常的，而且是历史的系统的，人类只有不断扩大其分工合作的范围才能进步。但是矛盾甚至冲突也是不免的。当任何一方触及到对方的生活以及生存的利益而发生冲突时，双方都会利用其价值信念对内作为团结群体的凝聚力量，对外作为指责对方的信念为异端以形成同仇敌忾的对抗力。因而，意识形态上的相异被卷入了群体冲突的场合。这类冲突甚至可以发展到兵戎相见。历史上群体之间以意识形态中价值观念的歧异为借口而发生的战争史不绝书，至今未止。当前世界依然面临这种危险。

在这里简单地回顾一下人类的近代史也许是有帮助的。500年前，西班牙人哥伦布发现了一个过去没有欧洲人到过的"新大陆"。这个发现不仅是欧洲人新的地理知识，而实际上是欧洲甚至世界进入了一个新的历史时期的标志。以欧洲的文艺复兴、宗教革命带来的现代科技和经济的发展，把整个地球上的各个大陆都紧密地联系了起来；原来分布在五大洲广大地域的无数人类群体却从此不再能相互隔绝，各自为生了。但是它们在这500年里，并没有找到一个和平共处的秩序，使他们能同心协力来为人类形成一个共同认可的美好社会。相反，从海上掠夺，武装侵略，强占资源开始，进而建立殖民统治和划分势力范围，形成了以强制弱，争霸天下，战争不绝的形势，这都是过去500年里的历史上的事实。在这段历史里，人类科技的发展固然一方面加强了人利用自然资源的能力，同时，却也出现了人类可以自我毁灭的武器。以上这短短几句话里所描述的局势，此时此刻正引起了广大人士包括在座同人的困扰和忧虑。

我个人在20世纪里生活了有80多年，从出生不久即发生的第一次世界大战起到现在，可以说一直生活在大大小小的战争的阴影下。两次世界大战给人带来了严重的灾难，我们这些年纪的人都记忆犹新。这使我感觉到，全球性的世界大战可能就是这个20世纪在整个人类历史里的独特标志。在它之前，群体间的战争是常有的，但没有过包括整个世界那样大的范围。在这个世纪行将结束的时候，我相信世界上没有人会还不明白，如果20世纪的这个经历继续进入21世纪，再来一次世界规模的战争，已有的人类文明，甚至整个人类，将告结束。但是怎样使人类在21世纪里走上一条能和平生存下去的新路呢？我认为这就是这次为纪念甘地夫人而举行"重释美好社会"讨论会共同关心的主题。

我总是认为各群体间价值观念和意识形态上存在一些差别不应成为群体冲突和战争的根据。如果用比较的方法去具体分析人类各群体所向往的美好社会，基本上总是离不开安全和繁荣这两项基本愿望。这两项基本愿望只有通过群体和平协作来实现，没有引起你死我活相对抗的理由。因此我总是倾向于认为历史上群体间所有意识形态之争，不论是宗教战争、民族冲突还是结束不久的"冷战"，实质上都是群体间物质利益的争夺，意识形态的水火不相容原是物质利益争夺的借口和掩饰。

我也承认意识形态的歧异之所以被利用来作为其他实质的矛盾的借口和掩饰而上升为对抗，也有人类常有的心态作为基础。那就是各个"各美其美"的群体在相互接触中，发生了"唯我独美"的本位中心主义，或称自我优越感，排斥和自己不同的价值标准。中国古书上就记下了早期人类本位中心的信条，即"非我族类，其心必异"，那就是说凡是和自己不属于同一群体的人不会有一条心的。本位中心主义必然会发展到强制别人美我之美，那就使价值标准的差别形成了群体之间的对抗性矛盾。我们古代的孔子从根本上反对这种本位中心主义，提出了"有教无类"，"己所不欲，勿施于人"，意思是在可以接受教化上，人是不分类别的，凡是自己不愿接受的事，不要强加于人。人的价值观念可以通过教育取得一致，但是不能强加于人。

在这里可以回想起结束还不久的"冷战"时代。过去一般总是把这个时代看成是意识形态对抗的时代。事过境迁，现在是否可以说有识之士已开始明白，冷战的实质还是两霸对势力范围的争夺。不久前没有通过公开的战争，一时西风压倒东风，在旦夕之间结束了冷战。如果冷战的实质是意识形态之争，意识形态决不是旦夕之间可以改变的，必须经过长期的群众自觉思想转变才能实现。

再看我们中国在解决香港顺利回归祖国的问题上提出"一国两制"的原则。这个原则的实质是从正面来说明以不同意识形态为基础的两种社会制度是可以在统一的政治体制下、一个主权国家之内，并行不悖，而且可以相互合作取长补短，促进共同繁荣的。那就是把意识形态和经济政治予以分别处理，求同而存异。

20世纪最后的10多年中所发生的这些新事物值得我们深入地进行理解，其中是否可以得出一种看法，人类大小各种群体是可以各自保持其价值体系而和其他群体建立和平互利的经济和政治关系，只要大家不采取唯我独美的本位中心主义，而容忍不同价值信念的并存不悖。在群体间尚没有通过长期的交流达到自觉的融合之前，可以在求同存异的原则下取得和平共处并逐步发展为进入融合一致的大同世界准备条件。

作为人类学者，入门的第一课就是要设身处地地从各群体成员的立场去理解各群体人们的实际生活。我们要学会"美人之美"，像各群体自己的成员那样欣赏和领悟他们所爱好的价值体系。"美人之美"并不要求"从人之美"，而是容忍不同价值标准的并存不悖。但要求摆脱本位中心主义，而采取了多元并存的观点。应用到经济上，是不要阻障有利于双方的竞争，不采取只图单方面的短期利益的保护主义，而坚持相互开放和机会平等；应用到政治上，首先是不要干涉别的主权国家的内政，不以力服人，而以对话代替对抗，平等协商来处理国与国之间的矛盾。这是在人类的各群体还没有融合成一体，而政治和经济已经密切联系的现阶段，也可能就是即将来临的21世纪，我们可以力求做得到的现实态度。"各美其美"和"美人之美"并不矛盾，而是相成的。只要我们能更上一个认识的层次，大家在求同存异的原则上完全可以建立起亲密的共同合作相处。

这些作为群体之间共处的基本守则，是为一个完全繁荣的全球大社会的形成做出必要的准备，也是避免在这大社会形成之前，人类历史进程受到灾难性的挫折，而倒退回到不文明的状态，或甚至使人类让出其主持这个地球发展的地位。

作为一个人类学者，我也坚信人的信念，群体的社会意识形态是不断变化和发展的，我们永远是一个从不够美好追求更为美好的过程中，分散独立的人类群体经过了百万年的历史演化，到目前已可以遥望到一个囊括全人类的协作发展的全球性大社会。这个全球性大社会我们中国古人就称为大同世界的共同道德秩序，怎样实现和什么时候实现，在目前还活着的人也许尚难以做出答案。但是又只有在当前人类的努力追求和不懈探索中，这个最后的"美好社会"才会出现在这个地球上。

以上我冒昧地如实表达了我个人的一些看法，请多予指正。

（1993年7月14日在英迪拉·甘地
国际学术讨论会上的发言）

接受福冈亚洲文化奖的讲话

首先我要对福冈市把今年的亚洲文化奖授予我表示衷心的感谢。这不仅是对我个人的鼓励，它也表明了中日文化之间的密切联系和中日人民深厚友谊进一步的发展。这种新发展将对世界各国文化间的相互了解做出贡献。

周恩来总理生前曾经希望中日人民世世代代友好下去。尽管我自己没有在日本学习过，但我一生的学术经历上确是留着中日人民之间文化联系和交流的烙印。

本世纪初，我的父亲东渡日本留学，学习日本的教育理论和实践。他相信教育救国论。回国后以日本的教育为参照，在我的家乡江苏省吴江县开办新学。这是我家乡的第一所新式中学。我的母亲受父亲的影响，在吴江办起了一所蒙养院，开始了我国的幼儿教育。我曾在这个蒙养院里接受教育。我寄给你们的我8个月时照片上还可以看到我几个年幼的哥哥穿着日本式的制服。由于受日本重视教育的影响，我的父母特别注重对儿女的教育，尽管当时我家庭经济并不富裕，而我和兄姊都完成了正规教育。我本人经历了蒙养院、小学、中学、大学、研究院一直到获得博士学位。

我一生学术研究的中心课题是认识中国社会，用实地调查的方法研究中国社会的结构的特点及其发展的趋势。我国外的朋友们为了祝贺我80岁生日，在东京由中根千枝教授主持的学术讨论会中宣读了我的论文《人的研究在中国》（见Home Bound, pp. 9-31）。其中讲到我一生为学的目的是"志在富民"，实际上体现了东亚学术传统中的学以致用的风尚。而在我接受这一思想的过程中，又不能不提到我受到姐姐费达生的感召。

我的姐姐在20年代初来日本东京的女子蚕业学校学习，回国后，她用在日本学到的科学知识在我们家乡的农村里推广科学的养蚕制丝技术。1936年，我从清华大学研究院毕业后回家乡省亲。在吴江县开弦弓村看到了由我姐姐和我后来的姐夫郑辟疆先生共同创办的、由农民自己经营的生丝精制产销合作社。这个农民合作社性质的小工厂是一项具体的富民工作，给了我深刻的启发。我对这个农村包括这个合作工厂进行了调查，1936—1938年在伦敦政治经济学院写出了《中国农民的生活》这一篇博士论文，受到各国学者的注意。从那时起，我一直遵循着这条学术路线，去理解中国不同地区、不同民族的社会生活，同时想方设法帮助他们提高生活水平。从产生这个学术目的到为之奋斗，已经将近60年了。在这60年中，我一直没有偏离我一开始所确定的人生和事业目标，就这一点来说，是可以告慰自己的。尽管由于政治气候的变化，我在一个时期内不能继续工作。但总的说来，从30年代初至50年代后期，从70年代末至今，我的主要时间都用在研究中国各族人民的社会生活上。

我对于中国的社会调查在中国开创了一种新的社会科学的研究方法，即用实证方法、通过研究者和研究对象的直接接触中吸取研究材料，进行分析研究取得理解，进而按自己的认识想方设法去提高各族人民对于自己发展道路的理解。在学术领域里，我的研究充实了社会学和人类学的内容，并在学术界形成一种风气，这就是理论联系实际，并用科学的知识来为人民服务。现在我已经83岁了，但我的研究工作依然在进行着，希望还能继续做下去。

说得更具体一点，通过对于中国社会的研究，我试图设想怎样帮助农民提高他们的生活。在30年代我提出了要提高农民生活首先要改变当时不合理的土地制度，对少数民族应当平等相处，以谋共同繁荣。农民包括少数民族，都要走向工业化和现代化。

我在1938年出版的《中国农民的生活》一书中曾说：中国农民的基本问题是饥饿问题。1938年我从英伦返国并到达战时的后方——昆明。在那里，我接触了当地的农民和少数民族，他们的生活更加贫困。当时，我就研究怎样解决他们的贫困问题，写了《云南三村》，我在其中提出了，要发展中国农民经济应当发展农村工业。

新中国成立后，土地制度改革问题和民族不平等问题得到了解决。建国初期，由于工作的需要我差不多有7年的时间在少数民族地区进行实地调查研究。后来，由于政治上的原因，我没有能够继续下去。但由于其他朋友的努力至今已经出版了五套丛书，这是目前介绍中国各民族最完整的丛书，是集体研究的结果。

70年代后期，由于政策的变动，中共中央决定把从1952年开始停顿的社会学这门学科重新建立起来，我受命主持这项重建工作。我的基本观点是，中国社会学必须从中国的实际出发，同时吸收世界各国社会学中先进的理论与方法，用以认识中国当前各方面的问题，特别是关于怎样发展农村经济的问题。除了在行政工作上帮助各大学和研究机构成立社会学系和研究机构外，我还参与了社会学人才的培养。同时，我本人从80年代初起继续在中国各地进行实地社会调查。我的研究重点是放在城乡关系的发展上。到目前屈指已经有12年，这12年正是中国农村大改革、大发展的时期。

中共十一届三中全会之后，中国在农村实行联产承包责任制。对于土地管理方式的改革调动了农民的积极性和创造性，这个积极性和创造性推动了农民参与到农业和农业之外的生产领域的各方面。在农村里发展农业之外的包括工业和商业等其他产业是提高中国农民生产力最可行和最有效的方法。我在三四十年代的著作中对于发展乡村企业的可能性和必要性曾做了理论上的说明。80年代中国各地乡镇企业的兴起，使我感到非常兴奋，并紧紧抓住这项研究。同时看到由于各地的条件不同，发展的道路和形成的具体模式也不同，于是我进行了各种模式的比较研究。到90年代初，全国各地乡镇企业所创造的总产值已经占了整个国民生产总值的1/3，在我的家乡江苏省超过了1/2，号称"半壁江山"，农民的收入由100元上升到1000元。

乡镇企业是中国农民自己创造出来的发展经济的道路，他们自己组织生产和管理，自己寻求原材料和推销产品，因此，他们在国家实行的计划经济之外创造了一个市场经济。乡镇企业的异军突起，使处于困境的国有企业看到了希望。国有企业目前正在进行改革使自己也进入市场经济。1993年的人民代表大会决定将"社会主义市场经济"写入宪法，由乡镇企业创造的市场经济在法律上被确定了下来。

我在这个时期的研究反映在1991出版的《行行重行行》

一书中。眼下我还在不断地行行重行行，就是在中国各地农村和乡镇进行实地调查。这十几年的经济变革是在汉族和少数民族地区中同时发生的，它加强了民族之间的团结和统一国家的向心力，促进了各民族人民的共同繁荣。

在80年代后期，我有幸得到日本的学者们的鼓励和交流，在鹤见和子教授和我的倡议下进行了合作，并且出版了宇野重昭、朱通华合编的《农村地域の近代化と内発の発展论——中日小城镇共同研究》，又一次说明了我的学术生涯中不断地受到中日文化交流的益处。

现在我们距下一个世纪只有7年了。我相信只要我们能保持政治上的稳定，保持当前的改革开放政策，中国整个经济发展的势头一定会越来越旺盛。对于我们这些经过20世纪的人来说，这是一个很大的安慰。在欣欣向荣的发展过程中，中国人民碰到机遇，也会遇到很大的挑战，因为一个社会的发展必然会带来各种社会问题，这更需要我们社会科学工作者用冷静的态度去观察、认识和分析客观实际，帮助人民在发展中减少困难。尽管我年事已高，可还是愿意为这个工作做出自己的努力。我更希望下一代的学者能继续这一项工作并有所开拓。同时，我们更需要与我们世世代代友好的邻国加强交流与合作，共同提高，更希望东亚学者们发扬东亚文化的优秀方面，来充实21世纪的世界文明。

（1993年9月4日）

马尼拉讲话

社会科学对中国农村发展的贡献

我谨此接受1994年的拉蒙·麦格赛赛"社会领袖"奖,并衷心表示深切的感谢。同时,我作为一个中国的公民,要借此机会对菲律宾前总统表示敬意和怀念。他关怀亚洲人民的和平和幸福,并为此做出了伟大的功绩。他的为人诚朴无私,永远是我们的楷模。他对中国人民的友谊更值得我们永志不忘。

我们亚洲人民在这20世纪中曾受过屈辱和压迫,但是都在这个世纪结束之前翻了身,取得了当家作主的权利。我这一代人决不会忘记这段前苦后甜的历史。这段历史应当是我们亚洲人民团结一致向更富强、美好的21世纪前进的凝聚力和推动力。

我们亚洲有着悠久的文明,有着众多的勤劳勇敢的人民,应当有坚强的信心为今后世界的和平和繁荣做出更大的贡献。

我个人现在已进入老年,80多年的岁月里我受到父母乡亲的抚养和支持,使我能受到现代教育。但我惭愧地自觉到并没有对亚洲人民做出应有的奉献。这使我今天在这里领奖的时候不免心怀自疚。但是我决不会辜负友好的邻邦给我的鼓励和督责,不论今后我还能有多少年月可以供我支配,我一定要兢兢业业地利用每一刻时间,尽力做一些对亚洲人民,乃至全世界人民有益的好事,使人类所积累的知识能发生推动社会向更美好的社会发展的作用。

近60年前，1935年，我在家乡的一个农村里进行了社会调查。这次实地观察的结果使我在1939年出版的 Peasant Life in China（《江村经济》）一书的结尾写下了以下一句总结性的话："It is the hunger of the people that is the real issue in China."（p.282）农家的入不敷出，即家庭收入不足以支付全家的温饱所需，陷入了贫困的境地。我当时即认为帮助农民摆脱贫困是社会学者的责任。

我带着这个问题到伦敦经济政治学院就教于当时著名的人类学家B.Malinowski教授。他指出解决社会问题的科学方法，首先是进行"社会学诊断"，即对人民实际生活的全部情况进行分析以理解产生这些问题的症结，以他的话说是"情况的界定"（defintion of situation）。在他的指导下，我进行了对我所调查的村子的诊断，认为主要的问题在于贫困，贫困的原因是入不敷出，即上边提出的结论。

接着我进一步去了解为什么农家的收入这样少。我发现这类农村的基本情况是人多地少，单靠耕种小块土地的农民所得和收入并不够养活全家的人。他们必须在农业之外另辟收入的门路，就是从事副业。我称这类农村的经济结构为"工农相辅"。

当时在我调查的村子里农民从农业和手工业双方所得到的收入，近几十年来都日益减少。就农业方面说，大部分农民保不住自己所有的这块小土地，形成了农田分配的不均，只有少数人家占有足够供给自家所需的粮食。粮食不能自给的农户越来越多，当时已超过90%的农户。他们只能向地主去租地耕种，而租金高达产量的半数。从手工业方面说，这地方的农民原本有相当发达的传统蚕丝业。但由于土法育蚕和制丝所产的生丝质量低劣，在国际市场上无法与现代机械生产相竞争。在本世纪初这项副业已形衰落，农民收入随之下降。这是说，"工农相辅"的传统农村经济结构开始解体，变成了"工农并困"的局面。

根据这个诊断，我认为要农民脱贫致富，必须恢复"工农相辅"的经济结构。一方面进行土地改革，即要做到"耕者有其田"，摆脱地租的负担；另一方面引进现代技术改造传统手工业，即在农村里进行"工业革命"。至于改变人多地少的基本情况，则必须限制人口继续增长，并使农业里多余的劳动力转向工商业。

这是我在30年代后期形成的基本主张。但是当时正逢我国的抗日战争年代，事实上没有实现我这些主张的客观条件。直到40年代末新中国成立后，土地改革在中国共产党领导下取得了成功，根本废除了农村里的租佃制度，农民有了自己的土地，实现了"耕者有其田"。但是人多地少的问题并未解决，人口还在迅速增长。到70年代，我国政府才开始注意到人口问题，采取了计划生育的政策。这时全国人口总数已比解放前增加了一倍，从4亿增加到8亿。限制人口增长原是一件不可能立刻见效的事情。尽管增长速度在过去20多年里已有所下降，达到10‰以下，但实际人口数量仍在增长，现已到了12亿的高峰，看来尚未到顶峰。

在人口压力下，单纯从农业入手去解决农民的贫困问题是极困难的。我们从解放以来已经采取了许多措施，如改良品种、提供化肥、兴修水利等等，而且都取得了一定的效果，例如单位面积的粮食产量确已普遍提高了1倍，现在亩产1吨粮食的农田在产粮区已经很普遍。但是同时人口的增加却已超过了1倍，特别是贫困的农业地区情况更为严重。

严酷的事实教训了广大的农民。70年代后期农民收入的日益下降，迫使他们明白，单靠种田是富不起来的，要摆脱贫困只有向第二、第三产业中去找活路。就在这时候，当时束缚农村生产力的公社制度取消了，农民可以放手从适宜于当地具体情况的多种门路去改变自己的贫困面貌。正如我在30年代所说的那样，农民开始竭尽全力去恢复家庭副业来增加收入，有一些手工业基础较好的农村，如我30年代所调查的那个村子，引进现代技术，开办小型工厂。这就是后来普遍流行的"乡镇企业"。

农民在农村里办工业实在是具有中国特点的工业革命。这和在城市里开始发展现代工业的欧洲工业革命是不同的。中国乡镇企业产生在农村里和小镇上，由农民个体户或集体组织投资，引进现代机械，吸收现代工厂里的管理方法。工厂里做工的基本上是当地的农民，他们白天在工厂里做工，晚上回到农村的家里，他的主要劳动对象已不是土地，所以我们称之为"离土不离乡"。就是这样，乡镇企业充分利用了农业里吸收不了的多余劳动力，把农民转变成工人。从农民的家庭来说，一般并没有脱离农业，所以还是"工农相辅"的经济结构，但这个结构已在发生质的变化。

乡镇企业是中国农民从实际出发，通过实践创造的一种新型的企业。它不但取得了经济效益，如农家增加了收入，由穷变富，而且也许更重要的是同时取得多方面的社会效益，甚至有些效益并不是事前就明白的。它的效益在短短几年里已经被广大农民所确认，相率在条件许可下走上这条路，并且得到了政府的认可和支持，被称为"发展农村经济的必由之路"。

经过大约10年的时间，在90年代初，全国乡镇所创造的生产总值已占全国国民生产力的1/3，近1万亿元。有近1亿的农民转化成或成为正在转化中的现代工人。这是中国近年来经济飞跃发展的一项重要的动力和支柱。这已经引起全世界的瞩目，我不在这里多说了。

我要说的是在中国这一段农村发展的历史里，我们这些学社会科学的人起到什么作用，和怎样起作用的。事实上，这段历史确实提供了一个社会科学为社会发展做出贡献的实例。由于我本人是参与这段历史的一个社会学者，所以可以对此作为一个活着的人证。

首先应当承认像中国乡镇企业那样的事业并不是社会科学者创造的。首创者是中国农民自己。各地的农民分别以他们自己的愿望，在各自的实际环境中，探索出这一条脱贫致富的路子，把现代工业引进乡镇。社会科学者始终是个观察者和分析者，他可以在事前从分析当时当地的具体情况，说明中国农村中存在着"工农相辅"的传统经济结构，和这种结构发生的历史和社会因素。他也可以进一步推想用这个结构去吸收现代工业的可能。但是这还只是社会科学者的"纸上谈兵"，或是说"社会学的想象"，正像我在30年代所做的那样。

科学的想象有别于主观的想象，常常具有推动事物变化的创造力，因为这种想象是从实际的分析得来的，是理论上符合于历史发展规律的，在客观条件成熟时，它会成为具体的事实。客观条件的成熟有赖于众多历史因素的凑合，所以科学的想象不是必然会实现的。社会科学者对社会发展的想象只能力求其科学性，而不能期望其有必然实现的机会。但是科学的想象本身也是历史因素的一部分。它为人们向这条路上去思考在事前做出了逻辑的引导。如果这种想象确是科学的，即符合于历史发展的规律的，这个引导可以使行动者便于取得期望的效果，也就是说在历史过程中使想象变成事实。这也可以说社会科学对具体社会发展可以做出的实际贡献的一个方面。

在80年代，中国各地的农民都想通过乡镇企业来脱贫致富。但是各地的具体情况不同，甲地所取得有成效的经验，并不一定适用于乙地。这又给社会科学者提出一项新的任务，就是把各地有成效的经验做比较研究，从而指出同样是乡镇企业，在不同的地方性条件下会出现不同的模式，从而提出了"因地制宜，多种模式"的认识。这种认识可以在领导上避免一般号召，引起群众一窝风套用一个模式来发展乡镇企业，如过去的"学大寨"那个运动一般，落得个浪费和失望的下场。

用概念来形成的想象，无论有多高的科学性，总是无法全盘切合千变万化、多种多样的现实。所以社会科学者如果以形成科学性的想象为满足，而当其想象在成为现实之际，忽略了紧紧联系实际去考核他的想象或理论，及时地不断以具体观察来修正和丰富他的认识，那就很容易使现实的社会发展走入岔道，得不到期待的效果。

我本人在80年代，心情十分紧张，惟恐乡镇企业并不能使全国的农民都成为受益者。因此，尽管我当时已进入老年，还是每年以1/3的时间到各地去实地观察，并及时地把我的研究成果，用通俗易懂的文字，在报刊上发表，使各地区的农民能发现他们本地的特点，创造适合于他们实际的发展模式。我自己固然没有办过乡镇企业，但从各地的观察，进行比较研究，给各地办乡镇企业的农民提供参考的意见。这也闯出了一条社会科学者参与社会发展的路子。作为一个观察者、分析者和被咨询者对社会发展做出实际的贡献。

社会事务是决不会一成不变的。在空间分布上，我们已看到乡镇企业的好多种模式，在时间变化上，我们又看到各地不同模式发展的不同阶段。举例来说，在比较发达的珠江三角洲，80年代的乡镇企业主要是所谓"三来一补"模式，就是店面在香港，厂房在广州的格局，当地称之为"借船出海"。90年代新的形式出现了，独立经营的合资企业有了发展，当地称之为"造船出海"。也可以说店面和厂房合并在大陆上，而以香港作为它对外贸易的门户了。以长江三角洲来说，80年代初期农民很多把小型工厂设在村里，所谓"村村冒烟"。90年代出现了"农工贸一条龙"的企业集团，就是农业提供原料，把工厂集中到镇上和大规模的专业市场相结合。同时形成了以公路、水运、电信密切和大城市联系的新兴城镇。我自己的家乡吴江县有一个镇，成了丝绸纺织和贸易中心，这个镇上的丝绸市场所经营的出口额占全国丝绸出口的1/6。这个10万人的镇，国民生产总值今年将达100亿元。

这个篇幅宽广的画卷，真是丰富多采，对社会科学者来说，更是目不暇接。幸亏这个千载难逢的课题已经吸引为数众多的社会科学者，他们从各个角度来研究，提供行政当局和企业家所需要了解的资料。

我曾经想把这段农村发展的历史总括成两个大阶段。大体说来，80年代是农村工业化，也就是工农一体化；90年代是农村城市化，也就是城乡一体化。

原来多多少少是分散、自给的农村，由于这段时期中生产力的大发展，已经由市场经济联成了一个个庞大的经济区。每个区内有商品的生产和流动，出现一个个比较集中的产业中心。生产推动了贸易，需要借以流通的交通运输系统，和现代化的信息系统，这种种孕育了一地区中心城市的形成。这个日长月壮的生产力，需要一个与它相适应的城乡格局。在每个经济区域里，一个新的村—镇—市—经济区域—大都会的分层结构正在形成中。

中国的社会科学者不能不面对这历史上少有的巨大经济发展。农村都市化的过程中，不仅需要公路、电信等硬件的建设，尤其重要的是城镇村的规划和设计的软件建设。这就提出了社会科学者责无旁贷的任务。现在中国社会科学者面临的问题，不是寻找怎样可以做出贡献的机会，而是怎样去完成历史强加于他们的任务。

显然，这项任务本身会锻炼中国的社会科学工作者。他们只有在实践中去提高他们的经验和知识，同时他们也必然要向先进国家的同行学习和交流。中国所经历的历史和我们亚洲很多邻邦是基本相同的，所遇到的问题也有很多是基本相同的。我相信我们一定会手拉手一起前进。交流经验相互切磋必然是对大家有益而迫切需要的事。我趁这次前来马尼拉接受为纪念菲律宾前总统麦格赛赛而颁发的"社会领袖奖"的机会，愿意竭诚地预祝我们亚洲各国社会科学者之间的友谊越来越密切和深厚，从而在学术上建立起密切的合作。

（1994年8月）

东方文明和21世纪和平

国际幼儿教育会议上讲话

我是1910年出生的,现在已86岁,有生以来过去的岁月都在20世纪之内,可以称得上是一个20世纪的见证人。在这个世纪中,世界发生了巨大变化,人类有了很大进步,可是从大多数人的生活来看,并不能说是一个很愉快的世纪。

20世纪是西方文明继续大发展的世纪,带来了对人类进步的伟大贡献,同时也带来了多次巨大的灾难。说到进步和贡献,首先是科学技术的大发展,使人们利用科学技术来开发自然资源的力量,超过了历史上任何一个世纪。但是这个力量像是一把有正反两刃的剑,既可以用来为人类服务,转化成生产力来提高人们的生活和文化水平,建立人类前所未有的幸福生活。但也有可能变成这个世界的消极和破坏因素,被人类中的一部分人用来掠夺另一部分人,压迫另一部分人,造成人类的灾难。最突出的就是到20世纪后半期才逐步衰亡的殖民主义。我这一生贯穿了整个20世纪,既看到了科技力量转化成生产力所带来世界的巨大进步,造成了现在这个被称为现代化的世界,又看到殖民主义所带来的灾害和至今未消的余毒,以致这个现代化的世界并没有为世界上大多数人带来美好的生活,我看到并身受到不少痛苦和悲惨的经历。

以我这个出生在中国的东方人来说,从小就碰上列强侵略，军阀内战，战争不断，一生两次逢到世界大战，出外逃难，安定的生活都谈不上，其他更不用说了。比我更贫困的农民受到的不幸那就更多了。我的家乡江苏吴江在中国历来是个富庶的鱼米之乡和丝绸产地，但在20世纪初年传统制丝技术竞争不过先进的现代技术，农村里的家庭手工业被淘汰，农民陷入贫困。我姐姐用学会了的养蚕缫丝的现代技术知识，在家乡农村里促进丝业改革，帮助农民建立乡村工业，很有成效，农民生活也有了改善。可是不久发生了日本的侵略战争，家乡沦陷，桑园荒芜，民不聊生，丝厂也被毁坏了。我切身的经验使我明白不接受现代科技又没有和平的环境，各地人民是不可能丰衣足食，安居乐业的。

从全世界来看，我个人的经历也正是20世纪世界上多数人的普遍经历。进入20世纪后刚刚十几年，列强为了争夺殖民地，第一次世界大战就开始了。33个国家参战，打了4年多的仗，有15亿人被卷了进去。停战后不到30年第二次世界大战又发生了，规模更大，战争里受害的人更多，20亿以上的人和60多个国家与地区深受这次战争带来的灾难，直到最后动用了原子弹，打上20世纪最黑暗的印记。这段历史明明白白告诉人们，本来应该用来为人类造福的科技力量，变成了大规模的杀人武器。这是20世纪前一半的事情。这个世纪的后半叶，虽然到今天为止并没有再打世界大战，局部地区的炮火却是接连不断，再加上持续了长期的"冷战"，意识形态的斗争更加激烈，大多数人安居乐业的和平局面还是没有出现。

20世纪开始时，西方文明进入东方已经有几个世纪，改变着东方的面貌。东西方文明碰头，应当使人类能创造一个比过去更优越的新时期。我在30年代所写的《江村经济》中提到过当时自己的一点看法:"在上半个世纪中,中国人民已经进入了世界的共同体之中。西方的货物和思想已经到达了非常边远的村庄。西方列强的政治、经济压力是目前中国文化变迁的重要因素。"当然,把范围扩大一点,也可以说西方文明是促使东方各国文化变迁的一个重要因素。在这个变迁过程里,东西双方都存在着文化发展、社会进步的契机,但由于压在东方大多数人民头上的殖民主义却为他们带来了前所未有的贫困和不幸。

殖民主义列强以其物质上的优势向弱小民族进行剥削和掠夺,阻碍了全世界人民共同开创和平和繁荣的局面,以致在整个20世纪世界经济中出现了各民族和各地区之间极大的反差。少数地方发展得快,多数地方发展得慢;少数地方受益多,富了起来,多数人受到压迫和剥削,日益穷困;少数人占用了大量财富,消耗大量资源,多数人的生活水平长期停顿在甚至下降到衣食不足的水平。这就是我们通常所说的成了20世纪特征的南穷北富的"南北问题"。

现在,20世纪很快要结束了,这个"南北问题"不仅没有得到解决,也没有出现缓解的迹象,而且还在继续恶化。全世界的贫困人口现在不是在减少,而是在增加。联合国把1996年确定为"国际消除贫困年",这个事情本身就说明全世界各地人民已开始看到了贫困问题的严重性了。严重到什么程度呢?让我举一个最近的实例来做一点说明。

1996年1月17日,联合国北大厅里边启动了一座"贫困钟",来表示世界上贫困人口不断增加的情况。按照设计,世界上每增加一个贫困者,"贫困钟"就上跳一个数字。现在,据说这座钟每分钟要跳47个数字。照这个速度推算,全世界每天的贫困人数大约增加67680人。在这里我们看到了当前世界惊人的悖论：一方面，人类的科技事业取得了巨大进步，利用自然资源的能力超过了过去任何年代；另一方面，却是每一天都在大量增加贫困人口。以这种悖论来总结20世纪的特征，是无法令人心安的。

"南北问题"是不是要被带到下一个世纪呢？"下一个世纪"这样一个跨世纪的时间概念，大家直觉上似乎会感到是个遥远的未来。因此到现在为止，对于人类在21世纪应当建立起什么样的秩序，对一般人来说好像还是个可以从容地慢慢斟酌的事情。事实上我们只有4年就要进入这"下一个世纪"了，而我们对应当建立的世界秩序至今还没有形成一个共同的、正确的认识，更没有一个具体的行动纲领。这真是个值得人们忧虑的局面。

我认为我们不应当在21世纪的门口带着忧虑的心情迟疑徘徊，而应当充满希望地迎接这个历史给我们人类又一个宝贵的时机，有信心地去总结过去的经验，充分利用前代留下的丰厚遗产，改正我们过去的失误，创造一条康庄大道来实现人类丰衣足食、安居乐业的共同愿望。

我认为过去这几个世纪给人类所创造下的科技知识，应当说是17世纪以来西方文明给人类的巨大贡献，在现有的基础上，在今后的岁月里，还要西方带头普及科技知识并不断丰富和提高以增强人类创造美好生活的条件。同时在过去这段时间里，我们也应当指出，西方各强国采取了殖民主义向世界各地扩张，造成了不少种族灭绝、自相残杀和贫困失业的人间悲剧，把20世纪的伟大成就抹黑了。这段历史教训也明白地显示了我们必须在21世纪将这个历史性的失误从根本上加以纠正。人类必须在不断加强他们利用资源的同时，创造一个和平和均富的社会条件。

在这里值得我们这些东方文明所培育出来的人反身自问，我们东方文明的传统里有什么可以用来纠正20世纪的失误，用以补足西方文明的不足？东西双方能否共同努力为21世纪创造一个全人类可以享受到丰衣足食、安居乐业的美好世界？简单一些说，是否可以开创一条通过东西互补合作来消除南北差距的道路？

我们传统的中国文化，固然糟粕不少但也不缺乏精华。在这样悠久的历史中，这样众多的人口能长期地共同生活在这块土地上，必然积累了丰富的正反两面的经验，大可总结出不少值得后人借鉴的教训。其中有一条很切合当前换纪时刻的情况，我认为值得提出来作为人们共同思索的参考。那就是人对人和群体对群体的关系中有霸道和王道的区别。中国的历史经验教训说"以力服人者霸，以德服人者王"。人与人协力合作坚固的韧带不是"力"而是"德"。要集合普天下的人和平共处，人与人之间需要凝合成的群体必须在个人和个人、群体和群体之间建立起价值观念上的认同。以德服人就是用仁爱之心来处理自己与别人的关系。心中有我，也有别人；在人际关系中推己及人，老吾老以及人之老，幼吾幼以及人之幼。在共同的生活里边，建立起一种互相尊重、互相容忍、互相有利的合作关系，实现共同的发展，达到幸福生活的目标。所以可以说所谓"德"，就是心中有人，己所不欲，勿施于人。以德凝聚成的群体是牢固的，所以说"以德服人者王"。相反是霸道，就是用强力来压迫别人或别的群体服从自己。用力来维持的社会关系是不能持久的。所以我们的古训主张王道而反对霸道，这是历史的经验总结。上面关于20世纪西方强权国家推行的殖民主义就是典型的以力服人的霸道。当前殖民主义名义上是消灭了，但其余毒霸权主义还在流行，霸权主义就是以力服人之道。

东方文明的一个基点就是崇尚以德服人，反对以力服人，强调包容性，使不同群体能和平共处，在和平共处中不断扩大合作面，小的矛盾不影响大的合作，在合作中实现大家的共同理想。我想，这是人类即将进入21世纪的时候，东方文明的这种经验教训可以为世界形成新的和平秩序提供的一条值得思考的启示。

6年前在日本东京参加若干朋友为庆祝我80岁生日而举行的座谈上，我在答词中关于人类发展的过程，依据上述的东方精神，说了四句话，"各美其美，美人之美，美美与共，天下大同"（见Home Bound，pp.222—223），可以为上述反对霸权主义的主张做一点诠释。

人类社会的发展是一个历史过程。在这个过程里边的不同阶段上，都会出现和当时的生态秩序相适应的心态秩序。进入现代社会之前，世界上各个群体大多是处在封闭状态之中，自给自足，自我发展，互不关联，这就是"各美其美"的经济和社会基础。各个群体各自有各自的传统价值标准，而且都认为只有自己的标准是美的，排斥别人的价值标准。

随着人类社会的发展，不同群体相互间隔绝的状态渐渐地被打破了。群体间不断发生接触、交流乃至融合。自从进入现代社会，尤其是跨进20世纪以来，全世界各个地方的人群，越来越紧密地被交通、通讯等联系了起来，被捆成了一个休戚相关的整体。在这个阶段上，如果还只抱着"各美其美"的心态就不相适应了。整个世界格局要求人们不应再惟我独美，不应要求别人按自己的标准行事，不然就会引起群体间的矛盾和纠纷。当前我们就身逢这种处境。在这种处境下，必须从"各美其美"上升到"美人之美"，就是要容忍不同价值观点的并存，并做到别人觉得美的自己也觉得美。力求摆脱本位中心主义，不要求别人"从我之美"。至少要承认多元并存，求同存异，相互理解，日趋靠拢。这样才在心理上能接受不同群体的平等相待、和平共处。"美人之美"是和多元社会相适应的心态。

有了"美人之美"为基础，我们还应当更进一步，通过加强群体之间的接触、交流和融合，在实践中筛选出一系列能为各群体自愿接受的共同价值标准，实现"美美与共"。就是说已经被捆在一体中的人们能有一套大家共认的价值标准，人人心甘自愿地按这些标准主动地行事。这样的社会也就是我们中国前人遗留给我们的理想，即所谓"天下大同"的美好世界。

在跨入21世纪的前夕，我相信当前的世界已进入应当力求实行"美人之美"的阶段了。经过几百年来科学技术的发展，当前的人类确已具有绰绰有余的能力为全人类提供丰衣足食的物质条件。现在所缺的就是和这物质条件相适应的精神条件，包括普遍接受的道义感、共同遵守的价值标准、平等相待、和平共处的协作态度，就是我在上面所说的"美人之美"的心态基础。

在这种心态上建立起来的世界就不会容许霸权主义的横行、大小各种群体才能建立起和平互利的经济和政治关系。在经济上不设置障碍，而是真心平等互利，不采取单方面的短期利益的保护主义，坚持开放和竞争。在政治上，不以力服人，强迫别人接受不平等条约，不干涉别的主权国家的内政，用平等协商来处理国与国、地区与地区之间的矛盾，用对话代替对抗。

上述这种和平互利的经济和政治关系正是当前大多数人们跨越20世纪这个时刻心里渴望的世界格局。这是实现可行的群众要求，而且也正是人类进入我们祖祖辈辈所嘱望的"天下大同"，即人类共同的美好世界，必然要经过的一个阶段。

我是充分肯定历史是向着天下大同的目标不断前进的。首先要感激西方文明在过去大约3个世纪里凭借科技的发达，打下了今后前进的物质条件，现在正是我们要进一步考虑怎样利用这巨大的物质力量来为全世界人类实现丰衣足食、安居乐业的大同世界。我相信20世纪的缺点正在它没有建立起一个人们可以和平共处的社会秩序，而对人与人道德秩序的重视正是东方文明历史的特点。我相信加强东西文明的互补，加强价值观点的共识一定能解决20世纪遗留下的南北反差问题。人类一定要在新的21世纪里，至少要在今后新的1000年中，能够促使我们中国人祖祖辈辈所追求的大同天下的实现。

（1996年2月7日）

从小书斋到世界新型图书馆

国际图书馆协会第 62 届年会上发言

今年，国际图书馆协会联合会第 62 届年会在北京举行，这次大会的主题是：变革的挑战——图书馆与经济发展。我认为，它顺应了我们时代的主流——全球普遍关注的经济发展问题，也抓住了当代图书馆的主题——如何使图书馆更有效地为经济发展服务，因而具有极大的现实性和深刻的理论性。我作为一名社会学家，毕生致力于中国基本社区——农村——社会经济发展的研究，对图书馆与经济发展的关系，无论是从个人成长的经历，还是从学术成就的经验看，都有许多深刻的感受。

一、从小书斋到大图书馆

86 年前，我出生在中国江苏省吴江县一个小镇里。我的家庭历代依靠科举制度取得高低不等的功名，也就是相当典型的传统知识分子，通过读书识字来谋生的那一种社会阶层。到我父亲成长时，科举制度被取消了，他即改行从事地方教育工作。苏南地区这种知识分子家庭较多，他们家里大多建有一个书斋用来培养子弟。这种书斋就是中国历代相当普遍的民间图书馆，规模有大有小。一般都藏有中国基本经典著作《四书》《五经》等和文献古籍，如《二十四史》《资治通鉴》《古今图书集成》等，到民国初年还备有了当时已经开始流行的报章杂志和通俗刊物以及介绍近代西方社会思想和科学技术的书籍。但是即便在当时文化较发达的太湖流域，到了民国初年，地方上还没有公共图书馆这种提供市民自学的设施。这使我在早年除了在学校教室里学习基本知识外，唯有通过家里的小书斋接触到中国的历史和文化及简单的当代世界知识。这种书斋的民间图书馆事实上长期维持着中国的文化传统和培育了大量优秀的中国历代文化人才。但这种封闭在少数人家的书斋也是中国过去文化发展较慢，知识传播狭小，知识分子数量少的一个客观原因。我自己就感觉到由于早年与图书接触少，知识信息迟钝，使我一生的学术基础不够结实，知识面不够广阔。家里没有书斋的子弟，知识发育上所受的限制那就更大了。

30年代，我先后进入东吴大学、燕京大学和清华大学。在我的学生生活中最感到欣慰的是这些大学里有藏书极为丰富的图书馆。我好比是从小书斋这个笼子里放出来进了广阔的天地。凡是教室里听不到的知识，可以自由地任意采撷。有时有一种进入了百花园里的蜜蜂，忙乱得不知所择的感觉。特别是我初到伦敦经济学院念书时，在开架的图书馆里，我可以自由地不经什么手续取阅架上任何我想翻阅的书，我竟成了饥不择食的来客。不到闭馆时间，我终日可以不离座位。这是一种一生难得的享受，正如在知识海洋里自由游泳，其乐无穷。就在这种愉快的心情下，我写出《江村经济》一书，我的第一本著作。

好事难长，美景恨短。当我在伦敦完成学业时，第二次世界大战爆发了，我的祖国正与日本帝国主义进行艰苦卓绝的抗战。我匆匆离开伦敦，历尽艰辛，回到祖国，到后方云南省昆明市的云南大学任教。我虽则在抗战的大后方的内地农村里，还可以继续投身于社会调查，继续我的学术研究，但当时从沦陷区搬到后方的大学，一般虽有图书馆设备，但藏书不多，尤其缺乏国外新出版的书籍、杂志，学术消息几乎处于一种完全被封锁的状态。

以我个人来说，由于国际学术交流的匮乏，不仅直接影响到我研究成果的质量，而且形成我一种偏多独立思考而较少对别人的思想进行分析、比较、交流、探讨的风格，这使我在学术上处于闭塞状态。解放后，我国长期受到了国际封锁，加上我个人的政治处境，使我很难同世界学术界的新思想、新观点进行广泛的接触和交流，这自然阻碍了我在学术研究上取得新的突破和进展。这一状况直到70年代末80年代初才逐步得到改变，我开始又重新接通国际学术信息的渠道，使我恢复了学术生命，这也就说明了如果没有图书馆这样供应知识信息的服务机构，一个人的学术生命是无法维持的。从我的治学经历中，我深深体会到图书馆对于教育与科学，发展与进步，确实是不可须臾离开的宝库。

二、经济振兴和民间图书馆的崛起

我的社会学研究开始于30年代中期，是从农村调查开始的。无论是在中国东部的鱼米之乡江苏吴江，还是中国南部的广西大瑶山，让人触目惊心的是广大农民处于内忧外患之中，陷入食不果腹的极端贫困的境地，这使我得到一种认识：中国的基本问题是占人口80%以上的农民问题，中国农村的基本问题是农民的吃饭穿衣问题。由此产生了用一切努力帮助农民脱贫致富的使命感，为我日后毕生"志在富民"的志愿打下基础。我的学术工作也只能说是这个志愿的实践。

到了40年代，我通过调查研究，提出"现代工业技术下乡"和建立"乡土工业"的论点。我认为，中国农村地域辽阔，人口众多，农村只有发展工业才能富强，城市要到农村去办工业才能减轻工业化所带来的人口压力，中国应当在"农工相辅""城乡结合"的基础上实现农村工业化，达到城乡现代化。这是一条适合中国国情的发展社会经济的可行之路。

1949年新中国成立，结束了长达数十年的战乱，中国摆脱了半殖民地的地位，进入独立自主的时期。我曾为之兴奋不已。但由于种种历史原因建设没有能走上顺利发展的轨道。特别是广大农民到了70年代尚未能摆脱穷困状态。经过40余年的徘徊，我国政府在1978年实行了改革开放的政策，短短几年里我国农村以及全国面貌发生大变。1981年我在熟悉的江村惊喜地看到，仅仅3年，大大地变了样，人均收入从1977年的114元增加到300元，名列全国前茅。事实就在眼前，家庭副业恢复了，集体小工业办起来了，农村经济结构中出现了农、副、工结合和进一步发展的趋势。我30年代提出的设想现在受到社会和政府的重视和支持，得到了实现。80年代以来，我不断走访中国各地的乡镇。所到之处，无不被乡镇企业的蓬勃发展所鼓舞，更加坚定了我的信念：中国的工业化要在农业基础上发展，推动农业进一步繁荣，农工并进，走向现代化。

在我的社会经济系列调查中,一直注意到有一种现象伴随着农村经济的发展而发展。这就是农村文化的发展,农民迫切需要知识和文化。为了搞好科学种田,他们需要科学知识;为了搞好经营,他们需要市场知识;为了适应社会主义经济建设的需要,他们要求提高自身的文化素养。经济开始繁荣的农村,必须与文盲、不文明等落后现象做斗争。那些乡镇经济发达的地区,无不致力于教育和文化的建设,一是办学校,二是办图书馆。乡镇图书馆、农村阅览室乃至农民个人图书馆,越办越红火。例如,苏州、无锡等地就是这样。无锡实现了村村有图书馆,每馆藏书平均超过万册。常州市图书馆藏书 100 万册,率先进入人均藏书超 1 册的水平。在珠江三角洲,例如深圳一个村子,一次投资 80 万元,建立了一座拥有几万册藏书的图书馆。这方面的数字不胜枚举。

中国有 12 亿人口,绝大多数在农村,全国有 5 万个乡镇,有 60 多万个村庄。乡镇的农村图书馆的崛起,前途无量。它必将大大加快地区经济和文化的发展步伐,我对此深信不疑。

从 20 世纪初到现在,我看到中国传统乡土文化向现代化过渡的主要过程。如果单从个人的阅历来描写中国文化的发展,是从少数士绅的私家书斋向广大乡村民间图书馆的转变,从被少数人垄断的知识领域走向全民共享的知识普及信息系统的建立。这个转变和发展也预示着中国今后的社会文化趋向。

三、图书馆在世界新格局的使命

说到这里，我们的视野不妨从我个人和乡镇扩大到全中国，进而展望正在迈入 21 世纪的全世界。目前世界经济迅速发展。中国正满怀信心深化改革，向社会主义市场经济发展。市场经济的特征是商品交换，一个商品通过交换可以不受地区和国界的限制，走向全世界。商品经济发展的结果，使得世界各地区、各国间经济利害相连，休戚与共，形成一股强大的力量，推动世界经济逐步、逐步地走向"一体化"。正像人们所形容的：世界变得越来越小，全球将变成一个巨大的村落。科技的发展为世界经济一体化准备了必要的条件。

同时我们也应当看到，世界经济的日益密切，不仅增强了人与人之间相关的意识，也增强了个人的自我意识，民族的自主意识，国家的民主意识，加之当前世界的政治、经济发展的不平衡性，存在着国家、民族、个人的巨大差异，表现为社会、文化的多元化。它与世界经济一体化是共生共长的。文化作为一种观念形态，深受历史继承性的影响，具有相对的独立性和独特性，强化了多元化的存在和发展，使经济一体化的世界必然会呈现出文化多样化的绚丽色彩。

世界经济一体化是在文化多元化的基础上形成的，因为只有各个民族国家的充分发展，才能促进彼此之间的合作和交流，也才有利于实现世界经济一体化；而世界文化多元化又是在世界经济一体化的推动下发展的，因为经济一体化为各个民族国家之间的合作和交流创造了条件，推动各个民族国家自身的发展，有助于世界文化多元化。二者相辅相成，相互促进，共同推动世界经济的发展和社会的进步。

一体化和多元化相辅相成，要求各种经济和文化在发展中相互交往，应当相通而不应当相撞。既然经济一体化是客观发展的要求，为什么不同的文化就不能相互沟通呢？中国人从自身中华文化的发展中，即中华文化史中有着深刻的体会。

中华文化多元一体格局的形成，固然有其经济、政治、社会、文化诸因素的作用，而信息的传播和交流显然起到重要的纽带作用。中国人一贯十分重视知识和信息的作用，重视文字、图书、造纸、印刷、图书馆的作用。3000多年前中国的祖先创造了文字；2000多年前秦代大陆上的居民已具有可以相互会意的共同文字，即史书上所说的"书同文"，也就是说在中国大陆上已形成了个庞大的信息网；1800多年前蔡伦发明造纸术；1300多年前唐代出现雕版印刷；800多年前宋代毕昇发明了活字印刷术，从此出现了真正意义上的图书。图书成为最有效的信息载体，大大沟通了各地区、各民族的相互理解，促进了多元一体化的进程，共创中华文化的辉煌。在如此广袤的土地上，如此众多的人口中，能在基本思想、基本生活方式上取得共识，在行动上得以协调，没有一个能共同理解的信息系统是不可思议的。

展望21世纪，世界将在多元一体化中求生存、得发展。要做到这一点，关键是要通过包括更多元的文化间的信息的传播和交流，用以消除由于经济、政治、社会、文化的不平衡性和差异性而产生的隔膜和矛盾。

图书馆正面临重大变革。以网络为中心的计算机技术、通信技术、信息数字化技术以及计算机国际语言化技术的突破，正在把传统的分离割裂的图书馆推向全球一体化、网络化的新境地。图书馆将真正摆脱地理环境的制约，成为世界性"大图书馆"不可分割的一部分，每个用户将成为世界所有图书馆的用户。中国的图书馆，包括乡镇和农户里正蓬勃发展的民间图书馆必将成为世界大图书馆网络中的节点。全球的信息资源将会及时、准确、方便地为公众所共享，人们不必再亲临图书馆，只要在工作地点或在家里就可通过电脑查询到所需信息，可以浏览文字信息，也可浏览声音与图像的多媒体信息。总之，现代化的图书馆将大大扩展人们访求信息的能力，改变人们使用信息的方式，增强人们对科技知识和文化遗产的认知，加快人们在社会中的学习速度。

（1996年8月26日于北京）

出版后记

20世纪80年代到90年代中期,费孝通接续其早年对城—镇—乡结构关系的思考和"乡土重建"的理想,走遍祖国的大江南北,对乡镇企业、小城镇建设、城乡和东西部区域协同发展进行实地考察和调研,先后提出了苏南模式、温州模式和珠江模式等不同的乡镇发展类型,以及长三角、港珠澳、京津冀、亚欧大陆桥经济走廊、中西部经济协作区等多种区域发展战略,其中还包含了他对中西部城市发展类型的思考。

本书汇集了费孝通十余年中所写的近60篇考察随记,大致按时间线索排列,不仅呈现了晚年费孝通"从实求知"的所思所想,某种意义上也记录了改革开放以来中国发展黄金时期的历史进程。

《行行重行行》1992年由宁夏人民出版社初版,1993年再版时增加了《中国城乡发展——我一生的研究课题》一文作为"代序",共收录文章37篇,大多曾发表于《瞭望》杂志。《行行重行行续集》1997年由群言出版社出版,收录1993—1996年之间的纪行文章及部分讲话稿。本次的编辑工作,以这两个版本为底本,并参照《费孝通全集》中各篇文章的写作时间对编排顺序略做微调,同时删却了《行行重行行续集》中与其他文章内容多有重复的 11 篇地方讲话。特此说明。

生活·讀書·新知 三联书店
2020 年 9 月

费孝通作品精选

（12 种）

《茧》 费孝通 20 世纪 30 年代末用英文写作的中篇小说，存放于作者曾经就读的伦敦经济学院图书馆的"弗思档案"中，2016 年被国内学者发现。这是该作品首次被翻译成中文。

小说叙写了上个世纪 30 年代苏南乡村一家新兴制丝企业的种种遭际。这家制丝企业通过实验乡村工业的现代转型，希望实现改善民生、实业救国的社会理想，但在内外交困中举步维艰。作者以文学的方式来思考正在发生现代化变迁的乡村、城镇与城市，其中乡土中国的价值观念、社会结构与经济模式都在经历激烈而艰难的转型，而充满社会改革理想的知识分子及其启蒙对象——农民，有的经历了个人的蜕变与成长，有的则迷失在历史的巨变中。

《江村经济》 原稿出自费孝通 1938 年向英国伦敦经济学院人类学系提交的博士论文，著名人类学家马林诺夫斯基在为本书撰写的序文中预言，该书"将被认为是人类学实地调查和理论工作发展中的一个里程碑"。1981 年，英国皇家人类学会亦因此书在学术上的成就授予费孝通"赫胥黎奖章"。

本书围绕社区组织、"土地的利用"和"农户家庭中再生产的过程"等，描述了中国农民的消费、生产、分配和交易等生活和经济体系；同时着重介绍了费达生的乡土工业改革实验。费孝通后来多次重访江村，积累了一系列关于江村的书写。江村作为他在汉人社会研究方面最成熟的个案，为他的理论思考如差序格局、村落共同体、绅权与皇权等提供了主要的经验来源。

《禄村农田》 作为《江村经济》的姊妹篇，《禄村农田》是费孝通"魁阁"时期的学术代表作，作者将研究焦点由东南沿海转移到云南内地乡村，探寻在现代工商业发展的过程中，农村土地制度和社会结构所发生的变迁。

作者用类型比较方法，将江村与禄村分别作为深受现代工商业影响和基本以农业为主的不同农村社区的代表，考察农民如何以土地为生，分析其土地所有权、传统手工业和社会结构的异同与变迁，目的是想论证，农村的经济问题不能只当作农村问题来处理；农村经济问题症结在于土地，而土地问题的最终解决与中国的工业化紧密联系在一起。这一探寻中国乡村现代化转型的理想与实践贯穿了费孝通一生。

《生育制度》 费孝通 1946 年根据他在西南联大和云南大学任教时的讲义整理而成，围绕"家庭三角"这一核心议题，讨论了中国乡土社会组织的基本原则及其拓展，其中描述社会新陈代谢的"社会继替""世代参差"等概念影响深远。本书是费孝通的早期代表作，也是他一生最为看重的著作之一。

《乡土中国·乡土重建》 20 世纪 40 年代中后期，费孝通的学术工作由实地的"社区研究"转向探索中国社会结构的整体形态。他认为自己对"差序格局"和"乡土中国"的论述，是这一时期的主要成就。

《乡土中国》尝试回答的问题是："作为中国基层社会的乡土社会究竟是个什么样的社会。"它不是对具体社会的描写，而是从中提炼一些"理想型"概念，如"差序格局""礼治秩序""长老统治"等，以期构建长期影响、支配着中国乡土社会的独特运转体系，并由此来理解具体的乡土社会。

《乡土重建》则以"差序格局"和"皇权与绅权"的关系为中国社会的基本结构原则，在此基础上分析现实中国基层社会的问题与困境，探寻乡土工业的新形式和以乡土重建进行现代社会转型的可能。这一系列的写作代表了费孝通 40 年代后期对中国历史、传统和当代现实的整体性关照，是其学术生命第一阶段最重要的思考成果。

《中国士绅》　　由七篇专论组成，集中体现了费孝通 40 年代中后期对中国社会结构及其运作机制的深刻洞察，尤其聚焦于士绅阶层在中国传统社会的地位与功能，及其在现代化进程中逐渐走向解体的过程，与《乡土中国》《乡土重建》等作品在思想上一脉相承。他实际上借助这个机会将自己关于中国乡村的基本权力结构、城乡关系、"双轨政治""社会损蚀"等思考介绍给英语世界。

《留英记》　　费孝通关于英国的札记和随笔选编，时间跨度从 20 世纪 40 年代到 80 年代。作为留英归来的学者，费孝通学术思想和人生经历有很重要的一部分与英国密切相关。

这些札记和随笔广泛记录了一个非西方的知识分子对英国社会、人情、风物、政治的观察，其中不乏人类学比较的眼光。比如 1946 年底，费孝通应邀去英国讲学，其间，以"重返英伦"为名写下系列文章，开头的一句话"这是痛苦的，麻痹了的躯体里活着个骄傲的灵魂"，浓缩了他对二战后英帝国瓦解时刻的体察与速写。作者以有英国"essay"之风的随笔形式观察大英帝国的历史命运、英国工党的社会主义实验、工业组织的式微、英国人民精神的坚韧、乡村重建希望的萌芽，以及君主立宪、议会政治和文官制度等，尤其敏锐地洞察了英美两大帝国的世纪轮替和"美国世纪"的诞生，今日读来，尤让人叹服作者的宏阔视野和历史预见力。

《美国与美国人》　　20 世纪 40 年代中后期，费孝通写作了大量有关美国的系列文章，这些文章以游记、杂感、政论等形式比较美国和欧洲，美国与中国。其中，《美国人的性格》被费孝通称为《乡土中国》的姊妹篇，作者透过一般性的社会文化现象，洞察到美国的科学和民主之间的紧张，认为科学迫使人服从于大工业的合作，而民主要求个体主义，二者必然产生冲突；并进一步认为基督教是同时培养个体主义和"自我牺牲信念"的温床，是美国社会生活以及民主和科学特有的根源。美国二战以来在全球政治经济格局中越来越突出的霸权地位，实际是费孝通关注美国的一个重要背景。他晚年有关全球化问题的思考，与他对美国、英国等西方社会的系列观察密不可分。

《行行重行行：1983—1996》(合编本)　　20 世纪 80 年代到 90 年代中期，费孝通接续其早年对城—镇—乡结构关系的思考和"乡土重建"的理想，走遍祖国的大江南北，对乡镇企业、小城镇建设、城乡和东西部区域协同发展进行实地考察和调研，先后提出了苏南模式、温州模式和珠江模式等不同的乡镇发展类型，以及长三角、港珠澳、京津冀、亚欧大陆桥经济走廊、中西部经济协作区等多种区域发展战略，其中还包含了他对中西部城市发展类型的思考。

本书汇集了费孝通十余年中所写的近六十篇考察随记，大致按时间线索排列，不仅呈现了晚年费孝通"从实求知"的所思所想；某种意义上也记录了改革开放以来中国发展黄金时期的历史进程。

《中华民族的多元一体格局：民族学文选》　　费孝通是中国民族学的奠基人之一，从1935年进入广西大瑶山展开实地调查开始，对民族问题不同层面的关注与研究贯穿其整个学术生涯。如果说《花蓝瑶社会组织》是用人类学田野调查的方法对民族志研究的初步尝试，那么1950—1951年参加"中央访问团"负责贵州和广西的访问工作，则是他进行民族研究真正的开始，其后还部分参与了"民族识别"和"少数民族社会历史调查"，这些工作不止体现于对边疆社会的组织结构和变迁过程进行研究，对新中国民族政策和民族工作的建言献策，更体现在他对建基于中国历史与现实的"民族"定义和民族理论的探索与构建中。1988年发表的长文《中华民族的多元一体格局》，即是其长期思考的结晶，费孝通在其中以民族学的视角概述中国历史，并提出一种民族认同意识的多层次论，认为中华民族是既一体又多元的复合体。这一对中国作为一个多民族国家在理论层面的高度把握，是迄今为止影响最为深远的中国文明论述。

《孔林片思：论文化自觉》　　20世纪80年代末，费孝通进入了他一生学术思想的新阶段，即由"志在富民"走向"文化自觉"，开始思考针对世界性的文明冲突，如何进行"文化"之间的沟通与解释。到90年代，这些思考落实为"文化自觉"的十六字表述，即：各美其美，美人之美，美美与共，天下大同。

晚年费孝通从儒家思想获得极大启迪，贯穿这一阶段思考的大问题是：面对信息化和经济一体化的全新世界格局，21世纪将会上演"文明的冲突"，还是实现"多元一体"的全球化？不同的文化和文明之间应该如何和平共处、并肩前行？中国如何从自己的传统思想中获得文化转型的自主能力，从中国文明本位出发，建构自己的文明论与文化观？

本书收录了费孝通从1989—2004年的文章，集中呈现了费孝通晚年对人与人、人与自然、国与国、文明与文明之间关系的重新思考。

《师承·补课·治学》（增订本）　　从1930年进入燕京大学社会学系开始，在长达七十余年的学术生涯中，费孝通在人类学、社会学和民族学领域开疆拓土，成就斐然。他一生的学术历程与民族国家的命运、与时代的起伏变换密切相关。本书汇编了晚年费孝通对自己一生从学历程的回顾与反思的文章，其中既有长篇的思想自述；也有对影响终身的五位老师——吴文藻、潘光旦、派克、史禄国、马林诺夫斯基——的追忆与重读，他名之曰"补课"；更有对社会学与人类学在学科和理论层面的不断思考。

本书还收录了费孝通"第一次学术生命"阶段的四篇文章，其中《新教教义与资本主义精神之关系》一文为近年发现的费孝通佚稿，也是国内最早关于韦伯社会学的述评之一。